LA RUSSIE ENTRE DEUX MONDES

Du même auteur

Réforme et Révolution chez les musulmans de l'Empire russe, Paris, Presses FNSP, 1966.

Le Marxisme et l'Asie (en coll. avec Stuart Schram), Paris, A. Colin, 1966.

La Politique soviétique au Moyen-Orient, Paris, Presses FNSP, 1976.

L'Empire éclaté, Paris, Flammarion, 1978. (Prix Aujourd'hui.)

Lénine, la révolution et le pouvoir, Paris, Flammarion, 1979.

Staline, l'ordre par la terreur, Paris, Flammarion, 1979.

Le Pouvoir confisqué, Paris, Flammarion, 1980.

Le Grand Frère, Paris, Flammarion, 1983.

La déstalinisation commence, Paris-Bruxelles, Complexe, 1986.

Ni paix ni guerre, Paris, Flammarion, 1986.

Le Grand Défi, Paris, Flammarion, 1987.

Le Malheur russe. Essai sur le meurtre politique, Paris, Fayard, 1988.

La Gloire des nations, Paris, Fayard, 1992.

L'URSS, de la Révolution à la mort de Staline (1917-1953), Paris, Seuil, « Points-Histoire », 1993.

The Nationality Question in the Soviet Union and Russia, Oslo, Scandinavian University Press, 1995.

Nicolas II. La transition interrompue, Paris, Fayard, 1996.

Lénine, Paris, Fayard, 1998.

La Russie inachevée, Paris, Fayard, 2000.

Catherine II, Paris, Fayard, 2002.

L'Impératrice et l'Abbé, un duel littéraire inédit entre Catherine II et l'Abbé Chappe d'Auteroche, Paris, Fayard, 2003.

L'Empire d'Eurasie, une histoire de l'Empire russe de 1552 à nos jours, Paris, Fayard, 2005.

Alexandre II, le printemps de la Russie, Paris, Fayard, 2008.

Hélène Carrère d'Encausse
de l'Académie française

La Russie entre deux mondes

Fayard

L'auteur remercie la direction des Archives du ministère
des Affaires étrangères pour les cartes
qu'elle a mises à sa disposition

ISBN : 978-2-213-65147-7

États de la C.E.I.
(Communauté d'États indépendants)

Introduction

9 novembre 1989 : le mur de Berlin est tombé. Pour l'Europe « satellisée », pour la plupart des autres pays, l'événement marque la fin du communisme et celle du XXe siècle. Mais, pour les Russes, le XXe siècle ne se referme pas en 1989 et ne prendra pas fin d'un seul coup. Deux dates jalonnent, dans la mémoire russe, l'agonie de cette ère : le 8 décembre 1991, où disparaît en un instant, comme par enchantement, la puissante Union soviétique ; le 31 décembre 1999, avec l'effacement pacifique et volontaire de Boris Eltsine – phénomène inédit dans ce pays où le pouvoir ne se perd que dans la violence – un effacement qui met un terme à ce que l'on nommait la « transition ».

Ces calendriers différents sont révélateurs de deux visions distinctes de l'Histoire ; ils sont aussi annonciateurs des nombreux malentendus à venir entre la Russie, qui va émerger douloureusement du communisme, et le reste du monde, convaincu que la disparition du système fondé par Lénine suffit à en effacer toute trace. Il est significatif que, partout hors d'URSS, c'est la chute des pouvoirs communistes en Europe centrale et orientale qui est considérée comme le point final de l'effondrement du totalitarisme rouge, reléguant le cataclysme russe au rang d'événement secondaire, périphérique, de la grande rupture du siècle. Du coup, la communauté internationale a accueilli avec chaleur les États post-communistes européens comme autant d'enfants prodigues, un temps éloignés d'elle, alors qu'elle tiendra longtemps la nouvelle Russie en suspicion.

Le doute domine : la Russie est-elle réellement sortie du communisme ? Qu'est-ce au demeurant que cette étrange Russie dont le nom même avait disparu au profit de l'URSS et dont le passé et les frontières vont jusqu'à déconcerter ses propres habitants ? La Russie nouvelle qui émerge des décombres de l'URSS, qui a volontairement liquidé son empire, où la situer par rapport à l'Europe ? et par rapport à ce qu'elle fut durant des siècles ?

Les Russes eux-mêmes n'ont cessé, au fil de leur histoire, de débattre de leur identité. Européens ? ou bien, marqués par une longue suite d'invasions, sont-ils plutôt asiatiques ? ou encore eurasiens ? Durant les années où il tenta de transformer son pays de manière proprement révolutionnaire, Mikhaïl Gorbatchev a répondu sans hésiter : la Russie est européenne, et l'Europe est la maison commune des Russes encore soviétiques, comme de tous les peuples vivant sur le continent. Mais les Européens, les Français surtout, ont toujours été partagés sur la réponse à apporter à cette question. En 1839, le marquis de Custine avait écrit dans un ouvrage qui fut un *best-seller* influent que la Russie, qu'il avait pourtant vue bien superficiellement, était un pays barbare, asiatique. Son jugement pèse encore sur les esprits à l'heure où disparaît le communisme et où la Russie se veut passionnément européenne. Custine affirmait que « la Sibérie commence à la Vistule », c'est-à-dire que l'Europe finit avec la Pologne, et que la Russie n'en fait donc pas partie. Les idées reçues ont souvent la vie dure, et celle-ci continuera d'influencer durablement le regard que le monde occidental porte sur la nouvelle Russie. Au temps de la confrontation Est-Ouest, le diplomate américain John Kennan, fin connaisseur de la Russie, avait noté que l'analyse de Custine se rapportait plus à la Russie de Staline ou de Brejnev qu'à celle de Nicolas Ier, pourtant autocrate confirmé. Mais ce qui reste dans les consciences, même à la fin du XXe siècle, c'est la frayeur éprouvée par Custine durant toute son expédition russe, et c'est ce sentiment qui inspire encore les réactions contemporaines.

Faut-il avoir peur de la Russie ? La question revient toujours en conclusion d'innombrables analyses sur ce pays dont l'immensité – c'est le plus vaste pays du monde – inquiète tout autant que son contraire : un espace réduit par l'abandon de l'Empire. Il faudrait en effet craindre la Russie pour son énormité territoriale, même si, en 1992, Boris Eltsine en a laissé tomber près du quart ; mais ce qu'il en reste effraie encore par sa puissance. Il faudrait également la craindre parce qu'elle n'est plus aussi immense qu'elle le fut, et que ce recul devrait, pense l'Occident, nourrir la nostalgie, voire un esprit de revanche. Et la phrase malencontreuse de Vladimir Poutine : « La disparition de l'URSS est la plus grande catastrophe géopolitique du XXe siècle », vient renforcer toutes les peurs de voir resurgir une volonté impériale. Sorti de son contexte, le propos peut en effet suggérer la nostalgie du communisme, et le succès de cette interprétation qui paraît souvent aller de soi accroît, chez les Russes, un profond sentiment de frustration à l'égard du monde occidental. Ils pensent que leur sortie du communisme payée d'un prix très lourd, l'Empire abandonné, l'espace et la population réduits, n'ont jamais été appréciés équitablement par le monde occidental. Et ils opposent le soutien occidental aux anciennes démocraties populaires à l'indifférence, voire à l'incompréhension, dont ils se sentent victimes.

Au demeurant, les Russes sont quelque peu responsables de ce malentendu, car ils sont tout à la fois, par une longue tradition, prompts à se déprécier eux-mêmes et convaincus de leurs vertus spécifiques qui les rendent exigeants, conférant à leur conception de la Russie une teinte quasi mystique bien illustrée par Dostoïevski. Cette perception de soi, très étrangère à la rationalité européenne, a contribué à brouiller leurs rapports avec le monde occidental qui jugeait la Russie d'après ses propres critères, et non au miroir des complexités de la pensée russe. Pourtant, il est un point sur lequel Occidentaux et Russes pouvaient d'emblée se comprendre : la nécessité, pour la Russie, de se moderniser enfin, en adoptant le modèle politique et économique qui a jadis conduit l'Europe à un état de développement remarquable. De tout temps, l'élite russe a été hantée par le problème du retard et par l'ambition de « rattraper » l'Europe. Sans doute cette volonté modernisatrice a-t-elle toujours été tempérée chez les Russes par les « leçons de l'Histoire », celles de leur passé qu'ils voient comme une succession de catastrophes dans les interstices desquelles se sont glissées de brèves tentatives pour faire « décoller » le pays afin de lui permettre de rejoindre l'Europe et son niveau de développement. Aujourd'hui, les Russes s'interrogent : que valent exactement les progrès accomplis ? leur pays est-il capable de s'installer dans la continuité d'un processus de développement ? ou bien, une fois encore, sera-t-il victime de la malédiction historique qui toujours le condamne aux reculs et aux échecs ?

Une vingtaine d'années séparent déjà la Russie de son passé soviétique. Durant la dernière décennie, Vladimir Poutine a continûment gouverné ce pays, d'abord comme Premier ministre, ensuite comme Président, puis derechef comme Premier ministre. Ses conceptions et sa personnalité ont déterminé les choix intérieurs et extérieurs russes tout au long de cette période. Au propos regrettable sur la « catastrophe géopolitique », il faut, pour être équitable, opposer celui qu'il répète en permanence et qui résume son projet : « Nous devons faire de la Russie un pays du XXIe siècle. » Pour un pays dont le retard de développement, puis un développement déséquilibré – qui l'a fait justement définir comme « puissance pauvre[1] » – ont été les caractéristiques constantes, ce projet de saut radical dans le XXIe siècle semble le fruit d'un pari pour le moins hasardeux et coûteux. Pourtant, dans son pays, Poutine jouit depuis dix ans d'une popularité presque inentamée, dont la raison première tient à la puissance extérieure recouvrée de la Russie. Sans doute, dans leur jugement, ses compatriotes font-ils une grande part aux progrès de leur vie matérielle. Et comment ne pas les comprendre, si l'on songe aux décennies où elle fut sacrifiée à l'utopie de l'avenir radieux ! Mais, au moins autant que des difficultés matérielles, les Russes de l'ère post-soviétique ont souffert du déclin international de leur patrie. La

1. Le concept a été forgé par Georges Sokoloff, *La Puissance pauvre*, Paris, Fayard, 1993.

« puissance pauvre » n'était même plus une puissance, elle était pauvre, tout simplement. Humiliée par cet effondrement, la société russe assiste aujourd'hui avec jubilation au retour de la puissance, même si elle ne peut en mesurer parfaitement la réalité et la modernité.

C'est pourquoi ce livre se propose de regarder la Russie de Poutine, celle du XXIe siècle, au miroir de son statut et de ses réalisations internationales, avec, au bout du compte, une préoccupation sous-jacente : à supposer qu'il soit légitime de se la poser, quelle réponse apporter à la question : « Faut-il encore craindre la Russie ? »

CHAPITRE PREMIER

La Russie en quête d'elle-même

« *Tout menteur est un messie.*
Depuis des millénaires la Russie cherche la Russie... »

Le barde Galitch connut une immense popularité dans l'URSS des années 1970-1980, car ses chansons enrobées dans la langue d'Ésope étaient, pour les Russes, paroles de vérité absolue sur l'état du pays et son système de pouvoir. Ces vers qui lui appartiennent constituent un raccourci saisissant de la longue marche des Russes pour rencontrer leur destin, et de leur volonté passionnée d'en finir avec une histoire de malheur et d'exception. En 1991, cette rencontre a enfin eu lieu.

1991 fut, pour la Russie, une étonnante année de grâce qui leur en rappela d'autres, où la marche vers le progrès semble soudain suspendue au bord d'un gouffre. L'élan vers le progrès, c'est la *perestroïka* lancée par Mikhaïl Gorbatchev cinq ans auparavant, qui a réveillé une société apathique. Ivre de liberté, cette société s'est jetée dans les rues, chacun s'emparant de la parole, manifestant en tout lieu et à tout instant. Qui reconnaîtrait là la glaciation soviétique ? C'est une révolution qui se déploie pour la première fois depuis 1917, et elle épouvante les nostalgiques d'un système vacillant. En août, leur putsch sera une ultime et vaine tentative pour endiguer ce prodigieux mouvement.

Plus de dix ans avant la Géorgie, avant l'Ukraine, la Russie invente la « révolution de couleur ». Sans doute le putsch brise-t-il celui qui avait ouvert les vannes, Mikhaïl Gorbatchev, qui y perd le pouvoir alors que le monde extérieur le croit encore tout-puissant. C'est son rival – qui avait d'abord été son protégé – Boris Eltsine, l'homme monté sur un char, symbole de la résistance au putsch, qui devient maître de la situation. En fait, Eltsine a accédé au pouvoir deux mois plus tôt, le 12 juin 1991, date à laquelle il a été élu président de Russie. Jusqu'alors, il n'y avait pas de présidence russe, Gorbatchev s'était opposé de toutes ses forces à cette innovation, mais Eltsine a tenu bon et gagné l'élection. Le 12 juin fut bien pour la Russie une date de naissance. Durant des siècles, elle avait été confondue avec l'Empire ; après 1917, elle fut une simple république de l'URSS ; soudain, elle émerge de l'ensemble comme un État à part entière. Et cette création soudaine met en cause l'URSS.

Le « liquidateur » de l'URSS

L'homme qui prend le pouvoir au lendemain du putsch d'août 1991 (même si Gorbatchev en reste officiellement le titulaire jusqu'au 27 décembre) n'est pas vraiment préparé au rôle qu'il va devoir assumer. Dans sa remarquable biographie d'Eltsine, le politologue américain Timothy Colton[1] décrit comment son héros s'est longtemps montré hésitant dans ses rapports avec Gorbatchev, et qu'il n'était nullement le rival déterminé à l'éliminer que ce dernier dépeint volontiers. Mais, passé le putsch, Eltsine s'en est tenu au principe qu'il exposera dans ses mémoires, intitulés *Le Marathon présidentiel* : « J'ai toujours été enclin à opter pour les solutions les plus simples… il m'a semblé toujours plus facile de trancher le nœud gordien que d'essayer de le dénouer[2]. » Et son biographe résume ainsi ce que sera dès lors l'Eltsine nouveau, celui que les circonstances, autant et plus qu'un projet bien défini, ont conduit au pouvoir, « un pied planté dans le passé, l'autre dans le futur… Eltsine connaissait les vieilles voies, mais regardait en avant vers de nouvelles. Pour lui et pour la nation, la partie difficile – passer de ce qui était simple, c'est-à-dire débattre d'un pays, à ce qui était compliqué, c'est-à-dire le construire – ne faisait que commencer[3] ».

En premier lieu, Eltsine devait prendre la mesure de la situation politique de son pays – la décomposition galopante de ce qui était encore en apparence un immense empire déguisé en État fédéral – et en tirer les conséquences.

Au lendemain du putsch, le seul constat qui s'impose est que l'URSS n'existe plus. L'élection d'un président russe, deux mois auparavant, a entraîné la mise en place d'un État russe rival de l'URSS. Les deux drapeaux flottant depuis lors sur le Kremlin – le rouge de l'URSS, le tricolore de la Russie – rendent compte

1. T. Colton, *Yeltsin : A Life*, New York, 2008.
2. B. Eltsine, *Presidentskii Marafon*, Moscou, 2000, p. 31.
3. T. Colton, *Yeltsin : A Life*, *op. cit.*, p. 210.

d'une véritable évaporation de l'État soviétique, qui n'est plus qu'un fantôme. Sans doute Gorbatchev, à la veille du putsch, a-t-il tenté, dans un effort désespéré, de sauver l'URSS en proposant un traité pour une Union « rénovée ». Mais à qui pouvait s'appliquer un tel traité, alors que presque tous les États de l'Union avaient déjà proclamé leur indépendance ? Et le plus grave était que les trois États qui, en 1922, avaient fondé l'Union – Russie, Biélorussie, Ukraine – agissaient de même, ou étaient en passe de le faire : la Russie à partir du 21 juin, la Biélorussie et l'Ukraine dès le mois d'août.

À l'intérieur de la République russe, la situation n'est guère plus brillante. En août 1990 déjà, Eltsine déclare aux Tatars gagnés par le virus indépendantiste : « Prenez donc autant d'indépendance que vous pouvez en avaler » – et il va lui falloir très vite admettre que leurs exigences d'autonomie ne sont qu'une étape sur la voie d'une quasi-souveraineté. Au Caucase, l'agitation s'étend. Le général Djokhar Dudaiev, pourtant chef respecté de l'aviation soviétique, prend la tête d'une véritable révolution tchétchène, s'empare des édifices publics, des dépôts d'armes russes, et se fait élire président d'une république indépendante qu'il rebaptise Itchkérie, pour bien marquer la rupture des liens avec la Russie. Aux responsables russes venus en hâte tenter de négocier pour sortir, disent-ils, la Tchétchénie du chaos, le président Dudaiev répond fièrement que ce chaos n'est pas pire que celui qui règne en Russie – ce qui est exact[1] ! Observateur lucide d'une décomposition de l'URSS que, depuis 1988, il jugeait impossible d'endiguer, inquiet de voir ce processus gagner

1. « Rossiiskaia politika v tchetchne », *Izvestia*, 7 février 1995 et E. Pain, « Rossiia i Tchetchnia », *Izvestia*, 24 avril 1998.

l'ensemble de la Russie, Boris Eltsine en tire les conséquences pour préserver ce qui peut encore l'être : la Russie elle-même et la solidarité des trois États slaves de l'URSS qui, dans son esprit, sont inséparables.

C'est pourquoi, le 8 décembre 1991, en compagnie des présidents de l'Ukraine, Leonid Kravtchouk, et de la Biélorussie, Stanislav Chouchkevitch, qu'il a conviés dans une résidence de la forêt de Bieloveje, proche de Minsk, il signe l'acte qui abolit l'URSS. Mais la dissolution de l'ensemble fondé par Lénine en 1922 est accompagnée d'une démarche positive : la création de la *Communauté des États slaves* qui, quelques jours plus tard, deviendra *Communauté des États indépendants* (CEI), regroupant toutes les anciennes républiques de l'URSS à l'exception des États baltes et de la Géorgie qui refusent de s'y joindre. Cette extension a été voulue, voire imposée, par le président du Kazakhstan, Nursultan Nazarbaiev, conscient de l'impossibilité de séparer brutalement des États unis depuis si longtemps par des structures et des intérêts imbriqués. Le Kazakhstan sera par la suite – et est resté jusqu'à présent – un pilier exigeant et ombrageux de cette nouvelle communauté d'États.

L'Empire n'existe plus, certes, et la Russie en a perdu les plus beaux fleurons : la « fenêtre sur l'Europe », c'est-à-dire les rives de la Baltique, conquête de Pierre le Grand, et la Crimée, donc les rives de la mer Noire acquises par Catherine II. Par suite d'une décision inconsidérée de Khrouchtchev, la Crimée avait été rattachée en 1954 à l'Ukraine[1] ;

1. Khrouchtchev voulait marquer le tricentenaire du rattachement de l'Ukraine à la Russie décidé en 1654 par le Rada de Pereiaslavl sous l'autorité de Bogdan Khmelnitski.

celle-ci se révélera d'emblée le membre le plus intraitable de la CEI, qui n'est alors acceptée par les Ukrainiens que comme un cadre commode pour se dissocier totalement de la Russie « de manière civilisée ».

L'URSS est morte, vive la Russie !

En liquidant l'URSS, Eltsine a certes agi sous l'effet d'une situation de jour en jour plus dégradée et qui menaçait d'emporter la Russie tout entière. Mais il a aussi réfléchi à l'échec de Gorbatchev et compris que ce désastre national et géopolitique pouvait devenir, pour la Russie, une chance de s'inscrire enfin en Europe et dans la modernité.

Du monde occidental, il attend beaucoup : des conseils sur la voie à suivre, une aide matérielle, et surtout la reconnaissance du sacrifice de l'Empire et des potentialités russes. Certes, la Russie n'est plus un empire, l'économie décline depuis des années, la situation politique en 1991 est effroyablement critique. L'État-Parti disparu, le pays ne dispose ni d'un État au sens strict, ni de structures de pouvoir, ni d'une administration ; l'armée est démoralisée, sous-équipée ; en d'autres termes, la puissance (*derjava*) par laquelle la Russie s'est presque toujours définie n'est plus qu'un souvenir.

Mais Eltsine regarde aussi vers l'extérieur et croit avoir acquitté le prix de l'accès à la modernité. Il espère pouvoir fonder la nouvelle Russie sur l'élan démocratique qui s'est manifesté si puissamment dans les années Gorbatchev. Il entend bien construire une démocratie et une économie de marché : c'est là, pour lui, l'avenir. Ce dernier objectif, dans la version russe de l'année 1991, va pourtant contribuer à détruire ce qui reste des structures étatiques, car le mot d'ordre de l'époque, c'est le « marché intégral », sans aucune intervention, fût-elle la plus légèrement régulatrice, de l'État. Libéralisme à tout va : tel est l'idéal – fort utopique – des « jeunes loups » de la nouvelle Russie qui, souvent, découvrent l'économie en s'y lançant. C'est le cas d'Egor Gaïdar, brillant économiste libéral, disparu en décembre 2009, qui ouvre la série des Premiers ministres de Boris Eltsine et est chargé de réformer radicalement l'économie. Il va devoir mettre en œuvre le programme de « thérapie de choc » déjà expérimenté en Pologne. Gaïdar est conseillé par des économistes occidentaux peu informés des réalités russes, mais qui sont de redoutables théoriciens. Ils ignorent que la Russie n'est pas la Pologne, que les histoires des deux pays diffèrent, y compris leurs périodes communistes. Résultat : pour les Russes, la « thérapie de choc » va se réduire à un choc effroyable dont le bilan est assez connu pour n'être pas détaillé ici (appauvrissement de la société, pillage des ressources du pays par la voie d'une privatisation totalement incontrôlée qui ruine les individus et l'État, et engendre des fortunes privées considérables). Quant à la thérapie, il n'y en eut point. Il est juste, cependant, d'ajouter que Gaïdar[1] et, jusqu'à un certain point, Eltsine ont vu dans la « thérapie de choc » et les mesures radicales qu'elle impliquait un moyen de couper tout lien avec le système communiste, de briser ses structures et ses réseaux, d'empêcher tout retour en arrière. Et il est vrai que, contrairement à

1. Entretien de l'auteur avec Egor Gaïdar dans son Institut des économies en transition, février 2006.

d'autres pays de l'ancien bloc communiste, la Russie n'a pas connu de tels retours.

Pour s'engager dans l'aventure de la transformation radicale de l'économie, Boris Eltsine comptait sur l'aide extérieure. Or l'Occident est d'abord passif, puis effaré par les excès économiques et les débordements politiques – le rêve de démocratie débouche en 1993 sur un double pouvoir, d'où s'ensuivent le siège du Parlement et sa dissolution, c'est-à-dire une quasi-guerre civile. Mais l'habileté d'Eltsine à rétablir la situation et l'adoption d'une constitution par les électeurs suggèrent néanmoins que la démocratie russe, quoique hésitante, commence à prendre forme. Et l'Occident en tirera les conclusions : le G7 va s'ouvrir à la Russie, de même que l'OTAN par la voie d'un « partenariat pour la paix. » Eltsine signe par ailleurs avec l'Union européenne un « accord de partenariat et de coopération. » Et le FMI accorde enfin une aide.

L'année 1993 s'achève dans une atmosphère de relations resserrées entre la Russie et les institutions occidentales, contrastant avec les désastres et les désaveux accumulés depuis janvier 1992. Victor Tchernomyrdine, qui succède à Egor Gaïdar dès le 14 décembre 1992, offre à ses administrés et au monde extérieur un visage plus traditionnel – il était le ministre de l'Énergie de l'URSS depuis 1983 – et plus rassurant que celui des exubérants jeunes réformateurs des débuts. Les Russes peuvent espérer avoir payé le plus gros du prix de la « transition » dont on leur rebat les oreilles.

Pour Boris Eltsine, l'autre face de cette « transition » est la définition de la place de la Russie dans le monde. En 1992, il n'a pas douté de la voie à suivre. Ce sexagénaire qui n'a connu que l'URSS, cet apparatchik élevé dans les idées du Parti, comme il le reconnaîtra lui-même[1], accomplit alors une mue remarquable. Il se tourne vers l'Europe, fait de la conquête du destin européen de la Russie son projet. Pour lui, pas d'hésitation : son pays est européen, il doit rejoindre l'Europe, quelles que soient les difficultés. Son identité recouvrée au prix de la perte de son empire le commande.

Illusions et désillusions de la puissance

Mais Eltsine doit prendre en compte, bien au-delà de ce qu'il avait imaginé, l'effondrement international de son pays. Sans doute a-t-il multiplié les contacts internationaux afin de démontrer au monde occidental que la Russie existait et souhaitait coopérer avec lui. Les États-Unis, devenus alors seuls arbitres de la vie internationale, sont naturellement les partenaires les plus recherchés. Eltsine se rend à Washington dès juin 1992 et négocie avec le président Bush (père) le traité de réduction des armes stratégiques START 2 qui sera signé le 3 janvier 1993, mais ratifié seulement sept ans plus tard, ce qui sera source de difficultés entre les deux pays. Ce rapprochement russo-américain est confirmé à Vancouver le 3 avril 1993, lors de la rencontre au sommet avec le président Clinton. Des ombres planent vite sur ce dialogue. Principalement l'ombre de la Serbie menacée par les États-Unis, qu'Eltsine peut difficilement soutenir contre eux, mais qui reste, dans son esprit, l'alliée historique de la

1. Entretien de l'auteur avec Boris Eltsine, Strasbourg, avril 1991 et T. Colton, *op. cit.*, p. 515.

Russie. Et déjà grandit la question combien épineuse des rapports de la Russie avec son *étranger proche*, c'est-à-dire les anciens États de l'Union.

En juin 1992, Boris Eltsine avait défini la CEI comme une « formation étatique unique assurant tout à la fois la séparation et l'union des républiques[1] ». S'il n'a pas évoqué lui-même le concept de « zone d'influence », de nombreux politologues russes l'ont fait à sa place. Mais il n'a pas hésité à affirmer que la Russie était responsable de la paix et de la stabilité dans ce qui fut l'espace soviétique, alors que, dans les États baltes, en Ukraine et même en Géorgie, où Edouard Chevardnadze est confronté à la rébellion abkhaze que soutient Moscou, les responsables nationaux se tournent déjà vers les États-Unis.

Enfin, le président russe s'est rendu en Chine en décembre 1992 et en Inde, un mois plus tard, le 27 janvier 1993. Cette activité asiatique intrigue et inquiète quelque peu les États-Unis : la Russie ne va-t-elle pas reprendre à son compte la politique soviétique de livraisons d'armes à New Delhi ?

Malgré ces pas en direction de l'Asie, la politique étrangère russe reste, à cette époque, marquée par un caractère occidentaliste constamment réaffirmé, et plus encore par une orientation européenne. Le premier ministre des Affaires étrangères de Boris Eltsine, Andrei Kozyrev, est le porte-parole de cette ligne. L'ambition d'Eltsine est alors de voir la Russie acceptée comme un grand État européen, et reconnue comme *puissance* par le seul acteur international qui

---

1. Le texte du discours de Boris Eltsine figure dans *Vnechniaia politika rossii. Sbornik dokumentov 1990-1992*, Moscou, 1996, p. 444.

puisse lui conférer ce statut, à travers un partenariat stratégique russo-américain. Pauvre, en proie aux soubresauts du processus de transition, la Russie n'est certes plus une puissance ; elle n'en conserve qu'un attribut : son statut de membre permanent du Conseil de sécurité de l'ONU. Lucide sur cette perte de puissance, Eltsine s'efforce, par défaut, de doter son pays d'une *image* de puissance.

Pourtant, en dépit de ses espoirs et du discours relativement bienveillant à l'égard de la Russie du président Clinton, le climat des relations russo-américaines va rapidement se dégrader. Il est vrai que les signaux économiques et politiques venus de Russie en 1994 ne sont pas conformes aux critères américains. L'économie du pays a connu bien des difficultés depuis 1992 et sa situation financière n'est pas stabilisée. Mais, surtout, le séparatisme tchétchène, sur lequel Eltsine a longtemps fermé les yeux, lui devient insupportable et entraîne en 1994 une intervention fédérale dans la république, dont le but déclaré est de ramener l'« ordre constitutionnel », c'est-à-dire de mettre fin à son indépendance. À l'Ouest, c'est la réprobation ; Eltsine en tire la conclusion que, déjà, les États-Unis préparent les voies d'une nouvelle « guerre froide ».

La perspective d'un élargissement de l'OTAN à l'Europe centrale nourrit cette conviction et mine les relations russo-américaines. En visite à Varsovie en août 1993, Boris Eltsine avait mis en garde le président Walesa contre un tel projet. Mais, dès la fin de 1995, il est patent que l'élargissement de l'OTAN en Europe centrale est inéluctable. L'incompréhension entre Moscou et Washington est sur ce point absolue. Tandis que, pour les États-Unis, et plus largement pour l'Alliance atlantique, il s'agit d'abord de donner à l'OTAN, grâce à cet élargissement, une nouvelle raison d'exister après la chute du Mur et le démantèlement de l'alliance rivale, le Pacte de Varsovie, aux yeux de Moscou ce dessein ruine les fondements de la politique suivie depuis 1992. La Russie, qui a abandonné son glacis européen, système de sécurité auquel elle avait été si attachée, était convaincue qu'elle pouvait, en échange, compter sur l'abandon symétrique, par l'Occident, de toute velléité d'influence dans cette zone. C'est ainsi qu'elle avait compris l'accord russo-occidental né de la réunification de l'Allemagne. L'expansion projetée de l'OTAN, ajoutée à l'hostilité croissante que les Occidentaux, notamment les Européens, manifestent à Moscou à propos de la guerre en Tchétchénie, conduit Eltsine à considérer que le choix pro-occidental effectué par la Russie a été une duperie. Celui qui incarnait ce choix, Andrei Kozyrev, est condamné à s'effacer au profit d'Evgeni Primakov, qui prend les rênes du ministère des Affaires étrangères le 9 janvier 1996, avant de devenir Premier ministre le 11 septembre 1998[1] – puis d'être finalement limogé le 12 mai 1999.

La nomination de Primakov aux Affaires étrangères est à plus d'un titre symbolique d'un tournant. De génération, d'abord. Âgé de soixante-sept ans – alors que Kozyrev en avait tout juste quarante –, Primakov est un homme de l'URSS et non de la nouvelle Russie, même s'il a totalement adhéré à la révolution politique de 1992. Il incarne une génération formée en URSS, aux idées soviétiques, convaincue des bien-

1. E. Primakov, *Gody v bolchoi politike*, Moscou, 1999, pp. 201 sqq et 425 sqq.

faits de la *puissance* internationale. Il est par là même rassurant pour la majorité de ses compatriotes, qui se reconnaissent davantage en lui que dans les « jeunes loups » du post-soviétisme.

Sur le plan de la formation et des orientations, un fossé sépare aussi les deux ministres successifs. Primakov, de formation orientaliste, est un excellent arabisant, grand connaisseur du Moyen-Orient et de l'Asie. Journaliste, il a couvert tous les conflits du Moyen-Orient. Universitaire, il a dirigé l'Institut d'orientalisme de l'Académie des sciences de l'URSS. Happé par la politique dans les années 1980, il a été à Moscou membre du Conseil de sécurité, puis responsable des services du renseignement extérieur. Si sa biographie mérite de tels développements, c'est qu'il exercera encore une influence durable sur la politique russe après 1996. Contrairement à Kozyrev, Primakov est convaincu que la Russie n'est pas seulement un pays européen, mais que l'histoire et la géographie lui ont conféré une autre dimension, celle d'un pays qui réunit en lui Europe, Orient musulman et Asie ; et que cette identité complexe peut être une chance. Comme le président russe, il constate que l'orientation exclusivement occidentale n'a porté que de bien maigres fruits, le partenariat russo-américain étant sans contenu, les États-Unis se présentant en concurrents de la Russie sur la scène est-européenne, voire dans certaines parties de l'« étranger proche », et ne tenant au surplus aucun compte des positions russes dans les Balkans. Kozyrev est accusé d'avoir sacrifié à un mythique partenariat avec les États-Unis les intérêts de la Russie partout où elle situait son espace de sécurité.

Contre la politique « univectorielle » suivie jusqu'alors, Primakov prône la diversification des orientations. Il faut aller chercher, dit-il, des partenaires bienveillants là où ils sont, et d'abord en Chine.

Le rapprochement russo-chinois – après la dure querelle sino-soviétique qui éclata dans les années 1950 – est d'abord l'œuvre de Mikhaïl Gorbatchev qui, dès 1986, proclama à Vladivostok la nécessité, pour les « deux plus grands États socialistes », d'établir des relations internationales harmonieuses afin de créer « une zone de paix et d'amitié », les relations économiques étant, déclara-t-il, le moyen le plus sûr d'arriver à cette fin. Mais il proposa également, pour commencer, de menus ajustements territoriaux, sujet combien sensible pour une Chine qui vit toujours dans l'amer souvenir des *traités inégaux*. Deux ans plus tard, s'exprimant à Krasnoïarsk – le choix du lieu, en plein cœur de la Sibérie, était symbolique –, Gorbatchev inclut la Chine, et une politique d'amitié et de confiance restaurées avec elle, dans sa *nouvelle pensée* sur les relations internationales[1].

Si le rapprochement engagé dès la *perestroïka* – auquel Primakov n'était pas étranger de par les fonctions qu'il exerçait alors à Moscou au sein du Conseil présidentiel et du Conseil de sécurité – n'aboutit pas, c'est d'abord parce que l'autorité de Gorbatchev s'érode rapidement, mais aussi parce que les responsables chinois, confrontés en juin 1989 aux manifestations de Tienanmen qu'ils vont réprimer brutalement, sont décidés à sévir partout et, du coup, peu enclins à traiter avec Moscou, dont ils constatent la faiblesse devant les « révolutions de velours » de l'Est européen et la montée des revendications intérieures.

1. E. Primakov, *Russian Crossroads : Towards the New Millenium,* Yale Univ. Press, 2004, p. 36.

Le réchauffement des relations avec ce qui, quoique moribond, est encore l'URSS, qui était déjà loin d'être une priorité, devient, dans les circonstances agitées de la fin des années 1980, une perspective déstabilisante. La visite de Gorbatchev en Chine en mai 1989 – la première d'un responsable moscovite après trente ans de brouille – a encouragé, pensent les dirigeants chinois, l'agitation estudiantine et ouvrière. Il est vrai que les deux pays sont alors en train de suivre des voies opposées. La Chine s'est lancée dans des réformes politiques et sociales qui viennent compléter les réformes économiques engagées dans les années 1980. L'URSS poursuit alors une extraordinaire mutation née des réformes décidées par Gorbatchev. Mais l'incapacité de ce dernier à contrôler son pays convainc Pékin que l'URSS offre un modèle à ne pas imiter, un exemple de la mauvaise manière de réformer. Lors du putsch d'août 1991, les responsables chinois, prompts à apporter leur soutien aux putschistes – décision maladroite, étant donné que le complot échoue presque aussitôt –, ont montré en l'occurrence leur volonté de perpétuer une version répressive du réformisme.

Regards tournés vers Pékin ?

Quand Eltsine accède au pouvoir, les responsables chinois ne le connaissent guère. Découragés par la faiblesse de Gorbatchev, ils observent prudemment son successeur, espérant qu'il saura restaurer l'autorité de l'État. Dans un premier temps, le libéralisme économique déchaîné, l'hostilité déclarée d'Eltsine au Parti communiste, qu'il prive de ses biens et voudrait juger, et surtout l'affirmation d'une orientation exclusivement occidentale de la politique étrangère russe, suggèrent aux Chinois qu'ils n'ont rien à espérer de leur voisin. Mais, rapidement, la situation évolue. Dès la fin de 1992, alors qu'il poursuit encore son rêve d'édifier un partenariat stratégique avec Washington, Eltsine intègre dans ses calculs la grande faiblesse de la Russie : l'isolement international où elle se trouve lui interdit de s'adresser en position de force à ce partenaire qu'il veut convaincre et qui ne voit dans sa démarche que des signes d'impuissance. En 1994, Zbigniew Brzezinski a traduit cette situation en des termes particulièrement brutaux : « Je dis qu'il n'y a pas et ne peut y avoir de partenariat sérieux (*zrelyi*) avec la Russie. Elle n'est pas actuellement un partenaire, mais un client[1]. »

Sur qui la Russie peut-elle s'appuyer pour impressionner Washington et troquer son image d'État quémandeur contre celle d'un État de statut égal, cherchant à négocier ? Comme Gorbatchev peu d'années auparavant, c'est à la Chine qu'Eltsine pense aussitôt. Il se rend à Pékin du 17 au 21 décembre. Cette visite de courtoisie d'un nouveau Président au grand voisin n'apporte pas de résultats spectaculaires, mais témoigne de l'intérêt russe pour la Chine, et suggère accessoirement à Washington que Moscou pourrait bien élargir son champ d'intérêt en Asie. Les déclara-

1. Ce jugement va à l'encontre des demandes d'Eltsine à Bush au sommet de Camp David, où le président russe demanda que le communiqué final définisse les deux États comme « alliés ». Bush répondit que le « vocabulaire de transition » parlerait d'« amitié et partenariat ». J. M. Goldgeiger et M. McFaul, *Power and Purpose. Us Policy toward Russia after the Cold War*, Washington, 2003, p. 54.

tions d'intentions amicales n'en sont pas moins accompagnées, dès 1993, d'une progression des échanges commerciaux. Mais surtout, lorsque Eltsine s'engage dans la guerre de Tchétchénie en provoquant l'ire des pays occidentaux, c'est de Pékin que lui vient un appui. Pour les Chinois, le coup d'arrêt donné au séparatisme tchétchène est en conformité avec leur refus de céder aux exigences de leurs propres minorités. Préserver l'intégrité de l'État est en effet une des composantes essentielles de leur politique, notamment dans leur projet de parvenir à l'unité de la Chine continentale avec Taiwan. La compréhension et même le soutien manifestés sur ce point par Eltsine en septembre 1992 ont été salués à Pékin et facilitent le rapprochement esquissé.

Mais c'est surtout à partir de 1996, avec l'arrivée de Primakov au MID[1], que la Chine devient un élément important dans la réflexion et l'action internationale russes. À Moscou comme à Pékin, on s'irrite de l'hégémonisme américain et de l'« interventionnisme occidental » dans les affaires des autres États. Eltsine découvre alors les mérites d'une vision du monde plus élaborée que celle qu'il avait adoptée en 1991. S'il avait accepté d'abord, par pur pragmatisme, l'idée que la fin du monde bipolaire avait pour conséquence la naissance d'un monde unipolaire dominé par une seule superpuissance, les États-Unis, dans l'orbite de laquelle il avait tenté désespérément de placer son pays, il écarte cette vue, en 1996, en considérant que le monde devient *multipolaire*.

1. Ministère des Affaires étrangères. Sur cette nomination, voir E. Primakov, *Gody v bolchoi politike*, Moscou, 1999, pp. 201-221.

Primakov n'a en effet cessé, depuis la fin de l'URSS, de mettre en cause la vision unipolaire fabriquée, disait-il, par les États-Unis à leurs propres fins. Deux théoriciens ont été, à ses yeux, les fondateurs d'une doctrine internationale censée légitimer le rôle prééminent revendiqué par les États-Unis : Francis Fukuyama, avec son article « La fin de l'Histoire » (1989) et son ouvrage intitulé *La Fin de l'Histoire et le dernier homme* (1992), et Samuel Huntington, avec *Le Choc des civilisations* (1996), qui, tout en développant des thèses en apparence différentes, aboutissent à une même conclusion : la naissance d'un nouveau monde opposant le libéralisme triomphant – la fin de l'Histoire – à tous les autres modèles, ou encore la civilisation occidentale à toutes les autres, principalement l'islam. Ce qui réunit les deux théories, selon Primakov, c'est l'idée d'un monde divisé entre un pôle de civilisation, le libéralisme, et le reste de l'univers, qui ne suit pas ce modèle. Que l'on opte pour la fin de l'Histoire ou pour la lutte contre les « autres civilisations », c'est en définitive l'Amérique qui émerge comme modèle, guide et rassembleur[1]. Pour Primakov, les théories en vogue aux États-Unis dans les années 1990 définissent un monde faussement unipolaire opposant en réalité le rôle prééminent, supposé légitime, des États-Unis dans la vie internationale au reste du monde. Et d'objecter que c'est là une image biaisée du monde post-communiste qui est multipolaire, dont les grands pays d'Asie constituent de nouveaux et considérables centres de gravité. Dans ce monde multipolaire, la Russie peut trouver sa place grâce à une politique multivectorielle, toujours occi-

1. E. Primakov, *Mir bez Rossii*, Moscou, 2009, pp. 89 sqq.

dentale, certes, mais aussi asiatique et plus tard islamique. La réflexion de Primakov remet la dimension géopolitique à l'honneur, elle la replace au cœur de la définition de la politique étrangère russe, la nation et ses intérêts en devenant la composante essentielle.

Ce tournant dans la réflexion est immédiatement suivi d'un tournant dans l'action. Moscou s'engage dans un véritable rapprochement avec la Chine, marqué par des arrangements frontaliers dès 1994 et, surtout, par un accord, signé en 1996, définissant les dispositions destinées à assurer la sécurité et la confiance tout au long de la frontière sino-russe (4 300 kilomètres). Au même moment, la signature d'un partenariat stratégique accompagné d'accords portant sur les domaines de la coopération militaire (vente d'armes russes) et de l'énergie témoigne d'un réel changement de niveau du dialogue entre Moscou et Pékin.

En 1996 encore naît une structure de coopération multilatérale dont la Chine a été la véritable initiatrice et la Russie la grande bénéficiaire : le « groupe de Shanghai ». À l'origine, il s'agit de garantir la sécurité des pays signataires – Russie, Chine, Kazakhstan, Kirghizstan et Tadjikistan – dans leurs zones frontalières. Signé à Shanghai, cet accord qui n'inclut, Russie exceptée, que des États d'Asie préoccupés de leur sécurité commune, consacre cette même Russie comme pays d'Asie et la reconnaît comme cogérante de leur sécurité. Initialement, le projet était conçu pour stabiliser toute la zone proche de la frontière sino-russe, mais la Chine accepte alors que la Russie soit, en Asie centrale, considérée comme la puissance la plus influente. Dans le même temps, l'accord de 1996 confère une légitimité aux intérêts chinois en Asie centrale. Et il séduit les trois États de la région co-signataires, car il leur ouvre une certaine marge de manœuvre entre deux puissants protecteurs, au lieu de les laisser enfermés dans leur traditionnel face-à-face avec la seule Russie. En 1996, les États-Unis n'ont pas encore manifesté d'ambitions particulières dans cette région. À l'heure où naît cette structure nommée rapidement « groupe des Cinq de Shanghai », nul n'envisage les développements rapides qu'elle va connaître et les chances qu'elle va offrir quelques années plus tard à la Russie.

Malgré ces divers développements, on ne peut pas ne pas constater qu'en cette fin d'année 1996 le partenariat stratégique russo-chinois reste cependant limité. Il assure à la Chine une sécurité accrue de ses frontières et un soutien à sa politique centralisatrice vis-à-vis du Tibet et du Sin-Kiang, ainsi qu'à ses prétentions sur Taiwan. Mais ce soutien russe aux ambitions de Pékin demeure purement verbal et, en dépit de ses échanges accrus avec la Russie, la Chine doit surtout compter sur l'Occident pour trouver les moyens nécessaires à un réel développement. Moscou reste donc un partenaire mineur de Pékin, même si l'oubli des conflits frontaliers, la coopération en matière de sécurité et un discours d'amitié de plus en plus affirmé ont quelque peu modifié les rapports entre les deux pays.

Pour la Russie, en dépit des proclamations chaleureuses, la Chine en ces années est moins un partenaire qu'une carte dans son jeu international. Elle est aussi un interlocuteur utile pour aborder certains problèmes. Au milieu des années 1990, l'immigration chinoise illégale dans l'Extrême-Orient russe et jusqu'en Sibérie commence à inquiéter Moscou. Les gouverneurs des régions asiatiques, mais aussi certains experts ont tiré la sonnette d'alarme, affirmant que c'est par millions que les Chinois envahissent l'espace russe. Les chiffres les plus fantaisistes circulent : quatre, cinq, voire vingt millions de Chinois seraient installés sur le sol russe, apportant avec eux la drogue, la criminalité, des maladies ! Au vrai, ces chiffres sont sans rapport avec une réalité fort modeste, et les excès auxquels ces migrants se livreraient en Russie sont aussi bien perpétrés par des Russes. Mais ces propos alarmistes recouvrent deux préoccupations bien différentes de la population russe. D'une part, le thème du « péril jaune », hérité d'un long passé de conflits, et un fort déficit de peuplement dans les régions proches de la Chine alimentent la crainte d'une déferlante chinoise ; le nationalisme russe, que nourrit dans les années eltsiniennes l'humiliation ressentie devant le déclin du pays, est prompt à ajouter à ses griefs cette « menace chinoise ». D'autre part, les élites libérales attachées à l'ancrage occidental de la Russie sont préoccupées par un éventuel virage vers l'Asie qui condamnerait leurs espoirs de voir naître en Russie une démocratie de type européen. Même si ceux qu'inspire ce sentiment sont plutôt minoritaires, on ne peut sous-estimer leur influence. Au milieu des années 1990, en dépit du chaos grandissant et des désillusions, l'esprit de la *perestroïka* et le puissant rejet du communisme qui ont mobilisé les Russes sont encore vivants. Pour ceux qui y sont attachés, le tournant pro-chinois est ressenti comme l'une des manifestations classiques du *malheur russe* : l'incapacité des Russes à aller au bout de l'effort modernisateur pour retomber, comme toujours, dans une stagnation mortifère.

Le caractère insuffisamment cohérent du choix asiatique d'Eltsine apparaît dans l'ensemble des rapports qu'il engage avec les pays d'Asie. Sa visite en Inde aurait pu être l'amorce d'une coopération triangulaire Moscou-Pékin-Delhi, prônée par certains experts russes ; il n'en sera rien. Le Japon, autre cible des efforts russes en Asie, est prêt à discuter à condition que la Russie accepte d'ouvrir une négociation sur les îles Kouriles, dont Tokyo n'admet pas la perte. Mais, depuis la fin de l'URSS, la doctrine russe est intransigeante : les frontières de 1992 sont intangibles, nulle cession de territoire n'est plus envisageable. Enfin, en Corée, aucun responsable du Sud ou du Nord n'imagine que la Russie affaiblie puisse peser sur les tentatives de rapprochement entre eux ; seule la puissance américaine leur paraît capable d'infléchir le cours des choses, jugement qui mine le prestige russe en Asie.

Le choix asiatique, qui, pour Primakov et ceux qui lui sont proches, représentait une véritable réorientation stratégique, s'est ainsi trouvé affaibli et condamné à ne produire que des résultats modestes, en raison des arrière-pensées d'Eltsine et d'une politique étrangère qui se révélera au bout du compte peu conséquente. Eltsine hésitera toujours entre deux approches : un tropisme occidental que, malgré maintes désillusions, il hésite à abandonner et qui lui fait considérer le partenaire chinois comme une simple carte destinée à impressionner et amadouer les États-Unis ; et l'intuition que le monde change rapidement, devient réellement multipolaire, ce qui impliquerait que la politique russe en tienne compte en diversifiant ses pôles d'intérêt. L'incapacité à trancher entre ces deux conceptions, ou du moins à les hiérarchiser, affaiblira toujours la relation Moscou-Pékin, freinant le développement de rapports bilatéraux qui auraient pu prendre appui sur de nombreux sujets d'intérêt commun.

Aussi longtemps que Boris Eltsine demeurera à la tête de la Russie, la Chine restera, dans la politique russe, un partenaire d'appoint par rapport aux États-Unis, considérés comme seuls capables de conférer à la Russie le statut de puissance auquel elle aspire, si mythique que soit alors cette puissance. Tout en acceptant l'idée d'une évolution multipolaire du monde, Eltsine peinera toujours à admettre que Washington n'en est plus le seul pôle.

La descente aux enfers

Eltsine, qui se montra si intuitif entre 1989 et 1992, aurait-il perdu la main ? Réélu président en juin 1996, il aborde son second mandat dans les pires conditions. Pour lui-même, d'abord, car cet homme vigoureux s'effondre physiquement. Sur le plan intérieur aussi, tout va mal. Les graves ennuis du Président laissent libre cours à des confrontations politiques, aux ambitions du général Lebed, à la contestation communiste, aux rivalités des prétendants à sa succession[1]. La Russie offre alors l'image d'un pays dont le système de pouvoir encore instable se décompose. Aux confins, le Caucase s'embrase à nouveau. La guerre en Tchétchénie s'est achevée par l'évacuation des troupes russes, mais elle est relayée, en novembre 1996, par le terrorisme qui s'étend alors au Daghestan. Le centre même de la Russie n'échappe pas aux attentats. Sur le plan économique, le désastre

1. T. Colton, *op. cit.*, pp. 387 sqq.

commence avec la crise financière asiatique[1] qui gagne alors la Russie, entraînant en 1998 l'effondrement du rouble et culminant avec la catastrophe du 17 août, c'est-à-dire la banqueroute. Invité par la Douma à démissionner, Eltsine refuse.

Sa rencontre à Moscou avec Bill Clinton, deux semaines plus tard, met en lumière l'opposition dramatique entre une Amérique hégémonique et la Russie ruinée une fois encore, réduite à attendre son salut de la communauté internationale. Or celle-ci – et les États-Unis en premier lieu – est tenté de mettre à profit les difficultés qui accablent la Russie pour amoindrir encore son statut. Entre Moscou et Washington, la rivalité éclate à propos des voies de sortie du pétrole de la Caspienne. Tandis que les Russes défendent le projet d'oléoduc reliant la côte kazakhe au port de Novorossisk – seul port russe conservé sur la mer Noire –, les Américains s'attachent au tracé qui évite le territoire russe en proposant de relier Bakou au port turc de Ceyhan, *via* Tbilissi (le BTC). L'évacuation du gaz turkmène offre aussi un sujet de conflit, car, là encore, un projet américain de gazoduc suivant un tracé semblable vers la Turquie laisserait la Russie de côté. Pour Moscou, la menace est double. D'une part, c'est l'esquisse d'une stratégie d'orientation des voies de transport énergétique que Clinton, réélu en novembre 1996, léguera à son successeur, qui repousse la Russie vers son espace intérieur et tend à l'écarter du club des grands acteurs du jeu pétrolier et gazier. D'autre part, et plus encore, s'appuyant sur l'Azerbaïd-

1. Le krach boursier de Hong Kong, le 23 octobre 1997, donne le signal de cette crise qui atteint tous les pays d'Asie dont l'économie était en « surchauffe ».

jan et la Géorgie pour le pétrole, sur le Turkménistan pour le gaz, les États-Unis commencent à prendre position dans ces pays, membres ô combien réticents de la CEI. (Rappelons que l'Azerbaïdjan et la Géorgie n'y ont adhéré qu'à l'automne 1993, que le Turkménistan regarde avec obstination vers l'Europe, la Chine et la Turquie plutôt que vers la CEI, et rêve d'exporter son énergie vers des pays à devises fortes.) Les projets américains qui laisseraient la Russie à l'écart des routes de l'énergie séduisent ces pays, qui y voient un excellent moyen de réduire la pression du « frère aîné » sur leurs options politiques.

Certains de ces rebelles de la CEI imaginent aussi des regroupements qui conforteraient leur volonté de s'écarter le plus possible de Moscou. En octobre 1997, la Géorgie, l'Azerbaïdjan, l'Ukraine et la Moldavie ont ainsi constitué un ensemble, auquel l'Ouzbékistan s'est joint en avril 1999 : c'est le GUAM (GUUAM lorsque l'Ouzbékistan en fait partie), dont la raison d'être est de former, aux frontières russes, un pôle pro-occidental et pro-OTAN, et de se rapprocher de l'Alliance atlantique. Au même moment, le retrait de trois membres du GUUAM – Azerbaïdjan, Géorgie, Ouzbékistan – du traité de sécurité collective de la CEI témoigne de leur volonté d'opposer la nouvelle structure aux instances de la communauté mise en place en 1992 par Moscou. Sans doute, en cette fin de siècle, ne s'agit-il là encore que de projets fluctuants, mais, pour Moscou, il devient patent que le partenariat stratégique rêvé avec les États-Unis, loin de prendre corps et de servir à restaurer la puissance russe, menace de l'affaiblir encore davantage.

Mais c'est dans les Balkans, vers lesquels la Russie est restée tournée durant toute son histoire, que va venir la plus éclatante démonstration de son effondrement international. Tout au long de l'année 1998, les Russes ont mis en garde Washington contre une action unilatérale en Serbie, rappelant qu'une décision militaire dans cette zone ne pouvait être prise sans l'accord du Conseil de sécurité. Pour protéger la vieille alliée de Moscou, Primakov avait imaginé en 1998 d'inscrire la Yougoslavie dans le cadre de l'alliance formée en 1998 par la Russie et la Biélorussie – qui devait déboucher sur une union en 2000 –, à laquelle s'adjoindraient peut-être le Kazakhstan, voire l'Ukraine[1]... Cette esquisse d'une *Union slave* (le Kazakhstan étant à près de 40 % peuplé encore de Russes et d'Ukrainiens), faisant pièce à l'Union européenne, ne fut jamais prise au sérieux par les partenaires à qui Moscou la proposait. Seules exceptions : le président biélorusse Loukachenko, qui se rêvait en président de la future Union, et le Parlement yougoslave, qui, le 21 mars 1999, vota en sa faveur, espérant repousser par là les menaces de bombardements de l'OTAN. Pourtant, le 24 mars, ceux-ci commençaient. Le Conseil de sécurité de l'ONU n'ayant pas été saisi, la Russie y vit la négation de son statut de puissance, membre à part entière de la communauté internationale. Cette décision américaine prise unilatéralement, le mépris dont elle témoignait à son endroit humilièrent la Russie plus qu'aucun autre événement, lui démontrant que son obstination à obtenir de Washington la reconnaissance de ses ambitions de puissance débouchait sur un échec total.

Ce camouflet indigna aussi la population russe, jusqu'alors plutôt fascinée par le modèle américain.

---

1. E. Primakov, *Gody v bolchoi politike*, *op. cit.*, pp. 390 sqq.

La « mode américaine » se retourna alors jusqu'à un certain point en américanophobie. Des manifestations contre l'opération « Force armée » se succédèrent devant l'ambassade des États-Unis, aux sons de slogans hostiles, tandis que des jeunes gens exaltés prétendaient aller combattre aux côtés des Serbes. Cet élan national, ces affirmations de solidarité rappellent étonnamment le mouvement qui, en 1876, avait jeté dans les Balkans, dont les principaux États s'étaient soulevés contre la domination ottomane, des milliers de jeunes Russes, militaires ou civils, anxieux de montrer leur soutien aux « frères slaves ».

Sans doute l'Occident a-t-il très vite compris qu'il fallait apaiser la Russie, où tant de voix s'élevaient alors pour dénoncer son éviction de la scène internationale et dire que la marche à la démocratie et à l'économie de marché, loin d'assurer à la Russie le respect, contribuait à son déclin. Les Européens, l'Allemagne en premier lieu, craignirent que la Russie ne se laissât aller au découragement et ne rompît avec l'effort accompli depuis 1992. C'est pourquoi, sitôt la paix rétablie en Serbie, toute la communauté occidentale – Européens, OTAN, G8 – décida d'associer la Russie à la solution du problème balkanique. Ses forces militaires furent invitées à participer à la KFOR[1] chargée de veiller à la paix dans les Balkans. Avec le retour du Conseil de sécurité dans la prise de décisions, et malgré quelques incidents – l'occupation de l'aéroport de Pristina, au Kosovo, par un détachement motorisé russe, est le plus notable –, la

1. Force commune de maintien de la paix dirigée par l'OTAN au Kosovo pour veiller au respect des accords du 9 juin 1999 mettant fin au conflit. La Russie y est invitée le 18 juin.

Russie retrouve sa place naturelle dans la vie internationale.

Rien n'est pour autant gagné. L'Europe de l'Est, les États baltes et la Géorgie rêvent d'entrer dans l'OTAN. Au Caucase, la paix fragile de 1996 n'en finit pas de s'effriter. Le second mandat de Boris Eltsine se solde par un désastre général. Dans *Le Marathon présidentiel*, Eltsine a développé en ces termes sa vision des crises politiques : « C'est un phénomène momentané et, d'une certaine manière, utile. Ma propre vie m'a appris que l'organisme utilise la crise pour vaincre une maladie, se renouveler et retrouver ainsi son état de santé normal[1]. » Cette conception optimiste des crises s'applique en effet parfaitement à sa propre expérience politique durant les années de *perestroïka* et celles de son premier mandat. Mais elle est démentie par la suite des événements. Ni la formidable crise économico-financière de 1998, ni le déclin international de son pays dans la seconde moitié de la décennie ne provoquent le choc décisif qui aurait permis à Eltsine de rebondir de manière spectaculaire comme il avait su le faire auparavant.

Durant l'automne de sa vie politique, les problèmes de santé s'accumulent et se mêlent aux désastres internes et externes. Au cours de cette dernière phase de son mandat, c'est clairement une porte de sortie que cherche Eltsine, plutôt que des réponses aux défis internationaux. La sortie, c'est sa succession qu'il convient d'assurer. Avant même d'accéder à la présidence russe, Eltsine avait confié à quelques interlocuteurs que la responsabilité historique majeure dont il se sentait investi était de porter au pouvoir une génération que le soviétisme n'aurait pas

1. B. Eltsine, *Presidentskii Marafon*, *op. cit.*, p. 232.

marquée[1]. Ses efforts pour y parvenir ont été perceptibles durant toute la décennie où il a gouverné son pays. Son premier chef de gouvernement, Gaïdar, appartenait bien à cette génération post-soviétique dont avait rêvé Eltsine. Sans doute, confronté aux immenses difficultés de la « transition » et aux résistances sociales, dut-il par moments porter au pouvoir des hommes en lesquels la société pouvait mieux se reconnaître : ainsi de Tchernomyrdine ou de Primakov, hiérarques de l'ancien système. Mais ces moments de sacrifice au passé ont été dominés par des tentatives visant à promouvoir une autre génération et à puiser dans ses rangs un éventuel successeur. Après Gaïdar, qui intervient au tout début de la vie politique russe, deux autres jeunes Premiers ministres auront été « essayés » par Boris Eltsine avant de disparaître, l'un balayé par la crise financière, l'autre par la crise internationale : ce sont Sergei Kirienko, de mai à septembre 1998, et Sergei Stepachine, de mai à août 1999. Enfin, le 9 août 1999, ce sera au tour de Vladimir Poutine : il est l'élu.

Un successeur à l'essai

Dans ses mémoires, Eltsine livre quelques clés qui permettent de comprendre les raisons du choix auquel il s'est arrêté et la stratégie qu'il aura utilisée pour installer son successeur. Il explique qu'il entendait promouvoir Vladimir Poutine dès le mois de mai 1999, en le présentant d'emblée comme l'homme à qui il transmettrait le pouvoir. Mais il opta en définitive pour un autre calendrier et nomma à sa place Sergei Stepachine.

1. Entretien avec l'auteur, Strasbourg, avril 1991.

Celui-ci reconnut par la suite que le temps passé au gouvernement avait été pour lui un véritable calvaire, négligé qu'il était par le Président, voire ignoré de lui, alors qu'il devait affronter la crise dans le Nord-Caucase, où la violence se déchaînait à nouveau, et que montait une opposition interne considérable. Pourquoi Eltsine a-t-il préféré Poutine à d'autres héritiers possibles tels qu'Anatole Tchoubais ou Boris Nemtsov, qu'il avait semblé privilégier au printemps 1997 en leur confiant d'importantes responsabilités gouvernementales ? La première raison invoquée invariablement par maints experts est l'origine pétersbourgeoise de Poutine. Mais Tchoubais comme Stepachine venaient eux aussi de la seconde capitale. Toujours dans ses mémoires, Eltsine propose une autre explication : « Je pensais dès 1998 que la société exigeait une nouvelle qualité de l'État, une ossature d'acier qui renforcerait la structure politique de l'autorité. Nous avions besoin d'une personne réfléchie, démocratique et innovatrice, mais inébranlable, dans le style militaire. L'année suivante, une telle personne est apparue : c'était Poutine[1]. »

Le jugement porté ici par Eltsine se réfère à diverses étapes de la carrière de Poutine. Seize années passées au temps de l'URSS dans les services du renseignement extérieur (KGB) lui avaient en effet conféré un style militaire. Après la dissolution de l'URSS, Poutine, qui travaillait aux côtés du maire charismatique et démocrate de Saint-Pétersbourg, Anatoli Sobtchack, avait été chargé par celui-ci d'attirer les investisseurs étrangers dans sa ville, ce qui l'avait familiarisé avec les exigences de l'économie de marché et l'avait associé à la mise en œuvre d'un projet démocratique. Puis, arrivé à

1. B. Eltsine, *op. cit.*, p. 431.

Moscou, il intégra un moment l'administration présidentielle – excellent poste d'observation, où Eltsine put le remarquer. En 1998, il fut nommé à la tête du FSB, l'organe successeur du KGB, en une période particulière pour l'armée dans les rangs de laquelle s'exprimait alors un fort mécontentement. Mais il fut aussi intégré au Conseil de sécurité, ce qui renforça sa position à Moscou et dans les centres du pouvoir.

En présentant son nouveau Premier ministre, Eltsine laissa planer le doute sur l'avenir qu'il lui réservait. L'élection présidentielle devait avoir lieu neuf mois plus tard ; Poutine aurait d'ici là à démontrer qu'il était l'homme capable de poursuivre les réformes et de consolider une société ébranlée par des années de crise et par un doute grandissant sur la direction empruntée par le pays depuis 1992. En quelques années, la démocratie avait en effet perdu beaucoup de sa séduction aux yeux des Russes, souvent tentés de lui imputer la responsabilité du déclin de leur pays.

La Douma, censée accorder sa confiance au Premier ministre que lui proposait le Président, le fit avec réticence. Poutine obtint seulement sept voix de plus que le nombre requis, soit un résultat inférieur à celui qui avait salué la nomination de ses prédécesseurs, Primakov, Kirienko et Stepachine.

Les derniers mois du siècle sont caractérisés par le partage du pouvoir entre un Président à bout de souffle, mais qui veille sur son protégé, et un Premier ministre confronté d'emblée à l'épreuve de la guerre renaissante au Caucase. De la Tchétchénie jamais vraiment apaisée, l'irrédentisme a gagné le Daghestan, la plus difficile des républiques de la région. Plus de cent groupes nationaux y cohabitent. C'est là que pénètrent le 7 avril 1999 les insurgés qui, jusqu'alors, campaient sur le sol tchétchène, sous la conduite de deux chefs irréductibles, l'émir Khattab et Chamil Bassaiev. Ils proclament l'indépendance d'une république islamique du Daghestan qui sera présidée par Bassaiev[1]. Celui-ci est une vieille connaissance des Russes : lorsque, en 1996, la paix avait été rétablie en Tchétchénie, il y avait importé le terrorisme en s'emparant de centaines d'otages dans un hôpital de Budennovsk, exigeant en guise de rançon le départ des Russes. Héros pour les uns, assassins pour les Russes, Bassaiev et Khattab[2] – ce dernier Saoudien d'origine, vétéran des combats du djihad – bouleversent une fois encore le paysage caucasien. Peut-on accepter l'extension du séparatisme au Daghestan ? Cette fois, c'est au tout nouveau Premier ministre que revient la décision.

Contrairement à des prédécesseurs parfois moins déterminés, Poutine est convaincu que la Russie ne peut céder, car le moindre signe de faiblesse condamnerait sa présence dans tout le Nord-Caucase. Plus encore, l'extrémisme islamiste triomphant s'en prendrait aussitôt aux autres peuples de l'Islam russe : les Tatars, les Bachkirs établis tout au long de la Volga. Si l'on n'arrête pas la marche des terroristes de Bassaiev, c'est vers le centre de la Russie, pense Poutine, qu'elle se poursuivra. Fort de cette certitude, il organise la riposte et écrase la rébellion installée au Daghestan. Mais leur défaite, loin de décourager les terroristes, les incite simplement à changer de tactique. Une vague d'attentats secoue la Russie en septembre 1999. Des immeubles bourrés d'explosifs sautent au Daghestan et dans le

1. Sur les exploits de l'émir Khattab, cf. D. Chaudet, « Djihad dans le Caucase du Nord », *Politique internationale*, n° 125, automne 2009, p. 227.

2. E. Hoesli, *La Conquête du Caucase*, Paris, 2006, p. 613.

Kouban, mais surtout à Moscou où l'on dénombre des centaines de victimes. La population russe, atterrée, se rassemble dans l'indignation et la volonté de vengeance. Poutine tire les leçons de la vague terroriste en proclamant le 24 septembre 1999 : « Nous poursuivrons les terroristes partout[1] ! » Il donne ainsi le signal du départ de la deuxième guerre de Tchétchénie.

Engagée dès le 1er octobre, cette guerre sera marquée par des bombardements massifs sur la république, par le siège de Grozny et par l'exode de la population tchétchène vers l'Ingouchie voisine où, déjà, l'attendent les fuyards de la guerre précédente qui campent dans les villages de fortune des réfugiés. Eltsine avait évoqué l'*inflexibilité* dont devrait faire montre le futur responsable de la Russie. Cette inflexibilité, Poutine en administre la preuve, et la population russe l'applaudit. Les sondages témoignent de sa popularité grandissante. Interrogés sur leur éventuelle intention de vote en sa faveur lors de la future – mais encore lointaine – élection présidentielle, 2 % d'électeurs potentiels répondaient par l'affirmative en août, mais, un mois plus tard, leur nombre a doublé et, en octobre, ceux qui disent vouloir voter pour lui sont 21 %, dépassant les intentions de vote en faveur du communiste Ziouganov et de l'ancien Premier ministre Primakov, tous deux pourtant fort populaires. Puis les voix qui lui sont favorables bondissent à 45 % en novembre.

Approuvé par une société qui attend désespérément du pouvoir des signes de fermeté, Poutine constate que,

1. Ce propos (ici édulcoré) a été tenu par Poutine à Astana. *Ot pervogo litsa : razgovory s vladimirom putinom*, p. 133, cité par T. Colton, *op. cit.*, p. 433. B. Eltsine, *Presidentskii Marafon*, *op. cit.*, p. 367.

même au sein de l'élite libérale, l'opposition à la guerre de Tchétchénie, si puissante par le passé, n'est plus qu'une manifestation minoritaire. La deuxième guerre de Tchétchénie réconcilie une société qui aspire à la renaissance d'un État fort et des élites pourtant davantage attachées au progrès des valeurs humanistes. D'une certaine manière, cette deuxième guerre, peut-être parce que celui qui l'engage offre une image d'inflexibilité, est ressentie comme un coup d'arrêt donné à tous les reculs et à toutes les humiliations que la Russie a connus depuis le début de la décennie.

On a volontiers attribué au machiavélisme de Poutine ou de ses « services » la responsabilité des attentats de septembre 1999 afin de lui permettre d'y répondre en déclenchant la guerre, et de s'imposer ainsi en homme fort du pays, donc en successeur. Des collaborateurs d'Eltsine ont soutenu une autre version plus pondérée et plus vraisemblable du déroulement des faits. Confronté à l'attaque terroriste au Daghestan, Poutine en aurait conclu qu'il ne s'agissait pas là d'un acte indépendant, mais que Bassaiev et Khattab l'avaient fomenté en accord avec le président tchétchène Maskhadov et qu'il s'agissait bien d'un acte de guerre tchétchène, donc d'une extension de la guerre tchétchène, ce qui mettait fin aux accords de paix[1]. Or cet acte de guerre menaçait la Russie en tant qu'État. Sans réaction russe, le pays

1. En réalité, Maskhadov a été dépassé par Bassaiev et Khattab, qu'il avait essayé pendant un an d'intégrer à son pouvoir, mais qu'il accuse après des échanges militaires en 1998 de fomenter une guerre civile. Il tentera d'expulser Khattab, mais échouera devant l'opposition des chefs de guerre. Cf. l'étude approfondie de Ch. Zürcher, *The Post-Soviet Wars : Rebellion, Ethnic Conflict and Nationhood in the Caucasus*, New York Univ. Press, 2007.

courait inéluctablement, dira-t-il dans une série d'entretiens, à la « yougoslavisation ». De là la violence de la réaction en territoire tchétchène ; de là aussi, en retour, les opérations terroristes de septembre, la violence des uns répondant à celle des autres.

Plébiscité en Russie pour sa fermeté, Poutine est aussi perçu en Occident comme un politique déterminé, mû par un patriotisme intransigeant et une grande lucidité sur ce qui doit être entrepris pour redresser la situation russe. Les dirigeants occidentaux avaient été déconcertés par les dernières années de la présidence Eltsine, entachées par des excès personnels et des mesures politiques qui – vues de loin, en tout cas – semblaient souvent découler de décisions erratiques. Ayant attendu la relève, ils considèrent d'abord avec faveur ce personnage encore inconnu, mais qui paraît opposer au chaos eltsinien une autorité et une rationalité de bon augure. Ce, d'autant plus que, abandonnant à Poutine le soin de vaincre les Tchétchènes et d'organiser les proches élections législatives, Eltsine consacre les dernières semaines de l'année 1999 à la politique étrangère, où – fatigue ? manque d'intérêt ? – il multiplie les provocations, dégradant encore un peu plus l'image de la Russie. Au sommet de l'OSCE réuni à Istanbul en novembre, les critiques fusent en direction de la Russie, accusée de conduire une guerre inacceptable au Caucase. Furieux, Eltsine claque la porte, montrant ainsi que Moscou n'admet à ce sujet aucun débat. À Pékin où il se rend quelques jours plus tard, il tient un violent discours à l'égard des États-Unis, les menaçant implicitement des moyens nucléaires dont dispose son pays. En l'occurrence, sa rage est provoquée une fois encore par le constat que les Américains ignorent ses avances, leur opposant la proposition d'ouvrir une nouvelle négociation sur le traité ABM dans le même temps qu'ils annoncent la mise en place d'un bouclier antimissile. Le rêve de conclure un partenariat avec les États-Unis, ponctué de tant de désillusions, tourne au cauchemar. En prenant les Chinois à témoin de cette quasi-rupture, puisqu'il s'exprime chez eux, Eltsine affaiblit aussi sa position à Pékin où le successeur de Deng Xiaoping, Jiang Zemin, pourtant formé à Moscou et russophone, n'entend pas que la Russie use de sa relation avec la Chine comme d'une simple carte dans son jeu américain. Les dernières foucades d'Eltsine contribuent à convaincre le reste du monde qu'il faut attendre son successeur, quel qu'il soit, pour reprendre contact avec Moscou.

Sur la route du Kremlin

Pendant ce temps, Poutine s'active sur la scène intérieure et s'attaque à la préparation des élections législatives. Le climat politique de cette fin d'année est particulièrement défavorable à Boris Eltsine, qui ne dispose d'aucune majorité dans la Douma sortante et s'y heurte à une opposition organisée dont Poutine craint de payer le prix.

À l'automne 1999, l'opposition de gauche a en effet le vent en poupe. Elle est conduite par deux hommes forts : Iouri Loujkov, maire de Moscou, et Evgeni Primakov, auréolé de son autorité internationale. Le premier a la haute main sur le mouvement *Otetchestvo* (La Patrie), le second sur *Vsia Rossiia* (Toute la Russie). Dès la fin d'août, ils ont uni leurs forces au sein du Bloc OVR (*Otetchestvo-Vsia Rossiia*, Patrie-Toute la Russie), coalition des forces de centre gauche qui affiche aussi une orientation patriotique. Le Bloc est soutenu par de nombreux responsables régionaux, ce qui en fait un parti de dimension nationale. Le Parti communiste, dirigé par le sempiternel Ziouganov, attire pour sa part près du tiers de l'électorat russe, ce qui laisse peu de place à un parti libéral. À ce moment émerge aussi, sous l'autorité de Sergei Shoïgu, jeune ministre des Situations d'urgence, un nouveau parti, *Edinstvo* (Unité), qui adopte pour symbole l'ours si cher aux Russes, et propose un programme mêlant libéralisme, retour à l'ordre intérieur, patriotisme et unité nationale : programme sans doute en accord avec les aspirations populaires et suffisamment libéral pour attirer les élites modernes qui ne savent plus à quel saint ou plutôt à quel parti politique se vouer. Mais les appels à l'ordre et à la patrie sont aussi des moyens efficaces pour offrir une alternative séduisante à la coalition Primakov-Loujkov, et même aux communistes.

D'emblée, Eltsine a proclamé qu'il prenait ses distances avec le processus électoral et qu'*Edinstvo* ne pouvait se placer sous son patronage. Déjà, il s'éloigne du champ politique intérieur, tandis que monte l'étoile de son Premier ministre. *Edinstvo* se tourne alors vers ce dernier, parce qu'il faut bien s'accrocher à celui qui gouverne, et Poutine répond à son appel en annonçant qu'en tant que citoyen il votera pour le parti de Shoïgu, que l'on commence à désigner sous le nom de l'Ours. Nous sommes en novembre 1999, la guerre en Tchétchénie et les attentats de septembre pèsent lourd dans l'opinion. *Edinstvo* déclare qu'il lui faut l'emporter pour créer une majorité poutinienne au sein de la Douma. On peut s'étonner d'une décision aussi rapide. Poutine est un nouveau venu sur la scène politique, et rien ne permet alors de penser que son étoile le protégera jusqu'à l'élection présidentielle. La situation de la Russie est dramatique. Poutine, s'il fait preuve de détermination, est loin d'être charismatique. Et Eltsine a déjà usé de nombreux Premiers ministres. Pourtant, Poutine et le parti qui le porte gagnent chaque jour en popularité[1]. Les sondages en témoignent, on l'a vu, mais surtout le résultat des élections législatives qui ont lieu à la fin de l'année.

Le 19 décembre 1999, le verdict populaire est en effet sans appel. Si les communistes arrivent en tête avec plus de 24 % des suffrages, ils sont talonnés par *Edinstvo*, qui écrase le Bloc. La Douma qui se dessine dispose d'une majorité de droite. Mais d'autres possibilités s'offrent à *Edinstvo*, dont celle d'une coopération avec le Parti communiste qui, isolé, ne compte guère, mais, constatant l'existence de vues communes avec *Edinstvo*, peut espérer devenir une force parlementaire. Dans tous les cas de figure, le successeur de Boris Eltsine pourra disposer de la majorité parlementaire qui a toujours fait défaut à ce dernier, ce qui explique aussi nombre de ses échecs et incohérences.

La Russie, qui a traversé des années agitées, est une fois de plus, en cette fin de siècle, en grande difficulté. La société, les sondages le montrent, exige avant tout que sa vie matérielle s'améliore[2]. Certes, l'élection de décembre a donné naissance à une Douma attachée au Premier ministre, mais la question de l'élection présidentielle reste ouverte, et tous les Russes s'in-

1. G. Sokoloff, *Métamorphose de la Russie*, Paris, Fayard, 2003, pp. 577-578.

2. Commentaires de Simon Novoproudski, *Izvestia*, 21 décembre 1999.

quiètent d'un avenir aussi incertain. C'est ici que Boris Eltsine, jugé si sévèrement par ses compatriotes et par l'étranger pour un second mandat problématique, va surprendre le monde et installer son pays dans le siècle qui va s'ouvrir par une détermination et une sagesse que nul n'attendait de lui.

La Constitution de 1993 comportait un article 92 auquel nul n'avait vraiment prêté attention. Article capital, pourtant, puisqu'il autorisait le Président qui souhaitait se démettre à organiser de manière régulée et pacifique sa propre succession. Aux termes de cet article, en cas de vacance de la présidence pour une raison accidentelle ou par suite d'une démission, le Premier ministre exerce la présidence effective durant une période de transition destinée à préparer l'élection présidentielle qui doit avoir lieu dans un délai de trois mois. Eltsine informa Poutine de sa décision de mettre en œuvre cet article 92, tout en le laissant dans l'ignorance de la date choisie pour son départ, dont il ne fit confidence qu'à ses plus proches collaborateurs[1]. Le secret était absolu et nul ne s'attendait à un coup d'éclat si proche.

Eltsine choisit le 31 décembre, date combien symbolique, puisqu'elle marquait la fin d'un siècle et celle d'un millénaire. Pour la Russie, ce siècle avait été tragique, mais le millénaire célébré en 1988 avait été celui de son entrée dans la chrétienté, c'est-à-dire dans la civilisation occidentale. À tous égards, ce double symbole de rupture avec un passé récent et de continuité avec la longue histoire était précieux. Remarquable animal politique qui avait quelque peu abîmé son image au cours des dernières années, Boris Eltsine

1. T. Colton, *op. cit.*, p. 435.

avait compris qu'il tenait là une chance de sortir glorieusement des pièges du pouvoir.

Plus encore que des symboles et de cette ouverture si bien datée sur des temps nouveaux, c'est du transfert organisé et pacifique du pouvoir qu'il pourra néanmoins tirer une légitime fierté. La tradition russe – celle de l'Empire, de la longue durée, et plus encore celle du communisme – avait constamment transformé la question de la transmission du pouvoir en tragédie. Depuis 1917, on ne choisissait jamais de quitter le pouvoir, on le perdait dans la violence et, en général, on y perdait aussi la vie. Nikita Khrouchtchev fut le premier responsable déposé pacifiquement, mais il fut condamné à s'effacer non seulement de la scène politique, mais encore de la mémoire de ses compatriotes : sa mort fut politique et sociale. Mikhaïl Gorbatchev démissionna de son plein gré, mais il ne pouvait faire autrement, puisque le pays qu'il présidait, l'URSS, n'existait déjà plus ; et si son statut de retraité politique lui permit de vivre plutôt confortablement, de voyager et de participer aux joutes électorales, il fut néanmoins sujet à maintes vexations de la part de Boris Eltsine, qui tenait à l'ignorer ; et il fut peu respecté de ses compatriotes, oublieux des changements qu'il avait décidés.

Quittant de lui-même le pouvoir après avoir installé un successeur potentiel, mis en route un processus de transition fondé sur la Constitution, Eltsine a fait faire un grand pas, et même un véritable bond en avant, à la vie politique russe. Il a démontré que, en dépit des turbulences politiques des années 1990, le pouvoir en Russie s'était *civilisé*. La lutte politique a certes subsisté – âpre souvent, mais n'en est-il pas ainsi dans toutes les démocraties ? –, mais ce pouvoir devait se conquérir dans les élections, il était régulé par la Constitution, on le quittait dans les conditions prévues aussi par la Constitution, ce qui impliquait que sa perte pouvait attrister son détenteur, mais ne menaçait en rien ses jours. La décision de Boris Eltsine, le processus qu'il déclencha, ont rattaché la Russie à l'univers politique civilisé. Quelle formidable conquête, après les convulsions de 1993, les éternels conflits avec une Douma qui prétendait destituer le Président, les inconnues pesant sur l'avenir, quand tant d'esprits chagrins prédisaient à la Russie l'avènement inopiné de quelque candidat à la dictature ! La démocratie balbutiante en Russie était en train de s'installer pour de bon. Après Eltsine – et il était convaincu que c'était la plus belle part de son héritage –, nul Président ne pourra sans trembler jouer avec la Constitution pour proroger son pouvoir. Vladimir Poutine montrera en 2008 qu'il a entendu la leçon et qu'il s'est senti dépositaire du testament moral de celui qui avait fait de lui le deuxième président de la Russie.

Le 31 décembre 1999 fut un jour remarquable pour un pays où le pouvoir avait si durablement été identifié aux excès de violence et aux effusions de sang. Le discours prononcé par Boris Eltsine pour prendre congé de son peuple se situa lui aussi à une hauteur incomparable. Le Président sortant, qui abrégeait volontairement son mandat, demanda aux Russes de lui pardonner de n'avoir su répondre à leurs besoins, ni réaliser leurs rêves qui avaient aussi été les siens. Constatant les souffrances des Russes dans les années 1990, qu'il avait été incapable d'empêcher, Eltsine conclut par cette phrase pathétique : « J'ai fait de mon mieux[1]. »

1. *Ibid.*

Près de dix années d'une transition dramatique, nourrie pourtant de rêves, d'intentions mal réalisées, destinée à construire une nouvelle Russie, s'achevaient dans un climat de paix et de cohésion comme le pays en avait rarement connu. Sans doute la Russie de la fin des années 1990, qu'Eltsine lègue à son successeur, est-elle caractérisée par de perpétuelles ruptures et, à certains moments, a-t-elle failli disparaître totalement dans le chaos ou la désintégration. Pourtant, le 1er janvier 2000, c'est dans une atmosphère d'espoir que le changement s'opère.

Tel est le grand mérite historique d'Eltsine que ses compatriotes ne lui reconnaissent guère en ce temps-là. Le soulagement de voir finir un règne aux couleurs de l'échec l'emporte sur toute autre réaction. Et, surtout, l'attention se concentre sur l'homme du jour, Vladimir Poutine, devenu, à la surprise générale, Président par intérim.

Si Poutine n'avait pas été informé par son prédécesseur des détails de la transition à venir, il s'y était cependant préparé. On le voit à sa réaction immédiate, ce même 31 décembre. Il expose au pays et au monde la voie qu'il entend suivre. Aux Russes, avant tout, de déchiffrer dans ses interventions ce qui relève du programme électoral – l'élection présidentielle est proche – et ce qui constitue déjà un projet personnel pour la Russie du XXIe siècle.

CHAPITRE II

Quelle Russie pour le XXIe siècle ?

Le 26 mars 2000 – dans le délai constitutionnel de quatre-vingt-dix jours évoqué par Boris Eltsine lors de son retrait –, Vladimir Poutine est élu président de la République de la Fédération de Russie, au premier tour, par 52,9 % des voix, devant le candidat communiste Guenadi Ziouganov – déjà battu en 1996 par Boris Eltsine –, qui rassemble 29,2 % des suffrages, et le libéral Grigori Yavlinski, avec près de 6 % des voix. Divers petits candidats s'étaient eux aussi présentés, vainement.

Alors même que Boris Eltsine s'effaçait du paysage politique, le dauphin qu'il a finalement désigné comme le plus apte à prendre en main les rênes du pays a exposé à ses compatriotes son projet pour l'avenir. C'est en effet le 31 décembre 1999 qu'a paru dans *Rossiiskaia Gazeta* un texte-programme, « La Russie à la frontière des millénaires », message relayé aussitôt par le site Internet du gouvernement. Or, si le tirage des journaux n'est pas considérable, la Toile joue déjà un rôle important dans l'information des citoyens russes, particulièrement parmi la jeune génération urbaine et dans le monde des décideurs. C'est dire si le Président par intérim est entendu, et son message, en cette veille de Nouvel An, est loin d'être réjouissant. C'est un discours de vérité et de mobilisation que tient Vladimir Poutine à ceux qui seront conviés à le porter à la présidence dans un délai fort bref. Deux mois plus tard, le 25 février, dans une lettre ouverte aux électeurs publiée par les *Izvestia*, texte lui aussi relayé par l'Internet, Poutine complète son propos dans une même tonalité.

Que dit-il de l'état de son pays ? Le contraire de ce que la société russe a été habituée à entendre pendant des décennies, mais qu'elle entrevoyait en considérant le réel et avait retenu des « conversations de cuisine », haut lieu d'échanges du monde soviétique. À une société bercée de discours optimistes sur un pays en marche vers un avenir radieux, rattrapant et dépassant même les États-Unis, Poutine propose soudain l'image d'une Russie dont le retard est dramatique, puisqu'il la compare aux États les moins avancés d'Europe. Le Portugal devient un modèle pour la Russie ! Quelle chute ! Et cela explique naturellement la perte de son statut de puissance. Qui accuser de ce désastre, sinon le système soviétique qui avait arraché la Russie au spectaculaire processus de modernisation où elle s'était engagée à la fin du XIXe siècle, pour l'enfermer dans une utopie génératrice de catastrophes ? En 1992, la Russie a rompu radicalement avec le communisme et choisi d'édifier la démocratie et l'économie de marché, renouant ainsi avec sa vocation européenne. Sans doute ce tournant a-t-il pu n'être pas parfaitement adapté à la nature et à l'état du pays. Tout en adhérant sans réserve au choix fondamental effectué en 1992, Poutine suggère la prise en compte de certaines traditions morales et sociales de son pays, et aussi des conditions dans lesquelles il se trouve au terme de la longue période englobant l'ère communiste et la « transition ». L'instauration – et non la simple restauration – d'un État de type moderne, doté de structures politiques et administratives, la nécessité de tenir compte de la diversité ethnique et culturelle du pays, de l'immensité de son espace, imposent, pense Poutine, que l'autorité soit une composante du système politique. Sans défendre le principe d'une variante spécifique de la démocratie, il affirme qu'elle doit intégrer l'expérience historique russe. Certains de ses partisans avanceront à ce propos le concept de *démocratie souveraine*[1], qu'il rejette. Il va clairement le confirmer lors des rencontres du Club Valdai[2]. Mais, dans le même temps, il insiste sur la nécessité d'accepter des modes d'exercice du pouvoir qui, tout en respectant strictement la Constitution, permettent de forger et consolider l'État, et d'assurer l'ordre public sur tout le territoire de la Russie.

Cette vision nuancée, graduelle de la démocratie doit permettre, dans l'esprit de Poutine, d'y associer une société dont une partie importante est encore traumatisée par la rupture de 1992. Poutine a sans aucun doute compris et pris en considération, plus et mieux que

1. I. Krastev, « Rossiia kak drugaia Evropa », *Rossiia v Global'noi politike*, n° 4, juillet-août 2007, spécialement pp. 37-43.

2. Rencontres annuelles organisées en Russie par l'agence RIA Novosti entre un petit groupe d'experts occidentaux et des responsables politiques et économiques russes.

d'autres, le désarroi d'une large fraction de ses compatriotes – les plus âgés, les moins éduqués surtout – pour qui démocratie et économie de marché semblent faire l'impasse sur leurs convictions et leur difficile passé. Tout en n'entendant pas tourner le dos à ce choix fondamental, il cherche à rassurer la société par la réincorporation de symboles et de valeurs appartenant à l'époque dont elle conserve la nostalgie. En restituant à l'armée le drapeau rouge, en remettant à l'honneur la musique de l'hymne soviétique – mais non ses paroles –, il refuse que soient arrachés de la conscience collective des signes du passé liés aux périodes les plus dramatiques de l'histoire du pays.

De même, il souligne que l'histoire ne doit jamais être réécrite en fonction des idées du moment. Les années 1990 ont été marquées par la destruction – dans un climat d'intense exaltation populaire – des statues des héros de l'URSS. Poutine exige que l'on mette fin à ce qui rappelle précisément les conceptions historiques communistes : l'histoire idéologisée, les pages blanches des manuels, les photos tronquées d'où disparaissaient soudain ceux qui étaient tombés en disgrâce. Et il exhorte les historiens à réfléchir à l'enseignement de l'histoire en réévaluant avec sérieux le passé russe, et surtout la révolution, puis le stalinisme, sans rien en dissimuler, mais aussi sans en retenir une version frappée de manichéisme à la mode soviétique[1]. Sans doute cet objectif n'est-il pas simple

1. Alexandre Tchoubarian, directeur de l'Institut d'Histoire mondiale de l'Académie des Sciences, est l'un des maîtres d'œuvre de cette réflexion, son récent ouvrage *Veille de tragédie. Staline et la crise internationale*, Moscou, 2008, est une illustration de cette tendance.

à atteindre, tant il heurte la mémoire d'une large partie de la société, et il faudra attendre plusieurs années pour que le pouvoir lui-même adopte une position claire sur le passé stalinien. En réalité, c'est à la fin de la première décennie du nouveau siècle que le tandem qui, depuis 2008, se partage le pouvoir en Russie, répondra à ce qui était un véritable défi. Tandis que le nouveau chef de l'État, Dimitri Medvedev, n'hésitera pas à prononcer sur Staline un jugement sans appel, c'est dans le délicat dialogue avec la Pologne que le chef du gouvernement, Vladimir Poutine, trouvera l'occasion de revenir sur les crimes du système stalinien[1].

Dans cette subtile pédagogie destinée à rapprocher une part importante de la société de la nouvelle Russie, l'accent mis par Poutine sur les thèmes du patriotisme, de l'intérêt national, des valeurs propres à la Russie, tient une large place. Sa défense intransigeante du territoire russe – en Tchétchénie notamment, mais aussi en Extrême-Orient – a également contribué à réconcilier la fraction la plus perturbée de la population, sinon avec le projet démocratique, du moins avec celui qui l'incarnait. En cherchant à rassembler ainsi les diverses composantes de la société – ceux qui ont d'emblée accepté et parfois tiré profit de la rupture, et ceux pour qui elle a signifié dépossession de leur passé, de leurs droits, des garanties minimales d'existence que leur assurait l'État protecteur soviétique –, Poutine a voulu prévenir la radicalisation de ceux de ses compatriotes qui étaient au désespoir, ou encore la montée d'un fascisme « rouge-brun » dont on

1. « Ostavit'bez izvinenii », *Vlast'-Kommersant*, n° 35, septembre 2009, pp. 11-15. Cf. l'hommage commun des Premiers ministres russe et polonais rendu aux victimes de Katyn au printemps 2010.

perçoit les prodromes dès 1992. Sa popularité instantanée, puis maintenue au fil des ans et des fonctions successives qu'il a exercées – Premier ministre, Président, puis à nouveau Premier ministre –, témoigne qu'il a été largement entendu.

C'est ici qu'il convient de considérer le rapport qu'il a entretenu avec la Constitution. S'il s'est très vite trouvé sous le feu des critiques intérieures et extérieures pour sa conduite de la guerre de Tchétchénie, cela a surtout été le cas pour ce que l'on a qualifié de dérive autoritaire, voire totalitaire, et d'abandon de la démocratie. Or, lorsque se sera posé le problème de la pérennisation de son pouvoir – la Constitution de 1993 n'autorisant que deux mandats successifs –, Vladimir Poutine, en dépit des sollicitations populaires, de sondages favorables à une modification de la Constitution, annoncera, presque dès l'aube de son second mandat, son refus de modifier la Loi fondamentale sur ce point crucial. Ce respect rigoureux des institutions, combiné certes avec un exercice autoritaire du pouvoir, doit être pris au sérieux, car il éclaire sa conception de la démocratie. Pour lui, si la démocratie doit jusqu'à un certain degré être adaptée à l'état de la Russie et à ses traditions, il lui faut à tout prix être protégée par une frontière infranchissable : la Constitution.

Les principes plutôt généraux du projet présenté par Poutine à ses compatriotes en 1999 ne tiennent pas vraiment compte, il convient de le reconnaître, des énormes contraintes auxquelles il va se heurter : une démographie désastreuse, le désagrégation interne du pays, le chaos économique.

L'épuisement démographique de la Russie

Ce phénomène avait été annoncé et exploré dès les dernières décennies du régime soviétique par d'excellents démographes, en premier lieu par l'Américain Murray Feshbach[1].

En 1970, la population de l'URSS était forte de 242 millions d'habitants. Tout en constatant l'importance des éléments négatifs dans la structure démographique de l'URSS – espérance de vie inférieure à la moyenne des sociétés avancées, mortalité infantile élevée, natalité en chute –, certaines projections effectuées jusqu'à la fin du siècle proposaient des hypothèses de croissance de la population de l'URSS relativement optimistes : 280 millions d'habitants en 1989, 292 millions en 1990, 312 millions en 2000. Peu importe que ces prévisions aient été ou non réalistes, puisqu'en 1992 la Russie qui sort des décombres de l'URSS est dépouillée d'une part considérable de sa population[2]. Par ailleurs, les turbulences migratoires de la période post-soviétique, qui entraînent le retour en Russie de nombreux Russes vivant dans l'*étranger proche* – d'où leur statut d'indésirables (Géorgie) ou de citoyens de seconde catégorie (États baltes, Kazakhstan) les a incités à fuir –, ont un temps obscurci la situation démographique. Ce qui s'impose

1. M. Feshbach, *Russia : Health and Demographic Crises. Policy Implications and Consequences*, Washington, 2003. *Voprosy et statistiki*, n° 3, 2002 (organe du Comité d'État).

2. N. Ivanitskaia, « Fantastitcheskaia demografiia », *Vedomosti*, 23 mai 2007 et O. Kuvshinova, « Rossiia vymiraet », *Vedomosti*, 29 avril 2007.

néanmoins à l'observation, c'est une réduction continue de la population russe depuis 1992. De 150 millions à cette date, elle tombe à 148,7 millions en 1999, puis à 143,8 millions en 2006.

Vladimir Poutine, qui, depuis son arrivée au pouvoir, suit avec attention ce phénomène, lance en octobre 2007 un cri d'alarme et émet des propositions concrètes[1]. La Chambre civique – institution nouvellement créée, corps délibérant destiné à représenter la société civile dans ses diverses dimensions – va en débattre longuement, manifestant ainsi que la société prend elle aussi conscience de la gravité du problème. Le programme du Président s'articule en trois temps. Une première étape de trois ou quatre années devrait conduire, grâce à des mesures radicales dans le domaine de la santé publique, à une baisse du taux de mortalité. L'objectif à l'horizon 2015 est ensuite de stabiliser la population à 140 millions d'habitants. Enfin, de la porter à 145 millions. Ces chiffres optimistes à l'excès se sont révélés en contradiction avec la réalité. Au cours de la période récente, la population russe a perdu chaque année 800 000 individus. En 2007, au moment même où Poutine exposait son projet de stabilisation démographique, elle ne comptait déjà plus que 142 millions d'habitants, soit une déperdition de près d'un million depuis l'année précédente. Un rapport présenté en Russie en 2007 et largement diffusé par l'agence Novosti illustre de manière criante cette érosion inéluctable : chaque heure, la Russie perd cent habitants ; toutes les vingt et une secondes, on enregistre une naissance, mais

1. O. Kuvshinova, « Glavnyi prioritet », *Vedomosti*, 11 février 2008.

une mort se produit toutes les quinze secondes… Quel raccourci !

Pour renverser cette tendance dramatique, le programme élaboré par le gouvernement repose sur deux piliers : une politique d'encouragement financier à la natalité pour inciter les couples à sortir de la tradition bien ancrée de l'enfant unique ; l'amélioration des conditions matérielles d'existence afin d'allonger l'espérance de vie. Ce second pilier vise avant tout la population masculine, dont l'espérance de vie n'est alors que de cinquante-neuf ans. Des programmes prioritaires centrés sur le système de santé – notamment dans le domaine prénatal – ont été aussitôt mis en place pour tenter de réaliser ces objectifs.

Si les allocations accordées dès la naissance d'un second enfant semblent expliquer une légère tendance à l'amélioration de la natalité, la plus grande prudence s'impose ici, car la structure de la population russe n'est pas favorable à un progrès à moyen terme. La décennie qui vient sera en effet caractérisée par un rétrécissement de la strate de population en âge de procréer. Tout progrès réel reposera donc avant tout sur une révolution des mentalités favorisant la famille nombreuse. Peut-on imaginer que les Russes, qui ont pour prudente habitude de réduire leur famille à un enfant, éprouveront soudain un désir de familles de trois enfants ou plus ? C'est donc – Poutine en est conscient – l'amélioration de l'état physique des enfants, la réduction de la mortalité postnatale et infantile qui permettront avant tout d'accomplir des progrès.

Quant à l'espérance de vie masculine, si dramatiquement réduite, elle l'est certes par la dureté de l'existence, mais plus encore par une durable tradition d'alcoolisme. La dénonciation de ce fléau rassemble aujourd'hui et Poutine et son successeur Medvedev[1]. Comme Gorbatchev, tous deux sont personnellement des hommes sobres. Comme Gorbatchev, ils sont hantés par les ravages que l'alcool a toujours provoqués en Russie. Mais ils ont aussi présente à l'esprit l'impopularité que valut à Gorbatchev, du moins dans un premier temps, sa campagne antialcoolique ; et ils savent qu'il s'est révélé incapable de modifier les habitudes des Russes en ce domaine, ce qui explique la circonspection avec laquelle ils avancent dans cette voie.

Dire clairement à la société russe que le pays est en perdition démographique, tenter d'y parer par des mesures ponctuelles, voilà certes un discours et des propositions auxquels les Russes n'étaient ni préparés ni habitués, et cela constitue un incontestable progrès dans la relation entre pouvoir et société. Mais ces vérités claironnées suffiront-elles à sauver la population russe du déclin constaté ? Les projections effectuées par le Comité d'État de la Russie pour les statistiques offrent des tableaux divers, mais en général peu rassurants, des perspectives pour 2050. Trois hypothèses sont ainsi avancées : la plus optimiste chiffre la population à 122,6 millions d'habitants ; la moyenne, à 102 millions ; la plus sombre, à 77,2 millions. Ces projections sont confortées par celles que proposent l'ONU et surtout le meilleur connaisseur de la situation démographique russe, Murray Feshbach : 104 millions pour l'ONU, 100 millions pour Feshbach[2] ! Sans doute des variables peuvent-elles intervenir, notamment pour

1. D. Medvedev : « Chaque année, nous sommes moins nombreux », in « Rossiia vpered », *Izvestia*, 11 septembre 2009, p. 2.

2. M. Feshbach, *op. cit.*, et UNDP, *Demographic Policy in Russia : From Reflection to Action*, 2008.

pousser l'évolution dans un sens optimiste : un effet rapide des mesures sanitaires, ou encore une migration massive des Russes de l'« étranger proche » vers leur patrie. Mais la tendance dominante est bien celle d'une réduction continue de la population, marquée par des traits qui en aggravent les conséquences : une population vieillissante, une force de travail en diminution. Si l'on ajoute à cela que la répartition de la population est, en Russie, particulièrement inégale – concentration dans la partie occidentale, dépeuplement en Sibérie et en Extrême-Orient, c'est-à-dire là où sont localisées les grandes ressources, et aux abords d'une Chine surpeuplée –, on entrevoit que les données géopolitiques aggravent considérablement le problème démographique.

Quelle que soit la réalité de demain, la Russie doit trouver des solutions au problème d'une main-d'œuvre insuffisante, même si Vladimir Poutine, et plus encore son successeur, avancent sur ce point un objectif inédit : orienter le pays vers l'innovation technologique.

Reste que le drame démographique russe pèse tout à la fois sur la conscience collective, en y développant un sentiment d'insécurité, et sur la politique étrangère : les conséquences de cette situation étant particulièrement flagrantes dans la Russie d'Asie, elles ne peuvent qu'influer sur la stratégie asiatique de Moscou. On reviendra plus loin sur cette question.

La désagrégation de l'espace russe ?

C'est avant tout dans le Caucase du Nord que la précarité de l'espace russe constitue une donnée majeure de la situation dont Vladimir Poutine a hérité en s'installant au pouvoir. La seconde guerre de Tchétchénie qu'il a engagée à l'automne 1999 va se révéler très différente de la première et peser lourdement sur la vie politique russe dans son ensemble. À cette époque, le pouvoir tchétchène n'est pas en état de résister aux troupes russes. Aslan Maskhadov, élu président de la République en 1997, a échoué à restaurer l'économie et toute forme de vie organisée après avoir signé la paix avec Boris Eltsine. Surtout, l'inclusion de Chamil Bassaiev dans le gouvernement ne dure qu'un temps, et le retour de Bassaiev au Daghestan où il va étendre la lutte armée, détruit le fragile équilibre politique instauré deux ans plus tôt[1]. L'assaut russe en territoire tchétchène, réponse à la menace pesant sur le Daghestan, débouche sur la prise de Grozny, en janvier 2000, et la fuite vers la montagne des partisans du président déchu. Les pertes de la population sont considérables : environ 25 000 morts en quelques semaines dans les villes bombardées ; les villages sont dévastés ; comme en 1996, les habitants terrorisés cherchent refuge dans les républiques voisines.

Pour Vladimir Poutine, les deux guerres de Tchétchénie ne sont pas semblables et ne doivent pas être conduites de la même manière. La première a été marquée par l'improvisation et, la paix venue, rien n'a été réglé, la décomposition de l'espace russe s'est poursuivie. Cette analyse explique que, Grozny reconquise en

1. L'élection présidentielle de 1997 a été remportée par Aslan Maskhadov (59 % des voix) contre Chamil Bassaiev (23 %) et Zelimkhan Iandarbiev (10 %). Mais Maskhadov, qui est modéré, doit composer avec les islamistes.

2000 – à quel prix effroyable ? –, le président russe ait opté pour une stratégie nouvelle : la *tchétchénisation* de la guerre, qui revient à confier aux Tchétchènes le soin du maintien de l'ordre. Tandis que les combats continuent dans la montagne où les troupes de Maskhadov et de Bassaiev se sont réfugiées, Moscou remet les rênes du pouvoir dans les zones reconquises au mufti Akhmad Kadyrov, rallié à la cause russe[1]. Un tel choix stratégique était urgent car, une fois encore, l'incendie tchétchène paraît impossible à circonscrire par la seule guerre sur le terrain, et menace de s'étendre jusqu'à Moscou. En octobre 2002, des terroristes s'introduisent dans un théâtre de la capitale russe, à la faveur du spectacle qui y est donné, pour prendre le public en otage, provoquant en retour une intervention policière de grande envergure – et surtout de grande maladresse – qui se solde par la mort de 129 civils. Deux ans plus tard, les Tchétchènes répètent l'opération non plus au centre du pays, mais en Ossétie, à Beslan, où ils s'emparent d'une école ; le bilan est encore plus lourd : 334 otages, dont 186 enfants, sont tués. La société russe constate l'impuissance de ceux qui la dirigent à la protéger du terrorisme, et exige une solution négociée. Comment ne pas comprendre que Poutine ait préféré remettre le soin d'écraser la sédition aux Tchétchènes eux-mêmes ? Convaincu que la Tchétchénie restera un foyer de séparatisme permanent, que son exemple sera suivi si l'on ne vient pas à bout du terrorisme, et invité fermement par la société russe à répondre à ce problème par une solution pacifique, le voici contraint de trouver une porte de sortie décente.

1. D. Chaudet, « Djihad dans le Caucase du Nord », *Politique internationale*, n° 125, 2009, pp. 231-232.

Une nouvelle Constitution pour la Tchétchénie, l'élection présidentielle gagnée haut la main par Kadyrov en 2003 : ces événements vont tendre à démontrer que l'ordre russe règne à Grozny, mais sous l'autorité des Tchétchènes. La méthode est loin d'être inédite : le pouvoir soviétique avait presque toujours misé sur des cadres nationaux pour réduire les conflits avec Moscou. Quant au choix de Kadyrov, il se révèle habile, car celui-ci n'hésite pas sur les moyens propres à mater toute résistance dans sa république. En mai 2004, il est néanmoins assassiné et c'est son fils, Ramzan Kadyrov, qui lui succédera après l'interrègne éphémère d'Alu Alkhanov[1]. La *tchétchénisation* va prendre alors son vrai visage. Pour diriger la république, Ramzan Kadyrov combine trois éléments : une violence absolue pour imposer l'ordre, ignorant toute norme légale ; la reconstruction systématique de la capitale ; l'instauration de la loi islamique. La République tchétchène – toujours sujet de la Fédération de Russie – devient, dès 2004, un État musulman[2], au mépris de la loi russe, mais il y règne un calme apparent, mélange de peur et d'apathie.

La question tchétchène semble avoir ainsi été réglée en peu d'années. Cela implique-t-il que le Nord-Caucase est pacifié ? Certes non. En Tchétchénie même, une certaine résistance subsiste, comme ce fut toujours le cas, dans les zones montagneuses. L'Ingouchie voisine, écrasée sous le poids des réfugiés, terre d'incursions permanentes pour les terroristes, est gagnée par des désordres qui menacent toujours de

1. T. Wood, *The Case for Independance*, Londres, 2007.
2. Kadyrov favorise la tradition soufie de l'islam opposée au fondamentalisme wahhabite qui inspire la résistance tchétchène.

tourner à la guerre civile. Le Daghestan est plus divisé que jamais, et les troubles atteignent les petits États voisins de Kabardino-Balkarie et de Karatchai-Tcherkessie[1].

Lorsqu'il accéda à la présidence en 2000, Vladimir Poutine considérait encore que la rébellion tchétchène était une affaire de politique intérieure menaçant l'intégrité de son pays. Mais sa vision a très vite évolué, et les actes terroristes perpétrés hors de la petite république ont contribué à ce changement de perspective. Dès 2002, la guerre de Tchétchénie n'est plus pour lui une simple tentative séparatiste, mais un élément du grand conflit entre le terrorisme international et les États civilisés, à présent étendu à la Russie. Dès lors, la lutte en territoire tchétchène ou au Caucase du Nord n'est plus seulement un combat entre la Russie et ceux qui veulent s'en séparer, mais oppose toute la Russie au terrorisme international qui s'est manifesté le 11 septembre 2001 aux États-Unis, et auquel la Russie a été le premier État, après Washington, à déclarer la guerre. Cette perspective nouvelle légitime, aux yeux de Poutine, le choix de la tchétchénisation, car, comme lui, Kadyrov prétend combattre le terrorisme international et justifie ainsi l'ampleur et l'illégalité des moyens mis en œuvre dans ce combat[2].

Ce n'est donc plus l'intégrité de la Russie multiethnique qui est en cause, selon la nouvelle *doxa* russe, mais bien la survie d'un grand État civilisé. Cette conception, qui implique une mobilisation totale contre le terrorisme, va aussi contribuer à faire

1. D. Chaudet, art. cit., p. 234.
2. Interview d'Akhmad Kadyrov, *Izvestia*, 19 janvier 2001.

évoluer l'organisation de l'État russe dans ses rapports avec l'espace et avec l'armée. La guerre contre le terrorisme imposant la mobilisation totale des moyens de l'État, Vladimir Poutine va développer et renforcer une *verticale du pouvoir* pour assurer son autorité sur l'ensemble du territoire de la Fédération.

Un décret du 13 mai 2000 avait déjà divisé le territoire russe en sept grandes régions fédérales, à l'intérieur desquelles s'inscrivaient les quatre-vingt-neuf (puis quatre-vingt-sept, et désormais quatre-vingt-trois) sujets de la Fédération. Centre (Moscou), Nord-Ouest (Saint-Pétersbourg), Sud (Rostov-sur-le-Don), Volga (Nijni-Novgorod), Oural (Iékaterinbourg), Sibérie (Novossibirsk) et Extrême-Orient (Khabarovsk), chacune de ces entités est placée sous l'autorité d'un représentant plénipotentiaire du Président (*Polpred*) doté de pouvoirs et de moyens considérables. (En 2010, le successeur de Vladimir Poutine mettra en place une grande région du Nord-Caucase.)

En Tchétchénie, dès 2004, la *verticale du pouvoir* s'est trouvée renforcée par l'évolution du statut des gouverneurs, qui tiraient jusqu'alors leur autorité de leur élection au suffrage universel. Depuis l'adoption de cette réforme, ils sont élus pour quatre ans par l'assemblée régionale, sur proposition du président de la Fédération ; or il va de soi que les parlements régionaux se conforment en général au choix qui leur est proposé par le Kremlin. Ainsi les gouverneurs, qui depuis 1992 étaient de grands chefs politiques régionaux, ont-ils été relégués au rang de *préfets* soumis à l'administration présidentielle. La peur de voir le territoire russe se désintégrer aura permis à Vladimir Poutine de rassembler le pays autour de l'autorité centrale et d'affaiblir considérablement les notables locaux dont les exigences et l'autonomie sans cesse manifestée mettaient en cause le pouvoir central.

La thèse du combat mené contre le terrorisme international dans le Nord-Caucase a aussi aidé Poutine à imposer une réforme des forces armées, que le chaos général des années 1990 et la première guerre de Tchétchénie avaient gravement affaiblies. Ajoutons à cela que la catastrophe du plus moderne des sous-marins nucléaires russes, le *Koursk*, le 12 août 2000, en mer de Barents, avait illustré avec éclat les problèmes qui se posaient en ce domaine à l'ancienne superpuissance. Cette tragédie, que Poutine hésita d'abord à reconnaître, qui bouleversa les Russes et les fit douter de leur président, eût pu lui coûter fort cher. Il sut pourtant, après un temps de flottement, rattraper l'événement et en profiter pour réformer un système dont il constatait une fois encore les faiblesses[1].

Vladimir Poutine aura su tirer habilement parti de la Tchétchénie comme de la tragédie du *Koursk* pour rétablir progressivement l'autorité politique – c'est-à-dire la sienne, en dernier ressort – sur le pouvoir militaire. Autre manière de renforcer la verticale du pouvoir…

La richesse sous contrôle de l'État

Les années Eltsine ont été marquées par la montée en nombre et en puissance des oligarques, par un partage cynique de la scène économique entre eux et par la constitution de quelques « empires » de la richesse.

1. « Kavkazkii post », *Izvestia*, 20 janvier 2010.

À la fin de ces années, quelques escarmouches ont opposé les tenants de la primauté de l'État – Tchoubais, notamment – à ces empires. Mais l'ambition de ceux qui dirigent alors l'État ne peut aller au-delà d'un objectif modeste : séparer le monde de l'argent de l'État pour tenter de préserver l'autorité de ce dernier. Avec l'arrivée au pouvoir de Vladimir Poutine, la situation va vite évoluer. Deux conflits jalonnent cette évolution : le premier est lié au rôle joué par les oligarques dans la formation de l'opinion ; le second, aux intérêts de Gazprom.

Dans le premier cas, une figure d'oligarque a dominé la scène, celle de Vladimir Goussinski, propriétaire du groupe Media Most qui détient alors de nombreux médias, en particulier la chaîne de télévision NTV dont les positions sont contraires à celles du Président sur la Tchétchénie, la politique intérieure et les libertés. NTV, unique chaîne nationale échappant au contrôle de l'État, partout accessible en Russie, dont les journalistes manifestent une grande liberté de propos, fait figure, au début des années 2000, de véritable contre-pouvoir. Faut-il s'étonner que Goussinski ait été la première cible de la vindicte présidentielle dès l'été 2000 ? Accusé de fraude fiscale et de détournements de fonds, il est arrêté durant quelques jours. C'est Gazprom, garant d'un emprunt contracté par Media Most auprès du Crédit Suisse, qui va récupérer la chaîne et la placer sous le contrôle de Gazprom Media. Libéré, Goussinski se réfugie en Espagne : son règne médiatique est achevé.

L'assaut mené si brutalement contre lui a pourtant déclenché une véritable levée de boucliers des oligarques, des partis libéraux et de diverses personnalités politiques[1]. Rien n'y a fait : loin de se laisser impressionner par les critiques, Vladimir Poutine met alors en cause une série d'autres oligarques, dont Boris Berezovski, dit encore le « parrain du Kremlin[2] », tout-puissant au temps de Boris Eltsine, et qui se vante haut et fort d'avoir assuré l'élection de Poutine. Comme Goussinski, Berezovski est maître d'un média – ORT – et du pétrole – *via* Sibneft. Comme Goussinski, deux ans plus tard, il doit se séparer de ses biens, vendre ses parts dans Sibneft à l'oligarque Roman Abramovitch – qui va s'illustrer en achetant le Chelsea Football Club – et perdre ORT, avant de fuir lui aussi à l'étranger. Mis en accusation par le parquet, ni Goussinski ni Berezovski ne pourront rentrer en Russie.

Pour Gazprom, la mise sous contrôle de l'État s'effectue plus pacifiquement en 2001. Le président de Gazprom, Rem Viakhirev, qui à l'époque soviétique avait été vice-ministre du Pétrole et du Gaz, a pris part au dépeçage de l'empire Goussinski. Un an plus tard, c'est à son tour d'être dépossédé. Invité à se retirer, il est remplacé par Alexis Miller qui « nettoie » Gazprom des protégés de son prédécesseur, au prétexte que ce dernier a affaibli l'entreprise par des pratiques corrompues. L'empire Gazprom rentre ainsi dans le patrimoine de l'État.

Reste un autre objectif pour que la remise en ordre soit complète : le plus puissant groupe pétrolier russe,

---

1. L'État s'était engagé à conserver l'indépendance de NTV. Mais son rédacteur en chef, Kisselev, fut limogé et presque tous les journalistes de la chaîne démissionnèrent, soutenus par de nombreux intellectuels.

2. P. Klebnikov, *Godfather of the Kremlin*, New York-Londres, 2000.

Youkos, et son président, le très charismatique Mikhaïl Khodorkovski. Ce dernier, tout juste quadragénaire, peut se targuer de posséder alors la première fortune de Russie. Son groupe, qui doit fusionner avec Sibneft, est l'un des plus importants au monde. L'homme a une vision grandiose de l'économie, il s'intéresse déjà aux relations avec la Chine et prend systématiquement une posture politique d'opposant. Il rêve déjà d'un avenir présidentiel. En attendant, il dote les écoles du pays d'ordinateurs, ce qui constitue un mode de communication avec la société non moins efficace que les médias indépendants qui viennent d'être interdits. Aux yeux de Poutine, Khodorkovski incarne un double défi : celui de la propriété privée du pétrole, alors que l'État est en train de se réapproprier les ressources naturelles ou de les placer sous son contrôle, mais aussi un défi politique pour l'avenir.

Dès janvier 2001, Poutine a exposé aux oligarques les règles du jeu : ils doivent investir en Russie, payer des impôts et se tenir à l'écart de la politique[1]. À ce prix, l'État les traitera tous de la même manière, à distance, et ne contestera pas leurs fortunes, pourtant mal acquises. Ce contrat implicite a été assez largement entendu par les oligarques qui se sont regroupés dans l'Union des industriels et chefs d'entreprise, fondée en 1990 par un proche de Gorbatchev, Arkadii Volski. Pour Poutine, la séparation entre la politique et le monde des puissantes entreprises rassemblées au sein de cette union bien organisée, affichant des intérêts non

1. Il avait exposé cette conception à l'auteur au cours d'un entretien au Kremlin, et « Kapituliatsiia », *Vedomosti*, 15 février 2001.

politiques, est la condition *sine qua non* du pacte passé en 2001. Mais Khodorkovski est alors soupçonné de s'obstiner à jouer son propre jeu. La réaction de Poutine est rapide. En octobre 2003, Khodorkovski est arrêté, accusé de fraude fiscale, de détournements de fonds, etc. Par ses exigences récurrentes, le fisc l'accule à la ruine. Condamné à neuf ans d'emprisonnement, privé de ses biens, l'homme a cessé d'être le flamboyant héros de la vie politique russe[1].

Le plus remarquable, c'est l'indifférence de ses compatriotes à ce destin brisé. Alors qu'une véritable mobilisation du monde industriel et financier russe avait tenté de sauver Goussinski, les oligarques ont accueilli avec prudence la chute du patron de Youkos. Sans doute des personnalités politiques et libérales ont-elles mis en garde le pouvoir sur les effets désastreux que pourrait produire sur les marchés financiers ou les investissements étrangers l'action juridico-policière conduite contre Youkos. Mais la société russe, dans sa majorité, a approuvé les coups portés aux « riches ». Les sondages montrent que près de 70 % des Russes sont partisans de ce qu'ils tiennent pour une « renationalisation ». Seule l'opinion internationale s'est émue de « l'assaut mené contre l'économie de marché », mais sa critique a été gênée par le fait que, dans le même temps, un processus de privatisation se poursuivait dans le secteur pétrolier et dans les services municipaux.

En réalité, Khodorkovski a avant tout tenu lieu d'exemple et d'avertissement. Avec l'affaire Youkos,

1. S. Pirani, *Change in Putin's Russia*, Londres, 2010 et, sur les réactions à sa chute, l'article de Svetlana Babaeva dans *Izvestia*, 24 juillet 2003.

l'État a voulu montrer que l'argent ne devait pas conduire au pouvoir, ni permettre de peser sur le pouvoir. Le caractère illicite des rapports entre pouvoir et argent se trouvait ainsi confirmé, à l'instar des frontières que les oligarques se devaient de respecter. L'État n'abolissait pas la propriété privée, mais précisait les conditions dans lesquelles elle pouvait exister : pas d'évasion fiscale, pas de financement de partis politiques, pas de projets stratégiques, telle la construction privée de voies de transport de l'énergie, sans accord de la puissance publique. Tous ces interdits caractérisaient les activités de Khodorkovski. Le sort de Youkos fut, d'une certaine manière, plus compliqué et plus long à régler que celui du malheureux Khodorkovski qui, au début de l'année 2010, languit toujours en prison et est menacé d'y rester encore un certain temps.

La remise en ordre accomplie par Vladimir Poutine entre 2000 et 2003 avait pour but d'imposer au monde des oligarques sa conception des rapports entre richesse et pouvoir. Dans ce conflit, c'est incontestablement Poutine qui l'a emporté, réduisant au silence ceux qu'il prenait pour cible. Mais la Russie n'a pas pour autant rompu avec le choix effectué en 1992 : l'économie de marché n'a pas été remise en cause ; en revanche, le cadre dans lequel elle pouvait fonctionner a été défini : c'est celui du système politique russe et de ses exigences.

Nul, en 2003, n'imagine encore la crise financière qui va secouer le monde en 2009 et conduire la plupart des États à vouloir réguler les bourses et le marché. En 2003, la Russie est seule à avancer dans cette voie, et elle subit les critiques internationales. Quelques années plus tard, Vladimir Poutine pourra se glorifier d'avoir anticipé certaines des réformes nécessaires.

Dès l'aube de sa première présidence, fort d'un soutien populaire impressionnant, Poutine a dessiné à grands traits une certaine vision de son pays. Deux problèmes le hantent déjà, qui détermineront l'avenir : d'une part, il s'inquiète non sans raison de l'unité de la nouvelle Russie, mise à mal par la perte de l'Empire et par les séparatismes latents ; d'autre part, il s'interroge sur la transformation économique indispensable d'un pays aux ressources immenses, mais qui n'a jamais su, par le passé, gagner la bataille de la modernisation des esprits et des technologies. Dans les deux cas, la nécessité d'un pouvoir stable et fort, contrôlant les hommes et les richesses, est une conclusion qui s'impose à ceux qui dirigent la Russie au début du nouveau millénaire, qui savent combien aisément ce pouvoir peut s'enliser dans un autoritarisme stérile, ou se diviser dans des conflits non moins stériles, ou enfin se paralyser.

L'État russe, acteur premier de la modernisation telle que l'entend Poutine, affirme son rôle dominant, mais ne tourne pas pour autant le dos à tous ceux qui peuvent et souhaitent y participer au sein des structures de l'État – ce qui implique une réforme de ce dernier – ou dans la vie économique – et, pour cela, il faut en appeler aux investisseurs étrangers, aux oligarques, mais aussi et surtout à l'ensemble de la société. La Russie du XXIe siècle ne doit en aucun cas, pense Poutine, réitérer les expériences manquées de la Russie traditionnelle ; elle doit s'inspirer du sort commun des nations occidentales, des voies qu'elles ont suivies, sans pour autant tomber dans leurs excès et leurs errements. La Russie doit être en Occident, et occidentale, mais en prenant en compte le patrimoine historique et moral qui lui est propre. Voilà sans aucun doute ce que Poutine cherche à exprimer quand s'engage son premier mandat. Mais, pour réussir la modernisation rêvée – car c'est bien de cela qu'il s'agit –, ne faut-il pas aussi se reposer, comme on le fit toujours en Russie, sur les moyens offerts par un certain degré de puissance extérieure ?

CHAPITRE III

La poursuite de l'« Autre »

« Les ressorts de la politique étrangère russe d'aujourd'hui sont complètement différents de ceux du récent passé soviétique et du plus lointain passé tsariste. Alors que l'Empire était dominé par la géopolitique eurasiatique, que l'Union soviétique promouvait un projet global, tant idéologique que politique, soutenu par le pouvoir militaire, l'affaire de la Russie est la Russie elle-même ; dit de façon différente, le *business* de la Russie, c'est le *business* ! En contraste radical avec le passé soviétique, la Russie post-impériale figure parmi les pays les moins idéologiques du monde[1]. »

Ce propos d'un des meilleurs connaisseurs occidentaux de la Russie contemporaine, Dimitri Trenin, va certes à l'encontre de bien des idées reçues ; il est pourtant fort utile pour tenter de comprendre le comportement des Russes d'aujourd'hui face au monde extérieur. D'emblée, Trenin évalue la transformation

1. D. Trenin, *The Washington Quarterly*, printemps 2007, p. 95.

radicale, le véritable éboulement subi par la Russie en l'espace de quelques années. La Russie a perdu un empire. Qu'est-elle devenue sans cet empire ? Quel rôle peut-elle encore jouer dans le monde sous sa forme présente, et l'a-t-elle déjà trouvé ?

Définir la Russie qui a succédé au puissant Empire soviétique n'est guère aisé. Peut-être est-elle une création étrange, à mi-chemin entre un État-nation explosif et instable et un empire continental, mélange de puissance et de fragilité. Cet ensemble est en quête d'une identité[1]. Celle de l'Empire qui libéra la Moscovie de la domination tatare et ne cessa de s'étendre reposait sur la puissance expansionniste. Les communistes lui apportèrent une identité idéologique, incarnation de l'avenir radieux et instrument de cet avenir, idéologie que son absurdité condamna, après quelques décennies, à l'effondrement final et à l'oubli. En 1992, l'identité russe fut tout simplement empruntée au monde occidental, à une Terre promise : celle de la démocratie et de l'économie de marché. Mais, depuis quelques années, le modèle a perdu de son éclat aux yeux des Russes. Que reste-t-il alors à leur offrir, sinon le projet a-idéologique proposé par Trenin : la Russie, son intérêt ?

Là encore, le jugement de Trenin est pertinent. Les Russes, à qui l'on a rabâché inlassablement que les valeurs occidentales étaient irremplaçables, ont cependant fini par constater que la liberté absolue n'existait nulle part, pas plus que la démocratie parfaite ou des gouvernements qui ne mentent jamais à leurs peuples. Tous les gouvernements, en définitive, se valent plus ou moins, ont conclu les Russes de leur observation du monde, mais certains sont plus puissants que d'autres, et

1. V. Tretiakov, *Izvestia*, 23 décembre 2009.

c'est ce qui compte réellement. La puissance nécessaire, salvatrice, légitimant tout pouvoir, toute action, et permettant d'agir : voilà la conclusion à laquelle les Russes sont peu ou prou parvenus ; une puissance qui aurait pour vertu d'assurer la stabilité de l'ensemble né des décombres de l'URSS, et de lui permettre de trouver dans le monde un rôle à sa mesure.

Vladimir Poutine a défini à l'intention de ses compatriotes désemparés sa conception des objectifs que la Russie devait s'assigner en mettant en avant deux éléments clés étroitement liés, agissant l'un sur l'autre : la croissance économique et la puissance globale – deux défis que son pays doit relever, répète-t-il sans relâche, pour exister dans le nouveau millénaire. C'est sur le second que nous allons à présent nous arrêter.

Dès son accession au pouvoir, Poutine a exposé clairement ce que devait être son pays : puissant, c'est-à-dire respecté, tenu pour un égal par les autres États, participant à toutes les décisions internationales. Mais la Russie, souligne Poutine, doit aussi être indépendante, c'est-à-dire libre de ses décisions, fondée sur sa tradition et ses valeurs propres, refusant toute pression ou ingérence dans ses affaires internes et sa politique internationale. Ce que demande donc Poutine pour la Russie qui émerge du chaos en 2000, c'est avant tout la reconnaissance de son *statut* de puissance. Et cette reconnaissance, la Russie l'attend avant tout de la puissance qu'elle tient pour son égale – de l'*Autre* : les États-Unis.

Une relation différente avec les États-Unis

Tel est le premier défi auquel le jeune président russe est confronté. L'histoire des relations soviétoaméricaines pendant la guerre froide sert de négatif au projet qu'il entreprend de construire. Durant la guerre froide, les relations entre les deux supergrands étaient simples et, à certains égards, plus rassurantes que celles de la période suivante : deux ennemis se faisaient face de part et d'autre du rideau de fer, avec des alliés pour chacun et, par-delà ces alliances, des zones indéterminées où leur rivalité pouvait s'exercer. On savait jusqu'où chacun pouvait aller : ce fut le mérite de la dissuasion nucléaire. C'est ainsi que, pendant près d'un demi-siècle, la guerre froide ne tourna jamais à la guerre véritable. Mais, dans le même temps, « rattraper et dépasser les États-Unis » fut l'objectif soviétique, tantôt implicite, tantôt déclaré, qui englobait les autres acteurs de ce jeu à deux et les diverses actions entreprises pour gagner du terrain.

Avec la rupture de 1992, l'ennemi a disparu. Washington est alors devenu l'interlocuteur premier de la Russie, tout en étant loin d'être le seul. Vladimir Poutine a eu à cet égard une vision novatrice que révèle le *Concept de politique étrangère* élaboré en juin 2000. Comme le souligne fort pertinemment Isabelle Facon, spécialiste des problèmes stratégiques, ce texte annonce un changement dans la politique américaine de la Russie, car il ne mentionne les États-Unis qu'au chapitre des « priorités régionales », parmi d'autres acteurs[1]. Et cette mention n'est même guère développée.

En ces débuts de sa présidence, Vladimir Poutine réfléchit à la nouvelle dimension de la vie internationale. Le débat sur la multipolarité bat alors son plein

1. I. Facon, « Washington-Moscou : la coopération dans la conflictualité », in A. de Tinguy (dir.), *Moscou et le monde*, Paris, 2008, pp. 86-117.

en Russie[1], comme celui sur l'écart de puissance entre la Russie renaissante et les États-Unis habitués depuis dix ans à agir en superpuissance unique et incontestée. Le réalisme commande de tenir compte de ce décalage et d'y chercher des compensations, soit dans la manière de traiter avec les États-Unis, soit dans la quête d'autres interlocuteurs.

Mais, avant même de s'intéresser à la multipolarité, tout au début de son action de Premier ministre, puis de Président, Vladimir Poutine a cherché à se rapprocher du monde occidental et de ses institutions, notamment de l'OTAN. Alors qu'il était encore chef du gouvernement, il répondit à un journaliste qui lui demandait s'il souhaitait que son pays rejoignît l'Alliance occidentale : « Pourquoi pas ? » Était-ce là une simple boutade ? ou bien tâtait-il le terrain afin de sonder les intentions des Occidentaux à l'égard de son pays ? Peu après, devenu Président, il prit contact avec Lord Robertson, alors secrétaire général de l'OTAN, pour lui dire son désir de rapprochement avec l'Alliance, à tout le moins sa volonté d'en parler[2]. À ce moment-là, Poutine est clairement tourné vers l'Occident. À l'été 2000, il rencontre le futur président Bush et déploie tant d'efforts de séduction que celui-ci en conclut que cet interlocuteur pourrait bien devenir un partenaire. L'Allemagne est aussi, en cette année 2000,

1. Le meilleur exemple est le livre de E. Primakov, *Mir bez rossii*, Moscou, 2009. F. Lukianov, « The Transition from Bipolar to Multipolar World », *Moscow Times*, 23 janvier 2008 ; A. Arbatov, « Natsional'naia bezopasnost'rossii v mnogopoliarnom mire », « Mirovaia ekonomika i mirovye otnocheniia », *Meimo*, n° 10, 2000, pp. 21-28.

2. Propos confirmé à l'auteur lors du Forum de Iaroslav le 14 septembre 2009.

l'objet de ses tentatives de réconciliation. Parlant devant le Bundestag qu'il appelle à aider la Russie à retrouver l'Europe, le président russe soulève l'enthousiasme de ses auditeurs. Son image d'homme réfléchi et ouvert séduit ceux-ci comme elle a séduit Bush.

Cette approche relativement chaleureuse des relations avec Washington n'empêche pas Moscou de poursuivre avec obstination un objectif constant : la réduction des armements stratégiques, même si Vladimir Poutine n'entend pas les troquer contre un abandon du traité ABM. Malgré les difficultés de cette négociation, qui sont allées croissant avec l'élection de George Bush désireux de lier le désarmement stratégique au déploiement du bouclier spatial et à la perspective d'un élargissement de l'OTAN aux États baltes, Poutine multiplie les gestes de bonne volonté qui permettent à ses rencontres suivantes avec le président américain, à Ljubljana, le 16 juin 2001, puis à Gênes, le 22 juillet, de prendre l'allure d'un véritable réchauffement. Oubliées, les affaires d'espionnage qui assombrissaient le dialogue Moscou-Washington ! La route est pavée pour le grand retournement du 11 Septembre, même si nul, dans les deux capitales, n'imagine le coup de tonnerre qui va éclater.

Au chevet d'une Amérique blessée

Mais le 11 Septembre, alors que l'Amérique est sous le choc de l'attaque terroriste perpétrée sur son sol au cœur même du système économique américain, Vladimir Poutine réagit avec une exceptionnelle célérité. Il est le premier chef d'État à joindre le président Bush, enfermé à bord de *Force One*, pour lui apporter le soutien de la Russie sur tous les plans, politique, diplomatique et stratégique. Il lui propose son alliance pour lutter contre le terrorisme : mise en commun des renseignements sur les organisations terroristes, ouverture de l'espace aérien russe aux avions américains en vol pour l'Afghanistan, livraison d'armes aux Afghans qui combattent les Talibans. Poutine accepte aussi que des bases soient ouvertes aux Américains en Ouzbékistan et en Kirghizie. Dans le même temps, geste additionnel de bonne volonté, il décide la fermeture des bases militaires que la Russie avait conservées à Cuba et au Vietnam. Ainsi disparaissent les tout derniers vestiges de la guerre froide. Pour ne pas gêner les Américains, Poutine interrompt également des manœuvres militaires. Soutenus de cette manière, les Américains peuvent lancer leur grande offensive en Afghanistan et pourchasser les rebelles dans les montagnes.

La réponse à la coopération apportée par la Russie est spectaculaire, même si elle n'aura qu'un temps. 2002 est l'année d'un grand rapprochement, voire, peut-on penser, d'une possible alliance russo-américaine. Le temps des rivalités géopolitiques paraît révolu. Le 24 mai 2002, l'accord SORT[1], portant sur la réduction des armes nucléaires stratégiques, est enfin signé. Malgré toutes ses imprécisions, cet accord, qui prévoit de réduire dans un délai de dix ans les ogives nucléaires déployées de part et d'autre à un nombre compris entre 1 700 et 2 200, rend bien compte d'une commune volonté de pacifier le contexte international. Le 28 mai, le Conseil OTAN-Russie est créé pour remplacer le Conseil qui avait vu le jour en 1997 et qui avait perdu toute crédibilité, aux yeux des Russes, lors de la guerre

1. Strategic Offensive Reductions Treaty.

du Kosovo. Des projets de coopération et d'élaboration d'un partenariat énergétique global sont discutés en 2002 lors des sommets de Dallas et de Saint-Pétersbourg, et les Américains étudient la possibilité de s'approvisionner en pétrole russe en provenance de Mourmansk, en lieu et place de pétrole saoudien, ce qui réduirait leur dépendance vis-à-vis du pétrole arabe et la durée du transport (neuf jours pour Mourmansk, trente-deux pour le golfe Arabo-Persique). L'embellie recouvre donc tous les domaines qui furent conflictuels, et qui vont d'ailleurs très vite le redevenir.

En se portant spontanément au secours des États-Unis, Vladimir Poutine a réussi à imposer l'image d'une Russie nouvelle dont la difficile « transition » serait terminée. Dès lors, les mesures favorables à Moscou se succèdent. Le 29 mai 2002, c'est dans la capitale russe que l'Union européenne lui reconnaît le statut d'économie de marché. Puis c'est son entrée comme membre à part entière dans le G7, décidée au sommet d'Alberta, le 26 juin, qui achève de l'intégrer dans la communauté des pays les plus industrialisés. Sans doute Poutine a-t-il payé ce rapprochement spectaculaire avec les États-Unis de concessions multiples. Outre celles qu'il a faites pour aider les États-Unis à réagir militairement après le 11 Septembre, il modère ses exigences sur deux sujets constamment réabordés : le traité ABM et l'élargissement de l'OTAN.

Sur l'un et l'autre sujet, Washington va néanmoins se montrer intraitable, même à l'heure de la plus grande entente avec Moscou, juste après l'attentat. Les États-Unis annoncent leur retrait du traité ABM le 13 décembre 2001, alors que la Douma avait enfin ratifié le traité START 2, signé en 1993, qui, pour les Russes, conditionnait la préservation du traité ABM. La décision américaine de retrait condamne à mort START 2, mais Poutine, conciliant sur ce point, oublie de s'en indigner et continue à négocier la réduction du nombre d'ogives. Au même moment, l'OTAN poursuit son projet d'élargissement : au sommet de Prague des 21 et 22 novembre 2002, il est décidé d'engager des pourparlers d'adhésion non seulement avec les trois États baltes, mais aussi avec la Roumanie, la Bulgarie et la Slovaquie. Certes, le cas des Baltes est ainsi quelque peu « confondu » avec le projet d'élargissement dans les Balkans, mais la ligne rouge tracée dès 1992 par la Russie, qui frappait d'interdit toute entrée dans l'OTAN d'États ayant appartenu à la Fédération soviétique, n'en est pas moins franchie. Vladimir Poutine, pourtant, proteste à peine. Il est vrai que les opérations militaires en Tchétchénie battent alors leur plein[1] et que les États-Unis, généralement si prompts à élever la voix, observent là-dessus un silence pudique.

Dans ce soutien affiché aux États-Unis, payé de lourdes concessions – en Asie centrale ouverte aux forces de l'OTAN, sur la question de l'élargissement –, qu'a gagné Poutine ? Dans quelle mesure a-t-il réussi à infléchir la relation russo-américaine ? Ce qu'il voulait était patent : obtenir pour la Russie, ignorée et méprisée par les États-Unis depuis 1992, qu'ils lui reconnaissent enfin le statut de partenaire. Et il y a momentanément réussi. La déclaration sur la « nouvelle relation russo-américaine » signée par les deux présidents le 13 novembre 2001, complétée

1. A. Le Huérou *et al.*, *Tchétchénie : une affaire intérieure*, Paris, 2005.

en mai 2002 par une déclaration conjointe sur la « nouvelle relation stratégique » entre les deux pays, qui énumère les divers domaines de coopération, est bien la reconnaissance tant désirée[1]. Même s'il s'agit de déclarations de principes plus que de propositions concrètes, Poutine a obtenu des États-Unis qu'ils constatent la puissance potentielle de son pays et en tirent les conséquences. Pour un temps – qui sera bref, mais qui le sait alors ? –, les intérêts américains et russes semblent coïncider. La lutte contre le terrorisme, objectif premier des États-Unis après le 11 Septembre, est aussi celui de la Russie, qui inscrit alors la question tchétchène dans ce cadre général.

Pourtant, Vladimir Poutine n'est pas en accord total avec ses compatriotes. Si, dans la société civile, la thèse de la solidarité russo-américaine contre la menace terroriste convainc, dans le milieu militaire, en revanche, les critiques fusent contre les concessions consenties bien inutilement par Poutine à un partenariat à l'avenir incertain. Il faudra peu de temps aux observateurs pour constater que la relation russo-américaine n'a pas fondamentalement été transformée par les suites du 11 Septembre, et que les États-Unis tirent vite profit des concessions que leur a faites le président russe. Andranik Migranian, qui fut sous Gorbatchev l'un des plus brillants soutiens de la *perestroïka*, analysant à l'été 2002 la diplomatie de Poutine, en conclut sombrement qu'elle pourrait bien avoir pour conséquence la « fin de la Russie[2] ».

1. I. Facon, art. cit., p. 97, citant les deux textes.
2. A. Migranian, « Konets rossii ? », *Svobodnaia mysl'*, juillet 2002.

Un marché de dupes ?

L'année 2003 va apporter à Vladimir Poutine et à ceux qui le soutiennent son lot de mauvaises nouvelles en provenance de Washington.

La première est l'opération américaine en Irak, déclenchée en mars 2003. Dans un récent ouvrage, *Le Monde sans la Russie*, Evgeni Primakov a résumé en peu de phrases la réaction russe en dénonçant la théorie selon laquelle les États-Unis peuvent aujourd'hui façonner le reste du monde à leur image, notamment en recourant de manière unilatérale à la force[1]. Peu surpris par cette décision, l'ancien ministre des Affaires étrangères l'attribue à la persistance, dans l'esprit des dirigeants américains, d'une conception unipolaire de la vie internationale, portée par l'entourage néo-conservateur du président Bush. Pour illustrer cet unilatéralisme triomphant qui inspire, dit-il, toute la politique américaine – malgré la parenthèse du 11 Septembre –, il cite ce propos de Condoleezza Rice : « La multipolarité, c'est la théorie de la confrontation, de la concurrence et, dans sa pire forme, de la concurrence des valeurs[2]. » À travers cette critique, Primakov a rendu compte de la réaction de la Russie profonde à la guerre engagée en Irak. En dépit de l'accord apparent né de la catastrophe du 11 Septembre entre Washington et Moscou sur une nouvelle conception du monde – multipolaire, reconnaissant le poids de pays et de régions divers –, écrit-il, c'est la version unipolaire qui a prévalu dans l'esprit des dirigeants

1. E. Primakov, *Mir bez rossii*, *op. cit.*, pp. 27-38.
2. *Ibid.*, p. 11.

américains : le monde doit être modelé selon leurs vues et par leurs initiatives. Les États-Unis se sont arrogé le droit de décider seuls de l'opération militaire en Irak en 2003 tout comme ils l'avaient fait quatre ans plus tôt au Kosovo. Et cette décision unilatérale remet en cause la nouvelle relation stratégique annoncée à grand fracas un an plus tôt. C'est la négation de son statut de partenaire que la Russie constate en mars 2003 ; la négation aussi de son statut de puissance lié au fait qu'elle est membre permanent du Conseil de sécurité de l'ONU.

Pourtant, tout en s'associant au groupe protestataire franco-allemand – « cette vieille Europe » moquée par Donald Rumsfeld et défendue avec éclat aux Nations Unies par Dominique de Villepin –, Vladimir Poutine cherche encore à préserver, un temps, les acquis des lendemains du 11 Septembre. Du 27 au 30 mai, la Russie célèbre avec une exceptionnelle solennité le tricentenaire de la fondation de Saint-Pétersbourg par Pierre le Grand. Cérémonies symboliques qui soulignent la vocation européenne de la Russie et le souvenir du grand souverain révéré par Poutine. Ces grandioses manifestations sont l'occasion, pour le président russe, d'affirmer la continuité des objectifs d'une politique étrangère russe de grandeur : continuité des rapports avec les États-Unis, marqués par la rencontre Bush-Poutine ; continuité d'une vocation européenne, consacrée par un sommet russo-européen ; mais aussi et peut-être surtout continuité de l'intérêt privilégié que la Russie porte à son ex-empire, et dont témoigne le sommet des pays de la CEI qui se tient également dans le cadre du tricentenaire. Car la question de la CEI commence à se poser – on y viendra plus tard – en prenant un tour inquiétant qui va très vite s'accentuer. Malgré divers coups portés aux intérêts russes (le traité ABM, notamment) et malgré la guerre d'Irak, Poutine s'est obstiné, jusqu'à l'automne 2003, à préserver les apparences d'un accord solide avec Washington. Mais le coup suivant va faire voler en éclats cette obstination, car il touche à un domaine auquel la Russie est particulièrement sensible : le Caucase. Cette fois, il s'agit du Caucase du Sud, où la Géorgie occupe une place centrale et maintient la flamme d'un nationalisme irréductible face à Moscou.

La « révolution des Roses » qui éclate en novembre 2003 à Tbilissi évince le président Chevardnadze au profit de Mikhaïl Saakachvili, un jeune juriste de formation occidentale – française et américaine – qui avait été ministre de la Justice en 2000 et manifeste des sentiments pro-américains inconditionnels. Ce n'est pas le lieu, ici, de décrire l'arrière-plan des relations entre Moscou et Tbilissi, qui conduira à la guerre de 2008 et fera l'objet d'un chapitre spécial. Ce qu'il faut en retenir pour le moment, c'est que la « révolution des Roses », qui élimine de la vie politique géorgienne un interlocuteur difficile, certes, mais habitué au dialogue avec Moscou et connaissant les limites qui ne peuvent être franchies, pour lui substituer un jeune politicien flamboyant, très sûr de lui, convaincu qu'il n'existe aucune limite, pose déjà un sérieux problème à Poutine. La Géorgie a, depuis la fin de l'URSS, constamment défié Moscou. Réticente à adhérer à la CEI, elle a participé à l'invention du GUAM, véritable « anti-CEI », et surtout a exprimé en novembre 2002, par la voix de Chevardnadze au sommet que tint l'OTAN à Prague, sa volonté d'entrer dans l'Alliance. La « révolution des Roses » est présentée d'emblée, par celui qui l'incarne, comme un triple défi à la Russie. D'abord, le programme de réforme de la nouvelle équipe se veut « exemplaire » en matière de démocratie et d'économie de marché, ce qui suggère que la Géorgie offre un contre-exemple au modèle russe. Ensuite, l'objectif de restauration de l'intégrité territoriale de la république met en question l'appui que la Russie apporte aux entités séparatistes, Abkhazie et Ossétie méridionale. Enfin, la « révolution des Roses », qui tourne officiellement la Géorgie vers les États-Unis et l'OTAN – la suite des événements le montrera –, est censée avoir bénéficié du soutien américain : aux yeux des Russes, il s'agit purement et simplement d'une manipulation américaine permettant aux États-Unis de prendre pied dans cet État si enclin à manifester son hostilité à la Russie. Pour les Russes déjà disposés à mettre en doute les bénéfices de la diplomatie de Poutine, cette révolution est un coup sévère porté à la solidarité entre Washington et Moscou.

Un an plus tard, le même scénario se répétera en Ukraine : la couleur seule aura changé, puisque de rose on passera à l'orange. Mais, ici, le revers sera pire encore pour Vladimir Poutine. D'abord parce que l'Ukraine, largement peuplée de Russes, est indissociable, dans l'inconscient russe, du passé et de la culture de la Russie. Mais aussi parce que Poutine n'a su ni prévoir ni prévenir l'événement, fondant sa politique sur une relation personnelle avec le président ukrainien Leonid Koutchma et sur le soutien à la candidature de Victor Ianoukovitch, pourtant discrédité, alors que Victor Iouchtchenko mobilise toutes les forces d'opposition ukrainiennes. Comme en Géorgie, le soutien extérieur, par la voie d'ONG à financement américain, n'est un secret pour personne. Mais, après tout, le soutien russe à Ianoukovitch ne l'est pas davantage, et Poutine aurait mauvaise grâce à critiquer l'ingérence des États-Unis, sauf à plaider que la Russie a des titres particuliers à peser sur l'Ukraine, ce que nul n'ose exprimer.

Les critiques qui s'élèvent contre Poutine lors de cette crise sont de deux sortes, et contradictoires. Les détracteurs conservateurs du Président l'accusent d'avoir fort légèrement bradé les intérêts russes dans la CEI en échange d'une hypothétique reconnaissance de la puissance de son pays par Washington. Dans les années 1990, le ministre des Affaires étrangères de Boris Eltsine, Andrei Kozyrev, avait essuyé le même reproche d'avoir trop sacrifié au dialogue avec l'Ouest. Mais, d'un autre côté, la critique n'est pas moins véhémente et menace de déstabiliser le Président : pour les libéraux – et ils sont encouragés de l'extérieur à le proclamer –, la « Révolution orange », modèle de transformation démocratique, lance un défi à la « caricature de démocratie » qui a prévalu en Russie. Que les Russes suivent l'exemple des Ukrainiens, et la fin de l'URSS prendra enfin tout son sens ! La réaction du Kremlin ne se fera pas attendre : pour lui, de Tbilissi à Kiev, c'est une vaste entreprise de déstabilisation de la Russie qui se dessine, dans laquelle des États étrangers et des organisations de tous types, de l'OSCE à diverses ONG, sont associés pour l'affaiblir.

La vague des révolutions de couleur n'est, au demeurant, pas arrivée à son terme. Encore quelques mois, et c'est au Kirghizstan que la « révolution des Tulipes[1] » met fin au règne d'un tyran local, de son

1. La révolution des Tulipes s'est déroulée en février-mars 2005 en Kirghizstan, faite de manifestations populaires encadrées par des mouvements activistes locaux et des ONG. Elle a entraîné le départ du président Akaiev.

clan corrompu et de pratiques politiques frauduleuses. Des manifestations populaires d'envergure chassent ainsi Akar Akaiev du pouvoir. Mais, cette fois, la Russie reste silencieuse et les tulipes brandies par les manifestants – en souvenir des roses de Tbilissi – auront, pour Moscou, un effet heureux : tous les chefs d'État d'Asie centrale s'inquiètent de cette déstabilisation rampante et tendent, on le verra, à penser que, pour maintenir l'ordre, mieux vaut encore s'appuyer sur la Russie.

Ce qui est vrai de l'Asie centrale, le réconfort que Moscou va y puiser, ne l'est pourtant pas ailleurs. Les revers continuent à s'accumuler. L'OTAN, qui s'est ouverte aux États baltes, attire Géorgiens et Ukrainiens qui prétendent emprunter la même voie.

Enfin, autre conséquence fâcheuse – on le constate vite – de la main que leur a tendue Poutine au lendemain du 11 Septembre : les États-Unis ont pris pied en Asie centrale, occupant non seulement des bases, ce qui était convenu, mais élaborant un projet de circulation des voies énergétiques qui tend à exclure la Russie, ce qui n'était nullement inscrit au programme... L'oléoduc Bakou-Tbilissi-Ceyhan, proposé par les États-Unis, doublé d'un gazoduc Bakou-Tbilissi-Erzeroum, a mobilisé dans un remarquable sursaut d'indignation tous les politiques russes : comment accepter que l'Europe soit directement reliée aux ressources de l'Asie centrale sans un contrôle russe[1] ? Cette exclusion de la Russie, le rôle accordé à la Géorgie par où passeraient tous les tubes prévus, ont contribué à convaincre la Russie qu'elle était

1. Entretien avec S. Karaganov, *Politique internationale*, n° 122, hiver 2008-2009, pp. 271-272.

l'objet d'un véritable complot américain : complot politique visant à l'encercler par OTAN interposée, complot énergétique par le développement de voies de transport du gaz et du pétrole la contournant. Sans doute l'acheminement du pétrole russe par l'oléoduc Droujba et par les ports de Novossibirsk et Primorie, sur le Pacifique, continue-t-il à jouer un rôle considérable dans l'approvisionnement européen ; mais les projets américains portent sur les ressources de la Caspienne, dont la Russie entend garder le contrôle. Or c'est bien cela qui s'est trouvé modifié par la présence américaine en Asie centrale.

En définitive, trois ans après le réchauffement spectaculaire de 2001, l'heure des comptes a sonné pour Vladimir Poutine. Sur le plan intérieur, il a de quoi pavoiser. À l'expiration de son mandat, il a été réélu dès le premier tour avec 71,3 % des suffrages. Trois mois auparavant, les élections législatives avaient déjà montré que la société russe lui gardait sa confiance en votant pour le parti présidentiel – « Russie unie » – à une très forte majorité. Plus que les révolutions de couleur, c'est l'affaire Khodorkovski qui a divisé les élites politiques russes. Poutine a remplacé son Premier ministre, Mikhaïl Kassianov, connu pour sa volonté de réformer, par une équipe de responsables compétents, certes, mais conduite par un quasi-inconnu, Mikhaïl Fradkov, témoignant de l'autorité sans partage que s'adjuge le Président sur la conduite de la politique intérieure. Mais, s'il y a un débat qui compte en 2004-2005, en Russie, c'est celui qui porte sur les conséquences extérieures défavorables de l'affaire Youkos, bien plus que sur l'échec du rapprochement russo-américain.

Cet échec, pourtant, a été constaté sans fard par Vladimir Poutine, et il soulève une question d'importance : la Russie n'avait-elle pas intérêt à se tourner vers l'Europe plutôt que de s'obstiner à se faire entendre des États-Unis, fermés à ses gestes d'amitié et à ses concessions ? Dès 2003, la guerre d'Irak provoque la formation d'un bloc franco-germano-russe qui aurait pu – ont espéré à Moscou nombre d'experts – représenter une autre face du choix occidental de la Russie[1]. Mais, à observer les relations entre l'Union européenne et la Russie au cours des dix années qui suivent la signature de l'accord portant sur leur partenariat et leur coopération, force est de constater que le bilan n'est guère encourageant. Sans doute Moscou n'a-t-elle cessé d'affirmer la nature européenne de la Russie et son attachement à l'Europe, et Bruxelles, de son côté, de répéter que le rapprochement avec la Russie était souhaitable et devait être renforcé. Mais, au-delà de ces déclarations d'intentions, c'est l'absence de résultats concrets qui retient l'attention. Les échanges économiques sur lesquels on a tant glosé restent lourdement asymétriques, et la Russie est avant tout, pour l'Europe, un fournisseur de matières premières, alors qu'elle en importe surtout des produits manufacturés. La discussion sur l'entrée de la Russie au sein de l'OMC est indéfiniment prolongée et la perspective de cette entrée ne cesse de s'éloigner. La demande russe de voir supprimer les visas à destination de l'Union européenne se heurte à la mauvaise volonté de celle-ci et de ses principaux États membres. Enfin, les élargissements de l'Union aux pays du centre de l'Europe ont eu pour

1. T. Bordachev, *Novyi strategitcheskii soiuz*, Moscou, 2009, pp. 94-99.

conséquence de créer en son sein, pour des raisons historiques bien compréhensibles, un bloc de pays méfiants à l'égard de la Russie.

Les réserves européennes sur les orientations intérieures russes n'ont guère contribué, elles non plus, à renforcer les liens entre Bruxelles et Moscou. Les instances européennes se prononcent avec régularité de manière négative sur tout un ensemble de problèmes : la Tchétchénie, l'affaire Youkos, les atteintes aux droits de l'homme, les procédures électorales ; ce qui entraîne, en retour, un raidissement russe que Vladimir Poutine va expliciter.

La Russie, dit-il, est un grand pays, libre de combiner ses traditions et ses spécificités nationales avec la démocratie. Il oppose aux censeurs européens que, si ceux-ci sont bien vétilleux dans leur évaluation des pratiques russes, ils ferment les yeux sur nombre de pratiques contraires à leurs exigences dans divers pays de l'ex-URSS : ainsi en va-t-il des mesures discriminatoires envers les Russes dans les États baltes, par exemple. L'attitude bienveillante, voire enthousiaste, de l'Europe à l'égard des révolutions de couleur a aussi été ressentie par la Russie comme la manifestation d'un préjugé antirusse. Enfin, l'élargissement de l'Union européenne a eu pour conséquence de l'installer presque partout aux frontières de la Russie ou de son espace. Du coup, l'Union s'est arrogé une responsabilité sur les pays situés à ses abords. C'est là l'origine du malentendu entre la Russie et l'Europe sur la question de la *politique européenne de voisinage* élaborée dans la foulée des élargissements[1]. Alors que

1. D. Lynch (dir.), « What Russia sees », *Chaillot Papers*, n° 74, janvier 2005, contribution d'Andrei Zagorski pp. 73-74.

Bruxelles considère qu'il est de son ressort d'aider politiquement et économiquement les pays dits du voisinage, la Russie constate que ce voisinage européen recouvre tout simplement les pays de la CEI, et qu'il y a ingérence européenne dans une zone qu'elle tient pour sienne. C'est ainsi que, en 2003, Moscou et Bruxelles se sont opposés sur le règlement du conflit en Transnistrie et que la Russie a imputé aux manœuvres européennes le rejet du plan Kozak qu'elle proposait[1].

Plutôt que sur une orientation européenne qui stagne et que les élargissements de 2004 à 2007 n'ont fait que compliquer, Moscou préfère se reposer en Europe sur des relations bilatérales. L'Allemagne et la France sont à cet égard des partenaires privilégiés, qu'une opposition commune à la guerre d'Irak a encore rapprochés de la Russie. L'Italie de Silvio Berlusconi est bien plus encore tournée vers Moscou, à qui l'unissent des liens économiques étroits. En 2003, le chef du gouvernement italien n'a-t-il pas déclaré qu'il entendait faire accomplir aux relations italo-russes un « saut qualitatif » ? Ce saut fut manifeste en novembre 2003, lorsque, au sommet de Rome, Berlusconi ignora totalement un texte européen critiquant la Russie pour l'arrestation de Khodorkovski et les excès commis en Tchétchénie, et déclara même qu'il allait se faire « l'avocat de la cause russe ».

En 2004-2005, la diplomatie russe se trouve à un tournant. Ni les États-Unis ni l'Europe ne sont

1. Ce plan ou *Mémorandum* a été proposé en 2003 par Dimitri Kozak, chef adjoint de l'administration présidentielle russe. Il prévoyait un État fédéral de Moldavie dans lequel la Transnistrie disposerait d'une indépendance de fait.

ouverts à une stratégie de réchauffement. D'une certaine manière, c'est l'indifférence, voire la *paix froide*, qui caractérise le climat des relations entre la Russie et le monde occidental. Mais, plutôt que de conclure à un échec, c'est une orientation plus nette de la diplomatie russe vers d'autres centres d'intérêt qui se dessine. Car le jeu russe, malgré les efforts consentis dans les années 2001-2004, comporte plusieurs cartes, non pas sorties dans l'improvisation, mais longuement conservées et mûries. La Russie a plusieurs dimensions qu'elle n'oublie jamais : celle de son ancien empire ; celle que commande son espace mi-européen, mi-asiatique ; celle, enfin, qu'implique sa longue familiarité avec d'autres civilisations, avant tout l'Islam. La réévaluation dont Poutine pressent l'urgence doit ainsi commencer par une réflexion sur l'état réel du monde.

Du bon usage de la multipolarité

Vladimir Poutine a toujours revendiqué l'identité européenne de la Russie et il n'est pas près, en 2004, de tourner le dos à cette certitude qui a nourri depuis 1992 la politique étrangère russe. Mais, dans le même temps, il est convaincu que, en dépit de ses faiblesses et de ses reculs, la Russie est une puissance globale, que c'est là son statut naturel et qu'elle a les moyens de l'imposer. Dès lors, et de manière constante, il a cherché à définir la politique qui assurerait à la Russie la reconnaissance de cette puissance.

Dans un monde multipolaire, le statut de la Russie et d'autres grands États s'impose tout naturellement. Déjà, Boris Eltsine avait proclamé sa préférence pour une vie internationale fondée sur l'équilibre entre divers pôles. Poutine a d'emblée repris ce thème, même si, durant ses premières années de présidence, les États-Unis fascinent encore la Russie et le fascinent probablement aussi lui-même.

Parmi les experts russes qui tentent, dans les années 2000, de décrire l'état réel du monde, l'opinion n'est pas univoque et les analyses découlent souvent de ce que chacun juge ou espère être la situation la plus favorable à l'évolution russe. Pour un certain nombre d'entre eux, convaincus que l'identité européenne de la Russie l'emporte sur tout autre caractère, estimant que développer cette identité importe beaucoup plus que de prétendre à la puissance internationale, partisans de la modernisation de leur pays, éventuellement aux dépens même de la puissance, la vision d'un monde unipolaire convient tout à fait à leur ambition. Ils reconnaissent la puissance exclusive des États-Unis, centre de modernité et de progrès, et sont persuadés qu'en dépit de tous les obstacles, c'est dans la coopération avec eux que la Russie finira par sortir de l'ornière où elle est tombée tant de fois au fil de son histoire, et retombée en 1992. Que le monde soit devenu multipolaire, ils en conviennent, mais ils corrigent aussitôt ce concept en ajoutant que la multipolarité est asymétrique, et que l'unipolarité est plurielle[1]. La Russie est moins menacée, selon eux, dans ses ambitions à l'échelle globale qu'elle ne l'est à l'échelle régionale. C'est la Chine qui retirera, pensent-ils, les plus

---

1. A. Torkunov, « International Relations after the Kosovo Crisis », in A. Melville et T. Chakleina, *Russian Foreign Policy in Transition*, Budapest, 2005, p. 287.

grands avantages d'un monde multipolaire, et elle constitue dans cette hypothèse une menace pour la Russie, qui doit la prévenir en se rapprochant systématiquement des États-Unis.

Face à ce courant de pensée des politiques plutôt que des universitaires, des hommes comme le libéral Vladimir Loukine[1] affirment la réalité d'un monde multipolaire au sein duquel la Russie peut trouver les moyens de s'opposer à la volonté hégémonique des États-Unis. Enfin, des partisans d'une vision bipolaire du monde, généralement issus du milieu des sinologues ou de la gauche, parmi lesquels se situait Alexandre Iakovlev, défunt père de la *perestroïka*, opposent l'Occident plus ou moins rassemblé autour des États-Unis à un pôle oriental ou asiatique dont les trois grandes composantes seraient la Chine, la Russie et l'Inde[2].

De ce débat qui divise l'élite russe, quelles conséquences les politiques ont-ils tirées ? Deux hommes incarnent la volonté de faire de la vision multipolaire du monde le fondement des orientations de la politique étrangère russe.

Evgeni Primakov, tout d'abord, a rapproché la situation internationale de la Russie des années 1990 de celle que connut le pays au milieu du XIXe siècle. Pour lui, la Russie post-soviétique est, comme elle l'était au lendemain de la guerre de Crimée, caractérisée par son isolement et une marginalisation internationale en même temps que par ses faiblesses internes. Le modèle d'action qu'il propose s'inspire de celui qu'élabora le

1. V. Lukin, « Prichla pora igrat'v komandnuiu igru », *Nezavisimaia Gazeta*, 24 mars 2003.

2. A. Iakovlev, « I vseje na gorizonte dvuhpoliusniy mir », *Problemy dal'nego vostoka*, n° 4, 2000, p. 40.

chancelier Gortchakov en 1856 : le développement intérieur fondé sur une politique étrangère prudente qui lui assure la paix et la stabilité ; le refus, donc, de toute confrontation. C'est vers l'Asie que la Russie doit se tourner, dit Primakov, non pour tenter d'y exploiter des sentiments anti-américains, ce qui conduirait à une confrontation inévitable, mais pour y trouver d'autres terrains d'action dont les intérêts nationaux russes pourraient bénéficier. Primakov prône en définitive une vision pragmatique de l'usage de la multipolarité.

La conception de Vladimir Poutine est plus précise et, parfois, plus offensive. En juin 2000, définissant les concepts propres à la politique étrangère de la Fédération, il avait déclaré : « La Russie doit chercher à former un système multipolaire de relations internationales. » Ce propos fut fort critiqué à l'époque par deux experts très influents, Serguei Karaganov et Serguei Kortunov, non pour le concept de multipolarité en soi, mais parce qu'il était imprudent d'imaginer en user aussi longtemps que la Russie serait politiquement et économiquement faible (Karaganov), et que cette faiblesse, face à de véritables pôles de puissance (alors qu'elle-même ne l'était que potentiellement), la mettrait en danger (Kortunov). Ce n'est donc pas l'accent mis sur la reconnaissance d'un monde multipolaire qui choque alors les experts russes, mais le constat que la Russie telle qu'elle est en 2000 ne peut espérer jouer dans la cour des grands. Vladimir Loukine, qui s'associe à ces critiques, s'inquiète à l'idée que Primakov ou Poutine prétendent constituer un front anti-américain ou anti-impérialiste.

Sensible à ces diverses mises en garde, le président russe en tire plusieurs conclusions qui vont l'aider à élaborer une conception nuancée de la stratégie adaptée à un monde multipolaire. Tout d'abord, loin d'opter pour une stratégie multipolaire de confrontation, il admet que c'est une stratégie de coopération avec les États-Unis qu'il convient de poursuivre, car c'est elle qui apportera à la Russie le plus d'avantages. C'est dans un équilibre des forces ou des pôles, comme dans le *concert des puissances*[1], que la Russie peut espérer obtenir des États-Unis un statut de joueur *égal aux autres*, alors qu'elle échouerait en s'affirmant contre les autres. Là où Primakov suggérait un jeu destiné à s'opposer aux États-Unis, à contester leur autorité, Poutine conclut à la possibilité d'équilibrer toutes les prétentions à la puissance. Le président russe nourrit l'espoir d'éviter de dépendre d'un allié contre d'autres, en privilégiant une interprétation flexible de la multipolarité.

Cette approche relativement raisonnable a été quelque peu bousculée par le constat que l'ambition américaine de maintenir une vision unipolaire du monde ne cédait pas et n'avait été affaiblie en rien par les concessions russes. Tel est le sens du discours que Poutine prononce le 10 février 2007, lors de la troisième conférence de Munich sur la sécurité[2]. Il y dénonce le monde unipolaire, qui « ne signifie en pratique qu'une seule chose : un seul centre de pouvoir, un seul centre de puissance, et un seul centre de décisions. C'est le monde d'un unique maître, d'un unique souverain ». Il souligne alors combien cette conception unipolaire est contraire à la démocratie,

1. Sur ce concept, cf. A. Achariya, « A Concert of Asia », *Survival*, vol. 41/3, automne 1999, p. 89.

2. Texte du discours sur le site présidentiel : www.president.kremlin.ru et N. Alekseeva, « Na tchto delal stavkou Vladimir Poutin ? », *Izvestia*, 14 juin 2007.

qui est la prise en compte des opinions et des intérêts de tous. Il s'agit là d'un discours d'exaspération provoqué certes par la volonté américaine d'affaiblir, voire d'éliminer, l'influence russe de l'espace post-soviétique, mais aussi par la pratique américaine consistant à décider de la vie internationale en s'affranchissant des règles et des instances représentatives du droit commun, comme cela a été le cas au Kosovo et en Irak. Cette exaspération, largement partagée par l'opinion russe, la presse la résumera par une phrase-slogan : « La Russie dit non aux États-Unis[1]. »

Mais ce discours qui semble de rupture ne l'est qu'en apparence. C'est à la multipolarité, à l'équilibre qui pondérerait la volonté de domination internationale des États-Unis, que Poutine se réfère. Dès lors, l'Eurasie n'est-elle pas la bonne réponse ?

La position russe va progressivement s'affiner, et le concept d'Eurasie occuper une place croissante dans la définition de l'identité russe et de l'intérêt national. Si, en 2000, Poutine voulait simplement arracher la Russie à l'obsession de la reconnaissance américaine, au cours des années suivantes il élargit son projet à une vision eurasiatique du destin russe – eurasiatique plutôt qu'eurasien, soulignant par là non pas une identité spécifique, mais une double identité dont ses compatriotes ne cessent de débattre.

Dimitri Trenin, dont on a déjà évoqué les analyses pertinentes, a souligné qu'il ne s'agissait pas pour la Russie, en revendiquant son identité eurasiatique, de se définir géopolitiquement comme un pays spécifique, ce qu'elle fut au temps de l'Empire et de

1. S. Karaganov, « Nastoupaet novaia epoha », *Rossiiskaia Gazeta*, 6 juillet 2007.

l'URSS, mais comme un pays d'Europe s'intégrant à l'Europe, et en même temps comme un pays d'Europe présent en Asie, un pays porteur de la culture et des valeurs européennes en Asie. À la géopolitique qui suggère un basculement de la Russie vers l'Asie, la plupart des Russes et Vladimir Poutine lui-même préfèrent en fin de compte une définition du pays par sa civilisation, qui est sans conteste celle de l'Europe, combinée avec la quête de solutions permettant de tirer profit de la situation géographique exceptionnelle de la Russie pour la doter enfin du statut de puissance globale que ses moyens réels ne peuvent lui assurer.

CHAPITRE IV

La CEI : grande famille ? zone d'influence ?

L'Empire volontairement liquidé en 1991 a laissé aussitôt place à la CEI, Communauté des États indépendants, conçue comme un complément de cet abandon. Cette simultanéité géopolitique – décomposition d'un ensemble, recomposition d'un autre dans le même cadre territorial – doit être considérée avec sérieux. Elle est révélatrice du désarroi russe : que faire après l'Empire ? comment traiter ce qui fut l'Empire ? Elle est aussi le signe d'un non moindre désarroi des anciens sujets : comment vivre sans l'Empire ?

Ce trouble profond de l'ancien dominateur et de ses ex-sujets s'explique aisément si l'on prend en compte les conditions uniques dans lesquelles s'est déroulée la dislocation de l'Empire soviétique. Si le XXe siècle a été caractérisé par la fin des empires, le phénomène a partout été l'aboutissement de luttes préalables, de la montée des nationalismes dès 1914 et surtout après la Seconde Guerre mondiale, du formidable ébranlement des relations centre-périphérie engendré par les deux conflits mondiaux[1]. Il en est allé tout autrement avec l'Empire soviétique, même si des aspirations nationales se manifestèrent durant les dernières années de son existence. C'est l'effondrement du centre, de la métropole, qui a dénoué les liens avec la périphérie, à la stupéfaction de tous les États membres. Et si c'est la Russie, c'est-à-dire Boris Eltsine, qui a décidé d'émanciper les peuples de l'Empire, l'ayant fait de manière spontanée, presque inattendue, le président russe a dû non moins spontanément décider des moyens de rassurer une société pétrifiée par ce geste incroyable, en inventant une réponse aux problèmes qui ont aussitôt surgi : quel avenir offrir aux dizaines de millions de Russes installés dans les républiques devenues indépendantes ? comment régler les contentieux existant entre la Russie et les nouveaux États ou entre ces États, et avant tout les contentieux les plus complexes que l'on désigne alors déjà sous le nom de *conflits gelés* ?

Ce rapide et très insuffisant énoncé des problèmes montre que, tout en décrétant la fin de l'Empire, Eltsine ne pouvait éviter d'en organiser les suites. Et, avant tout, de *nommer* cet espace abandonné par la Russie, tout en définissant la nature des liens qui allaient se créer entre Moscou et les entités émancipées. L'*étranger proche*, expression étrange qui ne figure dans aucun manuel de droit international, apparaît très tôt dans le vocabulaire russe. Mêlant le droit et la géographie, elle est, au vrai, parfaitement

1. J.-B. Duroselle, *Tout empire périra. Théorie des relations internationales*, Paris, 1992, en particulier pp. 284-313.

incompréhensible autrement que comme déclaration d'intention : reconnaissance du fait accompli, de la séparation juridique des anciennes républiques d'avec l'Empire, mais, en même temps, affirmation d'une proximité qui tempère le concept d'étranger et en fait un phénomène qualitativement nouveau, particulier, inassimilable à la notion générale d'étranger. Boris Eltsine l'a clairement exprimé en définissant la CEI, forme institutionnelle de cet *étranger proche*, comme une « formation interétatique unique » ! On notera encore une caractéristique curieuse de l'ensemble post-soviétique naissant : l'institution, la CEI, arriva en premier, et la définition juridique ou supposée telle de l'espace qu'elle recouvrait – l'*étranger proche* – ne vint qu'ensuite...

Un concept confus, une cascade d'institutions

Rappelons que l'accord fondant la CEI, signé à Alma Ata le 21 décembre 1991, ne couvrait pas tout l'espace ex-soviétique, Baltes et Géorgiens ayant refusé de s'y joindre. On voit ici l'utilité du concept d'*étranger proche* : il supplée à l'absence, dans la « famille » post-soviétique, de quelques-uns de ses membres, et précise que ce qui est tenu pour proche, c'est bien *tout* l'espace ex-soviétique dont, en dépit des indépendances reconnues, la Russie n'entend pas être exclue.

La communauté créée en 1991 est caractérisée dès le début par le nombre élevé d'instances mises sur pied et par le détail des procédures qui confèrent à l'ensemble au mieux l'allure d'une alliance parfaitement organisée, au pis – et plutôt – tous les traits d'une lourde bureaucratie condamnée à l'inefficacité. Au départ, l'organisation semble remarquable. Deux organes exécutifs – Conseil des chefs d'État, Conseil des chefs de gouvernement –, siégeant le premier deux fois l'an, le second tous les trimestres, sont complétés par un Conseil économique et un Conseil des ministres des Affaires étrangères. La CEI incarnant avant tout l'indépendance des États, tous les organes représentatifs de l'URSS dans les républiques sont dissous et remplacés par des organes de coordination et de coopération permettant d'harmoniser les intérêts nationaux et les objectifs de la CEI.

À partir de là naissent de multiples instances, destinées à transformer la CEI, forgée dans l'improvisation, en une véritable alliance. En mai 1992, c'est la signature du traité de sécurité collective de la CEI à Tachkent. L'année suivante, les membres de la Communauté adoptent une *Charte* et s'accordent sur le principe de la création d'une union économique. En 1994, Nursultan Nazarbaiev, le très actif président du Kazakhstan, propose la formation d'une *Union eurasiatique* dotée d'une monnaie unique, le rouble, et d'un commandement militaire intégré. Cette union a connu au fil des ans plusieurs variantes, toutes échouant à organiser une véritable coopération économique entre les États de la région. Mais la volonté conjuguée du président Nazarbaiev, attaché à faire vivre l'Union eurasiatique, et plus tard de Vladimir Poutine, inquiet de la politique du cavalier seul pratiquée par l'Ouzbékistan, a finalement abouti à une consolidation de cette communauté eurasienne. Appuyée sur l'*Organisation de sécurité collective*, elle pourrait, de l'avis du président russe, constituer à terme une CEI rénovée, ou prendre la forme d'une nouvelle union[1].

L'économie et la sécurité sont sans aucun doute, dans ces années initiales, les plus sûrs éléments de renforcement de la CEI. L'accord conclu à Moscou le 21 octobre 1994 sur l'Union de paiement montre l'importance du facteur économique. Mais les nouveaux États indépendants s'inquiètent aussi des problèmes de sécurité : frontières mal définies (Sud-Caucase, Transnistrie), ou dangereuses car menacées de l'extérieur (Tadjikistan de 1992 à 1997). La Russie croit trouver la réponse à leurs alarmes en proposant des projets d'intégration militaire, aussitôt repoussés par la plupart des États membres. Et lorsque, en 1999, se pose la question de la reconduction du pacte de sécurité collective signé en 1992, l'Ouzbékistan, l'Azerbaïdjan et la Géorgie (cette dernière avait, malgré ses réticences, rejoint la CEI en octobre 1993 et adhéré au pacte en 1994) décident de s'en retirer, alors que six autres États membres (Russie, Biélorussie, Arménie, Kazakhstan, Kirghizstan et Tadjikistan) sont favorables à sa prolongation et à la création d'une organisation de sécurité à contenu militaire.

C'est sous la présidence de Vladimir Poutine que cette organisation va enfin prendre forme. Il aura fallu deux rencontres à Chisinau, en 2001 et 2002, pour que naisse l'Organisation du traité de sécurité collective (OTSC), que le président russe espère voir accepter comme un partenaire de l'OTAN. Les organes

1. D. Trenin, « Post imperskii proekt », *Nezavisimai Gazeta* 30 janvier 2006. Intervention de S. Lavrov devant la Douma, 21 mars 2007 ; cf. texte in A. de Tinguy (dir.), *Moscou et le monde*, Paris, 2008, pp. 73-74.

exécutifs politiques et militaires de l'Organisation sont installés à Moscou. Des forces communes de déploiement rapide sont mises en place et doivent être complétées par des forces de maintien de la paix. L'OTSC a pour vocation affichée d'assurer la défense de ses États membres, ainsi que la sécurité et la paix dans la région, de lutter contre le terrorisme et la criminalité internationale[1]. Mais ces objectifs ambitieux n'ont jamais reçu les moyens militaires propres à les mettre en œuvre. Pourtant, on a bel et bien rêvé d'en faire « l'OTAN de l'étranger proche ». Au fil des années, la modestie des moyens militaires mobilisés a reporté sur la Russie et sur son armée l'essentiel des responsabilités. Le secrétaire général de l'Organisation est d'ailleurs un général russe, Nikolaï Bordiouja, qui avait commandé auparavant les gardes-frontières russes et assumé, entre 1999 et 2002, la protection des frontières d'un Tadjikistan sortant péniblement d'une longue guerre civile[2].

Le général Bordiouja se montre très prudent lorsqu'il décrit les objectifs de l'OTSC : « Elle n'est pas supposée intervenir dans les affaires internes des États membres. Elle ne peut jouer pour eux au *gendarme*. Si des conflits internes surgissent, nous

---

1. M. R. Djalili et T. Kellner, « L'Asie centrale, terrain de rivalités », in *Asie centrale : un enjeu géostratégique*, Paris, 2006, p. 6.

2. La guerre civile a duré de 1992 à 1997. Malgré les clauses « démocratiques » des accords de paix, le président Emomoli Rahmonov a instauré un pouvoir dictatorial. Sur les frontières du Tadjikistan, cf. R. Allison, « Strategic Reassertion in Russia's Central Asian Policy », *International Affairs*, n° 2, 2004, pp. 277 sqq. et *Izvestia*, 10 décembre 2004, p. 3, sur le départ des gardes-frontières russes.

n'intervenons que par des mesures politiques. L'élément militaire de l'Organisation a pour seule raison d'être la défense des États membres contre une agression extérieure conduite par des tiers[1]. » Rassurer les membres de l'OTSC sur les ambitions et les pouvoirs de l'Organisation, prouver qu'il ne s'agit en aucun cas d'un Pacte de Varsovie ressuscité sous de nouveaux habits, telle a été la préoccupation constante du président russe, qui s'est employé à montrer que la liberté des membres d'aller et venir au sein de l'Organisation, de s'en séparer, d'accepter certaines de ses missions mais non pas d'autres, relevait de leur souveraineté, et que l'adhésion au traité ne limitait en rien leur indépendance. Dans une interview récente, Andrei Denissov, premier vice-ministre des Affaires étrangères de Russie, a précisé que la CEI tout entière fonctionnait sur la base du consensus. Chaque État membre dispose d'un droit de veto sur chaque décision. En pratique, tout repose sur le principe de la « géométrie variable », chaque État étant libre de décider à quel projet il souhaite participer et à quel projet il refuse de prendre part[2].

Au début des années 2000, alors qu'il arrive à la direction de la politique russe, Vladimir Poutine hérite donc d'une CEI au bilan très incertain. Malgré les ambitions affichées à l'aube de son existence, malgré la lente mise en place d'une instance de sécurité collective dont il hésitera toujours à préciser les tâches, le président russe semble alors peu enclin à

1. Thème repris dans : « SNG prinosit pol'zu i gosudarstvam i prostym lioudiam », *Izvestia*, 17 décembre 2009.
2. « SNG transformirouitsia v kluby po interesam », *Nezavisimaia Gazeta*, 18 juin 2007, p. 18.

accorder à l'*étranger proche* une place privilégiée dans sa stratégie. Peut-être juge-t-il la CEI peu efficace, trop instable dans sa composition ? Certains observateurs russes disent carrément qu'elle ne sert à rien ; qu'elle obère, au contraire, les relations bilatérales avec les pays de l'*étranger proche*, et qu'elle serait dans un état voisin de la mort[1].

L'une des grandes faiblesses de la CEI a toujours été la variabilité constante de sa composition : l'Ukraine, la Géorgie, l'Azerbaïdjan, l'Ouzbékistan ont, par moments, bruyamment manifesté à son endroit une volonté de séparation et ignoré de manière ostentatoire les projets et structures de sécurité collective. Plus grave encore : le 13 octobre 1997, la Géorgie, l'Ukraine, l'Azerbaïdjan et la Moldavie se sont unis pour former un groupement nouveau, le GUAM, qui, on l'a vu, devient GUUAM le 23 avril 1999 avec l'adhésion de l'Ouzbékistan. Le GUAM, avec un ou deux U, constitue pour la Russie un véritable défi. Entente entre États soucieux d'affirmer leur différence avec elle, ses membres le présentent volontiers comme une alliance anti-CEI, en quête d'appuis occidentaux. Au sein de cette instance, le rôle central de l'Ukraine, qui ne cherche pas à dissimuler son hostilité à la CEI et à la Russie, est particulièrement troublant pour Moscou. Au cours de cette même période, la Russie n'a pourtant pas ménagé les efforts de rapprochement avec Kiev, concluant le 28 mai 1997 un accord de partage sur la flotte de la mer Noire, puis, trois jours plus tard, lors d'une rencontre au sommet entre présidents russe et ukrainien, signant un traité

1. M. Laruelle, « Asie centrale : le retour de la Russie », *Politique internationale*, n° 115, 2007, p. 382.

d'amitié et de coopération que renforcera, le 28 février 1998, la signature d'un accord décennal de coopération économique. En apparence, les tensions entre les deux pays tendent alors à s'apaiser, mais la naissance du GUAM témoigne de la précarité de ce rapprochement. Ne serait-ce pas une version politique du meurtre du père ? suggèrent des observateurs russes, tels Andranik Migranian ou Alexandre Tsipko[1], inquiets de la perte continue du prestige de la Russie dans cet *étranger proche*.

C'est de ce décalage entre les ambitions affichées par la CEI et les relations réelles en son sein que Vladimir Poutine doit prendre la mesure au début des années 2000. Est-ce cela qui explique l'indifférence qu'il manifeste dans un premier temps à l'égard de l'*étranger proche* ? ou bien cette indifférence est-elle la conséquence d'une orientation qui privilégie alors les relations avec les États-Unis ? C'est l'époque d'un premier Poutine qui n'a pas encore déploré la catastrophe géopolitique que représente la fin de l'URSS. Et le 11 septembre 2001 n'est pas loin, qui va lui permettre de mobiliser tous les moyens pour tenter d'édifier le partenariat rêvé avec les États-Unis. Mais l'idylle sera, on l'a vu, assez brève et, en 2004, l'heure des comptes est venue. L'attention du président russe se reporte dès lors sur l'*étranger proche* qu'il a imprudemment ouvert aux États-Unis et qui est en train de devenir une zone privilégiée de l'activisme américain, symbole de l'union sacrée contre le terrorisme. Se pose désormais pour de bon la question du statut de la Russie dans cet *étranger proche*.

1. A. Migranian, « Konets Rossii », art. cité in *Svobodnaia Mysl'*, juillet 2002.

Sans doute, dès son premier mandat, Vladimir Poutine avait-il déclaré qu'il accordait la plus grande attention aux États de la CEI. À la veille de son élection, il s'était rendu au Tadjikistan et en Ouzbékistan ; puis il était revenu à Tachkent, en mai 2000, en poursuivant son périple au Turkménistan. Il avait alors proposé aux États de l'Asie centrale d'organiser des actions communes contre le terrorisme qui les menaçait directement, l'Afghanistan étant à leurs frontières. Mais il faut attendre la déception de 2003 pour que Poutine passe des déclarations d'intentions à de réels efforts dans la région. Deux raisons expliquent ce changement de comportement vis-à-vis de l'*étranger proche*. Vladimir Poutine a pu constater que les États-Unis avaient tiré un avantage considérable des facilités qu'il leur avait offertes en Asie centrale : utilisation des bases militaires de Manas, en Kirghizie, et de Kharchi-Khanabad, en Ouzbékistan. Jusqu'alors, les États-Unis n'avaient guère manifesté d'intérêt pour cette région. Mais soudain, en y prenant pied, ils en ont découvert l'importance stratégique et la richesse énergétique. D'autre part, et c'est peut-être le constat le plus amer pour lui, Poutine aura vraisemblablement considéré que les facilités concédées en Asie centrale à Washington faisaient partie d'un marché tacite impliquant la reconnaissance par les États-Unis du rôle propre à la Russie dans l'*étranger proche*. En d'autres termes, il a certainement pensé que Washington reconnaîtrait l'*étranger proche* comme zone d'influence de la Russie. Si ce marché ne fut jamais explicité, il n'est guère douteux qu'il ait été ainsi entendu à Moscou. Et que, à Washington – la suite des événements en témoigne –, il n'ait jamais été question de reconnaître à la Russie une quelconque zone d'influence. Malgré le coup tragique reçu le 11 septembre 2001, les États-Unis restaient convaincus d'être toujours la seule puissance mondiale.

Retour offensif en Asie centrale

L'année 2004, on n'y insistera jamais assez, est marquée par un tournant dans les conceptions internationales de Vladimir Poutine. C'est le temps de son deuxième et dernier mandat (si l'on s'en tient à la Constitution), qui, après un moment brillant, s'ouvre sur des déconvenues extérieures et des difficultés intérieures.

Sans doute l'économie russe ne se porte-t-elle pas trop mal, mais le débat entre libéraux et dirigistes semble devoir tourner à l'avantage des seconds, et une certaine crise de confiance affecte la société, même si elle reste favorable au Président, ainsi qu'en témoignent sa réélection et les sondages[1]. C'est sur la politique extérieure que le doute s'exprime le plus fortement. Loin d'avoir saisi la main tendue par son homologue russe, le président Bush manifeste une volonté sans faille de tirer profit des concessions que celui-ci lui a faites. Quant aux *révolutions de couleur* de Géorgie et d'Ukraine, qui éclatent alors, elles sont ressenties par Moscou comme une ingérence dans sa zone, mais aussi par les régimes ultra-conservateurs d'Asie centrale comme une menace planant sur eux, d'autant plus qu'elles se prolongent par la « révolution

1. A. Demidov, « Fenomen Poutina », *Nezavisimaia Gazeta*, 1er septembre 2009 et *Izvestia*, 13-15 novembre 2009, p. 3. Poutine est troisième dans le classement de Forbes.

des Tulipes » au Kirghizstan et par l'insurrection d'Andijan[1].

Ces deux derniers événements n'ont certes pas été de même nature, la « révolution des Tulipes » s'inscrivant dans la série des révolutions de couleur alors que, à Andijan, il s'est agi d'un mouvement inspiré par l'islam radical. Mais ces deux révolutions manquées vont inciter les États d'Asie centrale à se tourner vers Moscou. La déstabilisation qu'elles préfigurent ne va-t-elle pas porter au pouvoir des gouvernements qui, comme à Kiev et à Tbilissi, se réclameront de l'Occident ? La répression de l'insurrection d'Andijan, en mai 2005, est soutenue par Moscou qui plaide la nécessité de lutter partout contre la menace islamiste. Celle-ci met ici en péril deux États voisins de l'Afghanistan, l'Ouzbékistan et le Tadjikistan. Apparemment peu conscients du caractère musulman extrémiste de l'insurrection, les pays occidentaux condamnent l'usage de la force pour réprimer le soulèvement. Pour les États-Unis, l'écrasement du mouvement constitue une défaite : ils y perdent la première base militaire dont ils avaient disposé sur le sol de l'ex-URSS, dans une république stratégiquement sensible, puisque contiguë à l'Afghanistan.

L'heure est ainsi venue pour la Russie de se camper en protectrice de ces États qui furent tentés un moment de jouer un jeu américain, comme continuent d'ailleurs à le faire la Géorgie et l'Ukraine.

Si, jusqu'à la révolte d'Andijan, l'Ouzbékistan avait pris ses distances avec Moscou, dès 2005, c'est

---

1. S. Peyrouse, « Le tournant uzbek de 2005. Éléments d'interprétation de l'insurrection d'Andijan », *La Revue internationale et stratégique*, n° 64, 2006-2007, pp. 77 sqq.

le soutien russe au retour à l'ordre qui commande la suite des relations entre les deux pays, c'est-à-dire leur rapprochement. Un accord de coopération stratégique signé en novembre 2005 stipule que Moscou aidera l'Ouzbékistan à maintenir l'ordre public, et définit les moyens qui lui seront fournis. Le territoire ouzbek s'ouvre alors à la présence militaire russe.

En fait, ce progrès russe n'est pas totalement nouveau. Depuis deux ans déjà, Vladimir Poutine, tirant argument de l'instabilité croissante en Asie centrale et invoquant le principe de la sécurité collective, y avait obtenu des avantages militaires. Au Tadjikistan d'abord, pays que les Talibans tenaient pour leur base arrière et qu'une longue guerre civile a durablement affaibli. Les troupes russes y relaient en 2000 les forces de paix déployées par la CEI dès 1992. La paix revenue en 2005, ces troupes partent à leur tour, laissant à l'armée tadjike la responsabilité d'assurer la surveillance des frontières tadjiko-afghanes et tadjiko-chinoises. Mais ce retrait ne signifie pas la fin de la présence russe, au contraire. La Russie installe alors au Tadjikistan une importante base militaire composée de plusieurs sites, dont la base aérienne d'Aini et un centre de surveillance spatiale. Des unités russes de la Force de déploiement rapide vont aussi être stationnées dans ce pays, complétant le dispositif défensif aux abords de l'Afghanistan.

Au Kirghizstan, la Russie avait obtenu la disposition de la base de Kant en 2003 ; deux ans plus tard, le président kirghize, alarmé par le soulèvement d'Andijan, lui ouvre une deuxième base à Och. La situation de cette république est particulièrement étonnante puisque, à partir de ce moment, elle accueille sur son sol tout à la fois des bases militaires russes et la base américaine de Manas, signes visibles de la compétition russo-américaine dans la région. Le duel feutré entre Moscou et Washington sera compliqué par le fait que les dirigeants kirghizes entendent tirer un maximum de bénéfices de la présence des deux grands États rivaux sur leur sol, en faisant payer fort cher la location de leurs bases et en provoquant une surenchère par la menace adressée à l'un de privilégier l'autre. Mais la Russie est alors dans une position plus favorable que les États-Unis, car sa présence s'inscrit dans le cadre du Traité de sécurité collective et des missions de paix de la CEI ; il est donc plus malaisé au pouvoir kirghize de la traiter comme si elle était étrangère à la région.

Fort des liens renoués avec l'Ouzbékistan après la révolte d'Andijan, Vladimir Poutine va aussi s'efforcer de renforcer l'Organisation du traité de sécurité collective. L'entrée de l'Ouzbékistan dans l'OTSC, de multiples manœuvres communes, une politique visant à équiper militairement les pays d'Asie centrale : autant de moyens mis en œuvre par le président russe pour affirmer le rôle prééminent de son pays dans la région et pour affaiblir aussi bien un GUAM privé de l'Ouzbékistan que la présence américaine.

Sans doute, à cet ensemble centro-asiatique où Poutine se pose en rassembleur des États autour de la Russie, manque-t-il le Turkménistan, puissant pays gazier qui proclame hautement son statut d'État neutre pour refuser toute adhésion au système de sécurité collective, et sa richesse en hydrocarbures pour revendiquer son indépendance politique et économique. Le Turkménistan se tient aussi à l'écart de l'ensemble économique fondé par Nursultan Nazarbaiev, où la Russie occupe une place centrale. Lorsque, en 2006, l'Ouzbékistan y adhère, cet espace économique unifié, au sein duquel figure également la Biélorussie, témoigne que les efforts de Poutine pour réinsérer la Russie dans la région n'ont pas été vains. Dans ce contexte, l'indépendance affichée du Turkménistan est atténuée par le contrôle qu'exerce la Russie sur l'exportation de ses ressources énergétiques par l'intermédiaire de Gazprom[1]. La grande faiblesse du Turkménistan tient en effet à sa géographie : il est enclavé, ce qui rassure la Russie. Mais, à terme, cet enclavement pourrait aussi menacer les positions russes. L'Union européenne, qui importe du gaz turkmène vendu par la Russie, est en effet intéressée à la diversification des gazoducs et espère que le gaz turkmène pourra être exporté sans intermédiaire russe par un gazoduc relié à Nabucco[2], ou surtout au réseau Bakou-Tbilissi-Erzeroum, alors que la Russie s'oppose à toute tentative de contournement de son territoire.

Le retour en force de la Russie en Asie centrale est certes incontestable, mais se trouve compliqué par la compétition énergétique. Deux préoccupations dominent la stratégie de Moscou en ce domaine : interdire le libre accès au bassin de la Caspienne, dont les

1. « Turkmeniia podtverdila gazovouiou droujbou s roossii », *Kommersant*, 16 février 2007.

2. Nabucco est un gazoduc qui doit aller de Turquie en Autriche et qui serait alimenté par du gaz turkmène. *Nezavisimaia Gazeta*, 26 juin 2006, traite de ce sujet et des besoins de l'Union européenne.

producteurs d'énergie sont encore largement dépendants du transit par la Russie ; empêcher que voie le jour une politique européenne commune de l'énergie. C'est à ce prix seulement que l'autorité russe sur l'Asie centrale pourra être maintenue. Vladimir Poutine ne dissimule pas que, à ses yeux, le Traité de sécurité collective et la Communauté économique eurasiatique constituent un ensemble eurasiatique conforme aux intérêts de la Russie du XXIe siècle. Et l'Organisation de Shanghai, fondée en 1996, qui regroupe autour de la Chine et de la Russie le Kazakhstan, le Kirghizistan, le Tadjikistan et, depuis 2001, l'Ouzbékistan, est probablement la meilleure illustration de l'Asie centrale telle que la souhaite Moscou. (On reviendra plus loin sur cette Organisation de Shanghai qui représente, pour la Russie, beaucoup plus qu'un simple regroupement centro-asiatique, mais on devait aussi l'évoquer ici parce qu'elle complète un dispositif assurant à Moscou un statut de pays centro-asiatique, et non pas seulement de « grand voisin ».) Vladimir Poutine, qui met volontiers l'accent sur la composante identitaire musulmane de son pays[1] – plus de vingt millions de musulmans vivent dans les frontières de la Fédération, au sein d'entités disposant d'une autonomie presque totale –, a beaucoup œuvré à abattre les frontières entre Russie et Asie centrale. L'*étranger proche* est devenu ainsi, dans le discours russe, de moins en moins étranger et de plus en plus proche…

1. En 2004, Poutine a nommé Rachid Nourgaliev, un Kazakh musulman, au poste de ministre de l'Intérieur de la Fédération de Russie, poste qui n'avait jamais été attribué à un musulman.

La parade des « insoumis »

Mais l'*étranger proche* n'est pas limité à l'Asie centrale. Il comporte d'abord les deux États slaves – Ukraine et Biélorussie – que Boris Eltsine avait voulu incorporer dans une union fondée sur la communauté de culture et sur ce qu'il nommait la « civilisation slave ». L'union manquée de 1991 a ouvert la voie à deux modes de relations fort différents.

L'Ukraine, malgré une longue histoire commune, la proximité culturelle et des populations largement mêlées – Ukrainiens en Russie, Russes en Ukraine, Russo-Ukrainiens issus d'un nombre considérable de mariages mixtes –, a d'emblée claironné sa volonté de s'écarter de la Russie et de s'incorporer au monde occidental par Union européenne et OTAN interposées. Elle n'a accepté la CEI que comme « structure de divorce civilisé », et a manifesté son intransigeance sur tous les sujets litigieux – flotte de la mer Noire, base de Sébastopol, possession de la Crimée. Les différends énergétiques opposant Kiev à Moscou, pour sérieux qu'ils soient, ne sont que la partie la plus visible et la plus dramatique d'oppositions plus fondamentales. Après un temps où la volonté d'apaisement l'a emporté, certes entrecoupé de crises momentanées, le conflit – car il s'agit bien, entre la Russie et l'Ukraine, d'un conflit de fond – a éclaté. La « Révolution orange » en a été le détonateur.

Vladimir Poutine ne dissimule pas vraiment sa perception de l'Ukraine, dont l'existence nationale n'a jamais été pleinement acceptée en Russie. S'il n'entend pas – on ne peut douter de sa sincérité sur ce point – revenir sur l'indépendance ukrainienne, il tient, comme un grand nombre de responsables russes, que la Russie ne peut pour autant admettre que l'Ukraine veuille s'intégrer au monde occidental en tournant le dos à l'ensemble communautaire ex-soviétique. Le discours russe est, à cet égard, complexe. Moscou souligne que n'avoir pas signé la charte de la Communauté est fort regrettable – c'est le cas de l'Ukraine –, mais qu'il est possible, pour chaque État, de sauvegarder ses intérêts tout en participant à la CEI telle qu'elle est. En d'autres termes, l'Ukraine peut bénéficier d'un certain degré de flexibilité au sein des institutions de la Communauté, repousser l'intégration sans que cela soit interprété comme un défi. L'entrée dans l'OTAN, en revanche, relèverait de la provocation.

Plutôt que de menacer l'Ukraine, Vladimir Poutine préfère utiliser, dans ses rapports avec elle, des moyens de pression – énergétiques surtout – qui s'inscrivent dans une nouvelle diplomatie économique et n'apparaissent pas comme des représailles exercées à l'encontre d'un ancien membre de l'URSS[1]. C'est en comparant l'attitude russe à l'égard de Kiev et vis-à-vis de Tbilissi que l'on peut le mieux prendre la mesure de la prudence et de la souplesse relative que Moscou manifeste envers l'Ukraine. Ne pas perdre définitivement le lien avec celle-ci est en effet une préoccupation constante des dirigeants russes, maintenue en dépit des échecs et des provocations. Pour Moscou, l'Ukraine est conditionnellement indépendante – elle l'est à condition de ne pas outrepasser des limites fixées implicitement –, mais, dans le même temps, Poutine sait, et il l'a assez répété, que du

1. E. Primakov, *Mir bez rossii*, *op. cit.*, pp. 148-156 et A. Dubien, « Énergie, l'arme fatale du Kremlin », *Politique internationale*, n° 111, 2006, pp. 381-383.

temps s'est écoulé depuis la dislocation de l'URSS et que l'ère de l'Empire ou des unions forcées est bien révolue. La Russie du XXIe siècle ne peut agir en puissance du XIXe. L'exemple géorgien, dira-t-on, tendrait à prouver le contraire, mais ce serait un dangereux raccourci que de situer l'Ukraine et la Géorgie dans une même catégorie de raisonnement sur l'ère post-impériale russe.

Le second État slave dont Boris Eltsine croyait le destin inséparable de celui de la Russie, la Biélorussie, occupe une place particulièrement originale sur l'échiquier du défunt Empire. Les accords qui l'ont liée non à la CEI, dont elle a fait partie dès l'origine, mais à la Russie, vont bien au-delà d'arrangements communautaires, puisqu'ils ont conduit à un mariage : 26 mai 1995, instauration d'une union douanière Russie-Biélorussie ; 2 avril 1996, accord sur la création de l'Union des républiques souveraines ; 2 avril 1997, traité d'union Russie-Biélorussie ; 25 décembre 1998, accord conclu par les deux présidents pour que l'unité prenne forme en l'an 2000. En apparence, c'est l'idylle permanente, cas unique parmi les anciens sujets de l'URSS. Mais, en dépit des accords signés, cette union relève toujours du domaine des pures idées, et le président Loukachenko sera, pour Vladimir Poutine, un partenaire peu accommodant, ne s'associant à aucune des décisions auxquelles ce dernier attache de l'importance. L'exemple le plus éclatant de cet échec d'une union pourtant formalisée par les textes sera, à l'automne 2008, le refus obstiné du président biélorusse de reconnaître l'indépendance de l'Abkhazie et de l'Ossétie du Sud. Evgeni Primakov, quoique attaché en général à défendre la politique russe, a fait le constat que « la responsabilité des occasions perdues dans le processus de création de l'union avec la Biélorussie ne doit pas être attribuée seulement à Minsk. Moscou en porte une lourde part[1] ».

La Moldavie n'est pas pour la Russie un membre plus satisfaisant de la Communauté. Elle se tient ostensiblement à l'écart des structures de sécurité collective et se précipite vers le GUAM sitôt qu'il est créé. Sans doute la Moldavie est-elle, en 1991, dans une situation interne particulièrement difficile, due en partie à sa nature d'État bilingue (trilingue, même, si l'on tient compte du groupe gagaouze[2]), travaillé par de forts courants séparatistes. Ceux-ci l'ont emporté en Transnistrie, région qui, depuis la fin de la guerre (1992), dispose d'un statut de quasi-indépendance. La politique russe à l'égard de Chisinau est très ambiguë : Moscou soutient la Transnistrie, ce qui est un moyen de pression sur une Moldavie tentée de s'unir à la Roumanie, mais, en même temps, la Russie est partenaire de la Moldavie au sein de la CEI. Un regard jeté sur la carte explique l'intérêt particulier que la Russie porte à ce petit État, et une politique contradictoire qui engage Moscou aux côtés des deux parties au conflit, assurant la survie de la Transnistrie, mais traitant d'État à État avec Chisinau. Cette politique inconfortable tient au fait que la Moldavie est située à un véritable carrefour stratégique, favorisant toutes les tentations contraires aux intérêts russes. Elle

1. *Ibid.*, pp. 201-202.

2. Les Gagaouzes, peuple turcophone christianisé, étaient 153 000, soit 3,5 % de la population moldave, en 1994, et vivaient dans cinq districts méridionaux de la Moldavie situés entre la Roumanie et l'Ukraine. En décembre 1994, ils ont été dotés d'un statut d'autonomie et autorisés à utiliser le gagaouze comme langue officielle de leur région.

manifeste un puissant tropisme occidental, renforcé par ses liens linguistiques avec la Roumanie. Si sa liberté de mouvement n'était entravée par la Transnistrie, aurait-elle hésité à rejoindre Bucarest – glissement inacceptable pour un pays qui fit partie de l'URSS ? Le voisinage de l'Ukraine constitue aussi un élément décisif de la volonté russe de disposer d'une présence militaire importante dans cette république située à faible distance de la mer Noire, dont la Russie a été éliminée par la perte de la Crimée et où la forte présence des États-Unis représente pour elle un autre indice de sa puissance perdue. La Moldavie illustre bien la variété des relations politiques que la Russie entretient avec les États de l'*étranger proche* : ici, c'est en jouant sur le séparatisme d'une région que Moscou réussit à conserver dans son orbite un État que tout appelait à en sortir totalement.

Les conflits frontaliers ou territoriaux qui ont survécu à la disparition de l'URSS sont partout de précieux leviers d'action pour la Russie. C'est grâce à eux qu'au Caucase, notamment, elle a pu éviter de perdre tous liens avec certains de ses anciens sujets. Dans plusieurs cas, la CEI n'a été en définitive que l'habillage juridique de relations préservées par des pressions ou par l'exploitation cynique de situations conflictuelles. Celles-ci sont particulièrement nombreuses au Caucase, et deux d'entre elles – la guerre qui a eu lieu au Karabakh, et qui oppose encore durablement l'Azerbaïdjan et l'Arménie ; le séparatisme des Abkhazes et des Ossètes, qui met en cause l'intégrité territoriale de la Géorgie – ont servi la volonté russe de maintenir une apparence de communauté post-soviétique.

Le conflit du Haut-Karabakh est un bel exemple des problèmes territoriaux hérités de l'URSS. Cette région peuplée d'Arméniens avait été dévolue par le pouvoir soviétique à l'Azerbaïdjan[1]. Vainqueurs dans la guerre, les Arméniens l'ont occupée et y sont restés, mais l'Azerbaïdjan exige le retour de la région dans son giron. Depuis près de vingt ans, malgré les efforts de l'OSCE (groupe de Minsk), chargée de trouver une solution au conflit, malgré d'innombrables rencontres bilatérales arméno-azéries sous le double patronage russo-américain, la situation n'a guère évolué. Les Arméniens évoquent le droit des peuples à disposer d'eux-mêmes, principe international indiscutable, pour fixer le sort d'une région arménophone. L'Azerbaïdjan campe sur un autre principe : le respect de l'intégrité territoriale.

C'est en ce sens que le cas du Haut-Karabakh illustre bien la façon dont la Russie se retrouve confrontée à ses propres contradictions. Elle a affirmé en 1992 sa fidélité absolue au principe du respect de l'intégrité territoriale, ce qui doit peser en faveur de la thèse de l'Azerbaïdjan. Mais le choix qui se présente à elle a été jusqu'à présent impossible à trancher : l'Arménie s'est toujours montrée pour elle une alliée indéfectible, alors que l'Azerbaïdjan était tenté par des solutions étrangères à l'insertion dans la Communauté[2]. L'Arménie, pour Moscou, est son « poste avancé » au Caucase. Membre de l'OTSC, elle a accueilli trois bases russes sur son territoire. C'est aussi

1. Le Haut-Karabakh, peuplé en majorité d'Arméniens, a été rattaché en 1923 à l'Azerbaïdjan. L'entremise de la Turquie depuis 2009 et le rapprochement turco-arménien pourraient faire évoluer la question.

2. « Zastolbili Kaspii », *Nezavisimaia Gazeta*, 15 avril 2005 (sur le voyage éclair de Rumsfeld à Bakou), pp. 1 et 5. « Bakou initsiruet sozdanie osi vostok zapad », *Nezavisimaia Gazeta*, 24 mai 2005, pp. 1 et 5.

en Arménie que se trouve la seule frontière commune de l'Organisation avec l'Iran, pays que la Russie tient pour essentiel à ses intérêts dans la région. Mais l'Arménie a signé un accord de partenariat avec l'OTAN, sans prétendre pour autant intégrer l'Alliance. Sa loyauté à l'égard de Moscou est incontestable, tout en se manifestant de manière équilibrée : elle a suspendu sa participation au Traité sur les forces conventionnelles, comme Moscou, mais elle n'a pas pris parti pour la Russie dans la guerre russo-géorgienne, ni reconnu, comme l'eût souhaité Moscou, les républiques séparatistes – ce qui lui eût été difficile, vu la position qu'elle défend dans le Haut-Karabakh.

L'Azerbaïdjan, qui a adhéré à la CEI lors de sa création, s'est montré depuis lors réticent à participer à l'instance de sécurité collective, alors qu'il figure parmi les fondateurs du GUAM. Il est vrai que, lors de la guerre du Karabakh, il avait accusé la Russie d'être responsable de sa défaite. Cependant, tout en étant membre du GUAM, conçu comme un système de sécurité rival de l'alliance formée par la CEI, l'Azerbaïdjan s'efforce de maintenir une politique équilibrée entre Moscou et Washington. Comme l'Arménie et la Géorgie, il est lié à l'OTAN par un accord de partenariat, mais, à la différence de la Géorgie, il n'a jamais demandé à entrer dans l'Alliance. Il a aussi soutenu les projets américains d'oléoducs et de gazoducs contournant la Russie : BTS (Bakou-Tbilissi-Soyan), BTC (Bakou-Tbilissi-Ceyan), BTE (Bakou-Tbilissi-Erzeroum), et plaidé pour la mise en place de Nabucco. Mais le président Aliev n'a jamais omis de compenser cela par d'autres gestes favorables à la Russie : notamment le maintien du transit, par le réseau de transport russe, d'une partie des hydrocarbures d'Azerbaïdjan, et davantage encore le rétablissement d'une relation bilatérale avec la Russie conduisant à la signature d'un partenariat stratégique en juillet 2008. Cette attitude prudente s'est trouvée confirmée lors de la guerre russo-géorgienne : membre du GUAM comme la Géorgie, l'Azerbaïdjan aurait alors dû faire preuve de solidarité avec elle ; pourtant, il est resté neutre. Plus encore : il n'a pas suivi l'exemple du président ukrainien, qui se précipita à Tbilissi pour témoigner son soutien à un allié en difficulté. La Russie n'a donc pas pu prendre ombrage du comportement de l'Azerbaïdjan ; ce fut même pour elle l'occasion de penser que le GUAM pouvait bien n'être qu'une coquille vide.

Le grandiose projet du GUAM, proclamé quelques années plus tôt, de transformer la mer Noire en une « nouvelle Méditerranée », le soutien des États-Unis à cette organisation qui prétend consolider l'indépendance de ses membres face aux tentatives d'intégration russes, n'ont débouché, on l'a vu en 2008, sur aucun résultat concret, et surtout pas sur une manifestation de solidarité à l'heure où l'un de ses membres était en péril. Pour la Russie, l'effacement progressif du GUAM, déjà quitté par l'Ouzbékistan, a démontré une certaine consolidation de sa position dans le Sud-Caucase. Seule la Géorgie reste pour elle un adversaire irréductible.

Est-ce à dire que l'espace ex-soviétique a été reconquis, exception faite de l'Ukraine et de la Géorgie ? Certes non ! La diplomatie de Vladimir Poutine a été modérée, mieux adaptée aux divers acteurs de la région que ne l'avait été la politique antérieure, trop uniforme et moins flexible ; ce qui lui a permis de regagner du terrain sur les États-Unis, qui avaient pourtant réussi une grande opération de séduction dans la région en 2003-2005. Mais Moscou doit aussi compter sur place avec l'apparition de nouvelles puissances rivales.

Les États-Unis ne sont pas les seuls, en effet, à s'intéresser à l'Asie. L'Union européenne, importatrice d'énergie, a elle aussi compris l'importance de cette région pour son avenir. La promotion de la démocratie – l'un des objectifs fondamentaux du pouvoir de convaincre[1] européen – et la politique étrangère dite de voisinage se sont heurtées, dans l'*étranger proche*, à l'opposition russe. Opposition d'autant plus forte que, au grand dépit de Moscou, le « deuxième » cercle de l'Empire soviétique – Europe centrale et orientale, Balkans – avait glissé dans la sphère d'influence occidentale dès le début des années 1990. On ne peut dès lors s'étonner que, rejetée par ses anciens « satellites », la Russie se soit attachée à garder l'*étranger proche* sous son influence, les principaux moyens d'exercer celle-ci étant l'expansion économique et le contrôle de l'approvisionnement énergétique et des voies de transport de l'énergie.

Depuis la guerre de Géorgie, qui contraint le monde occidental à la prudence, l'Union européenne mise sur le *partenariat oriental*[2] proposé à six États de l'*étranger proche*, dont les trois États du Sud-Caucase. Ce partenariat a été conçu comme un substitut aux ambitieux projets d'incorporation de quelques États à l'Union

1. Le terme anglais *soft power*, couramment utilisé, peut être traduit par « pouvoir de convaincre » (proposé par les commissions de terminologie ou « pouvoir d'influence »).

2. Le partenariat oriental a été lancé le 7 mai 2009. Les instruments prévus sont avant tout des facilités pour les visas et des perspectives de libre échange. Le 12 mai, le président Medvedev a annoncé une nouvelle stratégie de sécurité remplaçant celle de 2000. « Evropeiskii zontik dlia SNG », *Nezavisimaia Gazeta*, 21 octobre 2009, p. 2.

européenne et à l'OTAN. Le cas turc, éternel casse-tête des Européens, a d'ailleurs contribué à la mise en place de ce partenariat oriental qui, au lieu de l'adhésion à l'Union, propose une coopération renforcée avec elle.

Bruxelles a invité Ankara et Moscou à rejoindre le partenariat oriental. À première vue, cette invite était fort judicieuse, propre à apaiser une Turquie impatiente de rejoindre l'Union et irritée par son discours dilatoire, comme à désarmer une Russie inquiète de voir l'Union empiéter sur *sa* zone d'influence. Si la Russie n'a que mollement réagi à ce projet, c'est d'abord parce qu'elle ne veut pas que l'*étranger proche* devienne un *voisinage commun* géré par Bruxelles. Elle entend bien, au contraire, le maintenir sous son influence. Ses progrès récents – en Moldavie, en Azerbaïdjan, en Arménie – et les espoirs que lui ouvre l'élection présidentielle de 2010 en Ukraine[1] la confortent dans cette attitude. Même si l'Europe n'a exercé jusqu'à présent qu'une influence modérée dans l'*étranger proche*, la Russie ne la tient pas pour plus souhaitable que les entreprises de pénétration américaines. Et sa stratégie énergétique, qui dépasse de loin les enjeux économiques, contribue à y renforcer son influence, voire son autorité.

C'est le cas dans les conflits énergétiques avec l'Ukraine, qui ont sans doute une raison d'être économique, mais qui surtout fragilisent la république et risquent, à terme, de la priver de l'appui des États-Unis. Les projets de contournement du transit énergétique au nord (North Stream) ou au sud (South

1. L'élection de Victor Ianoukovitch à la présidence de la République à la fin de février et l'éviction du gouvernement de Ioulia Timochenko, pasionaria de la révolution orange annoncent un apaisement des relations entre Kiev et Moscou.

Stream) du pays[1] présentent l'avantage, pour la diplomatie russe, de favoriser les relations bilatérales avec les pays de l'Union – Allemagne, Italie –, de les diviser et de freiner l'émergence d'une politique européenne commune de l'énergie. Le « nouveau partenariat stratégique » russo-européen, dont un excellent expert russe, Timofei Bordachev[2], s'est fait le chantre, est sans doute souhaitable, mais l'une des plus pertinentes observations de l'auteur est que, stratégiquement, la Russie est isolée : elle n'a plus aucun État allié durable et fiable. C'est cet isolement qui lui interdit les concessions et la conduit à défendre avec intransigeance ce qu'elle tient pour son terrain : l'*étranger proche.*

Y a-t-il encore un étranger proche *?*

L'espace ex-soviétique et les efforts de Moscou pour s'y faire reconnaître un droit à l'influence, limiter celle des États-Unis et même celle de l'Union européenne, confirment-ils, comme l'affirment certains auteurs, que la Russie reste une puissance impériale ou qu'elle cultive dans l'*étranger proche* un projet de restauration impériale ? À observer son évolution au cours de la décennie écoulée, on peut douter du sérieux de la thèse du néo-impérialisme. Pour reconstituer un empire, encore faut-il disposer

1. Il s'agit de deux gazoducs sous-marins, l'un passant sous la Baltique (North Stream), l'autre par la mer Noire (South Stream), qui doivent être construits avant 2015.

2. T. Bordachev, *Novyi strategitcheskii soiouz*, Moscou, 2009, pp. 146 sqq.

de moyens militaires. Or Vladimir Poutine, en dépit de déclarations d'intentions et de concessions symboliques faites à l'armée, n'a pas accompli de vraie réforme militaire, ni doté l'armée des moyens qui permettraient de l'utiliser comme instrument de restauration d'une autorité impériale[1]. Sa stratégie plutôt flexible, attachée à éviter toute épreuve de force dans l'*étranger proche* – exception faite, une fois encore, de la Géorgie –, a rassuré les États souverains au point même de les conforter dans leur attitude de défi.

La plus intéressante définition de l'état présent de la Russie, de la nature de son système et de son projet dans ses anciennes possessions est celle d'État *trans*-impérial[2]. Cette définition élaborée par une universitaire américaine, Celeste Wallander, part du constat que la Russie, qui fait partie de l'économie mondiale et d'un univers globalisé, n'a pu atteindre à ce statut que parce qu'elle est, par sa nature, adaptée au XXIe siècle, ce que ne pourrait être une puissance néo-impériale crispée sur des ambitions passéistes. La Russie n'est ni un État totalitaire, ni une démocratie imparfaite ; c'est, selon l'auteur, qui a raison, un *État autoritaire* appuyé sur la centralisation, le contrôle, le gouvernement d'une élite qui ne juge pas devoir rendre de comptes à la société. Cette variante particulière d'autoritarisme peut être qualifiée d'*autorita-*

---

1. A. M. Golts, *Armiia rossii. 11 poterenyh let*, Moscou, 2004 et T. Gomart, *Russian Civil Military Relations. Putin's Legacy*, Washington Carnegie Endowment, 2008.

2. C. Wallander, « Russian Transimperialism and its Implications », *The Washington Quarterly*, printemps 2007, pp. 107-122.

risme patrimonial. Et le trans-impérialisme est la transposition à l'échelle mondiale de cet autoritarisme patrimonial.

Cette grille de lecture permet de bien mieux définir la Russie que celle qui se réfère à un système impérial datant du XIXe siècle et qui a péniblement survécu au XXe. Elle suggère aussi la nécessité de replacer toute réflexion sur l'action russe dans l'*étranger proche* dans le cadre, plus vaste, de l'action multilatérale de la Russie, où elle doit faire face à d'autres acteurs, à des règles du jeu communes aux grands États, et tenir compte de la notion de « limites de la puissance ». La logique des relations trans-impériales, écrit Celeste Wallander, est celle de l'autoritarisme patrimonial : une relation patron-clients[1]. Elle explique bien des choix russes dans l'*étranger proche*, tels les accords bilatéraux Moscou-Ashabad pour l'acquisition de gaz turkmène à un coût inférieur au marché mondial, et la revente de ce gaz à l'Ukraine à travers Rosukr Energo. Tout le système repose sur un État centralisé, opaque, qui ne rend pas de comptes et contrôle tous les éléments de l'économie nationale. Et il suppose des partenaires présentant les mêmes caractéristiques.

Si ce système confère à la Russie une réelle autorité sur les États de l'*étranger proche*, il ne forge pas pour autant de vraies solidarités. L'unité de l'espace post-soviétique est loin de progresser, écrit Celeste Wallander, même si, dans les relations bilatérales, la Russie a marqué des points. L'Empire soviétique ne reposait pas seulement sur des liens nés de l'imbrication administrative et économique, ni sur la seule terreur. Un espace culturel soudé par l'usage d'une langue

1. *Ibid.*, p. 116.

commune, le russe, véhiculée par le réseau éducatif, existait alors, et c'est sa quasi-disparition, au cours des deux dernières décennies, qui menace peut-être le plus l'ambition russe de maintenir une communauté. Conscient des difficultés prévalant dans le domaine linguistique, le gouvernement russe a élaboré, en 2005, un programme quinquennal de promotion du russe dans l'enseignement et l'information, et encouragé l'accueil d'étudiants venus de la CEI dans les universités russes. Mais ce programme s'est heurté d'emblée à une interrogation cruciale : qui visait-il ? Les Russes, les nationaux des républiques ? Dans les deux cas, les évolutions en cours dans l'*étranger proche* allaient à l'encontre des vœux de Moscou.

Le ministère russe des Affaires étrangères avait évalué à 30 millions de personnes, à la fin de la dernière décennie, le nombre de russophones vivant hors des frontières russes et déclarant que le russe était leur langue maternelle. Cette évaluation avait semé l'inquiétude dans mainte république de la CEI, car la langue russe y était considérée jusque-là comme un moyen privilégié de l'influence impériale ; du coup, les autorités des républiques ont multiplié les dispositions freinant l'accès à la langue russe ou son usage. L'enseignement, l'administration, les médias, voire l'économie, sont les principaux secteurs d'activité où ces dispositions sont supposées s'appliquer. C'est ainsi qu'en Ukraine où, à la veille de l'indépendance, on comptait plus de 20 000 établissements scolaires enseignant en russe ou enseignant la langue russe, il n'en reste plus que 1 345 ; dans certaines parties de l'Ukraine centrale, le russe a même complètement disparu du système scolaire. En Asie centrale, la situation est encore moins brillante, car le russe y est souvent éliminé au profit du turc et du système d'enseignement turc qui, au Turkménistan, a totalement remplacé le réseau scolaire russe. L'alphabet cyrillique – élément important de rapprochement avec le russe – a été abandonné en Ouzbékistan et au Turkménistan[1]. Dans presque toute l'Asie centrale, on étudie le turc et l'anglais dans des collèges et lycées turcs, dans l'intention de poursuivre ensuite des études dans des universités turques ou occidentales, mais généralement anglophones. En Ukraine et en Moldavie, on constate la même tendance, avec une seule différence : l'enseignement est dispensé dans des établissements orientés vers les États-Unis, le Canada, la Pologne ou la Roumanie.

Conséquence de cette évolution délibérément organisée : dans la plupart des républiques de l'*étranger proche*, les cadres de demain, l'élite en formation, non seulement seront étrangers à la langue et à la culture russes, et penseront la modernisation de leur pays en se référant au modèle occidental (ou turc), mais, en tout, seront étrangers à la Russie. De leur côté, dans toutes les républiques, les Russes ont l'obligation, pour accéder à des emplois qualifiés, d'apprendre les langues nationales ; ils doivent aussi accepter que leurs enfants ne puissent recevoir une éducation dans leur langue maternelle, ce qui risque

1. Les langues de l'Asie centrale ont connu de multiples changements d'alphabet. L'alphabet latin a remplacé l'arabe en 1927, puis a été supprimé au profit du cyrillique en 1939. La décision de latiniser les alphabets a été prise en 1993-1994, mais elle est longue à appliquer, car elle suppose une révolution totale de l'édition et du système éducatif.

d'obérer, à l'avenir, leur rapatriement et leur réinsertion en Russie.

Plus que tout discours antirusse, cette rapide éviction de la langue russe d'un espace où elle jouait jusqu'en 1992 un rôle intégrateur affaiblit considérablement l'influence russe, privée par là de sa dimension culturelle, et humilie les Russes vivant dans la CEI. La disparition d'un espace russophone ou partiellement russophone porte un grave coup à l'influence russe non seulement au sein de la CEI, mais à l'échelle mondiale. Il est significatif que le gouvernement russe prête soudain un vif intérêt à la Charte européenne des langues régionales et s'efforce de convaincre les États de la CEI de la ratifier. À cette fin, il tire argument de la situation qui prévaut désormais dans les régions russophones d'Ukraine dont les habitants ne peuvent user de leur langue maternelle pour s'adresser à un tribunal ou à une administration. Et la perspective de voir le Kazakhstan, république où la minorité russe constitue encore une part importante de la population, adopter des mesures linguistiques réduisant l'usage du russe, a renforcé Moscou dans sa volonté d'utiliser les textes européens pour tenter de maintenir la langue russe dans l'*étranger proche*[1].

Il est cependant fort douteux que la Charte européenne des langues régionales séduise des États qui ont pour ambition de construire leur vie nationale autour de leur langue, et qui, de surcroît, se défient des langues minoritaires, sources possibles de séparatismes dans des régions où les conflits nationaux sont

1. V. Panfilova et J. Erjanova, « Okazahivanie », *Nezavisimaia Gazeta*, 10 septembre 2008.

latents. Cela est vrai pour toute l'Asie centrale, plus encore pour le Caucase, mais aussi pour l'Ukraine et la Moldavie. Il n'empêche : l'idée de mettre en avant la Charte européenne pour rendre à la langue russe une certaine place dans la CEI témoigne de l'inquiétude – fondée, au demeurant – des autorités russes devant les conséquences de l'évolution des vingt dernières années. L'espace post-soviétique se divise désormais en nouvelles zones d'influence, ou encore en zones de proximité culturelle, qui se sont développées au détriment de la russophonie : influence turque en Asie centrale, influence polonaise en Ukraine ; partout, on constate par ailleurs la progression galopante de l'anglophonie. Si l'on ajoute à ce facteur culturel une certaine diminution de la population russe dans la plupart des pays de la russophonie, on mesure aisément la réduction des moyens d'influence dont la Russie pouvait y disposer il y a deux décennies.

En définitive, c'est l'Église orthodoxe qui continue à assurer le mieux, dans l'*étranger proche*, une certaine présence spirituelle et culturelle de la Russie. Le patriarche Kiril II, qui jouit d'une grande autorité auprès des responsables russes, assume de manière croissante le rôle de lien entre l'Église de Russie et les Églises orthodoxes des États à majorité chrétienne : Ukraine, Biélorussie, Moldavie, mais aussi des États musulmans d'Asie centrale et du Caucase où vivent des communautés orthodoxes. Ce rôle revêt parfois la dimension d'une médiation politique. C'est ainsi que le dialogue poursuivi par le patriarche avec le catholicos de Géorgie, Ilia II, a représenté, depuis la guerre d'août 2008, sinon une ébauche de réconciliation, du moins un début de contacts entre les deux pays. À Astana, nouvelle capitale du Kazakhstan, Kiril II est venu en grande pompe, salué par toutes les autorités kazakhes, pour bénir une cathédrale orthodoxe édifiée dans le cadre d'un grandiose programme de construction. Pour la population russe souvent limitée dans l'usage de sa langue, les lieux et les cérémonies du culte orthodoxe sont autant de centres de rassemblement et d'occasions de maintenir des liens avec la Russie. Le président et le Premier ministre russes, tous deux très attachés à l'Église, sont conscients du rôle qu'elle est appelée à jouer auprès des communautés d'une diaspora désorientée de s'être trouvée presque arrachée à ses origines russes. Ce rôle devenu si important de l'Église russe explique probablement les avantages dont elle jouit, notamment la restitution envisagée de ses biens.

Un autre problème, circonstanciel peut-être, lié à la grande crise économique de 2008, mais dont les conséquences ne sauraient être négligées, doit être pris ici en compte : il s'agit de la main-d'œuvre d'Asie centrale, essentiellement du Tadjikistan et du Kirghizstan, qui, ne pouvant trouver de travail sur place, est venue s'employer sur les chantiers de construction en Russie. La crise, mais aussi un certain racisme et maints règlements de comptes (il a fallu rapatrier annuellement jusqu'à près de trois cents corps de Tadjiks) ont entraîné un mouvement en sens inverse : le retour dans leurs républiques respectives de travailleurs expatriés en Russie[1]. Outre les problèmes économiques posés par le rapatriement de migrants dont les transferts financiers représentaient une part non négligeable des revenus familiaux, ces retours

1. R. Oukoulov, « Kriminal'naia migratsiia », *Nezavisimaia Gazeta*, 29 décembre 2008.

quasi forcés ont contribué à susciter, dans certaines républiques d'Asie, un fort climat antirusse. Le brassage humain et culturel sur lequel l'État soviétique s'était largement reposé pour créer une communauté des peuples, sinon tout à fait nouvelle et unifiée, du moins capable de partager un même destin, a subi un net recul depuis 1992. La crise joue certes un rôle dans cette évolution ; mais celle-ci est surtout marquée par la disparition progressive des atouts dont disposait au départ la Russie : des peuples s'exprimant dans une même langue, nationaux et Russes mêlés dans un climat de relative compréhension. Les générations élevées dans ce contexte sont désormais dépassées par une nouvelle génération formée aux réalités de la séparation entre Russes et nationaux. C'est particulièrement vrai de l'Asie centrale où la natalité des nationaux demeure élevée, mais cela l'est tout autant dans le reste de l'espace post-soviétique.

Dans ces conditions, l'*étranger proche* est bien près de devenir un simple espace étranger, et la Russie, pour s'y maintenir, doit donc user des outils plus classiques de la politique extérieure. Sur quoi peut dès lors reposer la prétention à y exercer une influence spéciale, si ce n'est sur l'appel au commun passé impérial, alors même que les peuples de l'espace post-soviétique ont rejeté l'Empire et que la Russie affirme haut et fort avoir renoncé à toute prétention impériale ? Ce n'est pas là la moindre des contradictions que la Russie doit désormais affronter.

CHAPITRE V

Le grand jeu en Asie

Depuis 1992, la politique étrangère de la Russie s'est révélée extraordinairement changeante dans la quête de ses partenaires. Elle se tourna d'abord vers l'Europe au début des années 1990, puis elle accorda entre 2001 et 2003 une importance constante et une attention privilégiée aux États-Unis qui, seuls, pouvaient lui assurer son statut de puissance. Mais, dans le même temps, l'espace post-soviétique mobilisait ses efforts. Alors que c'était la puissance perdue que la Russie tentait partout de recouvrer, chaque tentative de rapprochement avec un pays ou une région, chaque orientation privilégiée débouchait sur des désillusions.

Depuis 1920, l'État soviétique avait existé dans un univers simple, composé d'alliés ou d'adversaires. Jusqu'en 1941, il y fut dans la situation d'un David faisant face au Goliath capitaliste. De 1941 à 1946, la grande alliance antifasciste lui permit de devenir l'allié de ses ennemis, et Staline, qui dirigeait l'URSS, en profita pour étendre son empire. Après 1946, le monde fut coupé en deux par le rideau de fer, mais, dans cette dernière phase, l'URSS, si isolée dans les années 1920 et 1930, se trouva renforcée par un puissant camp socialiste dans lequel elle avait incorporé de force une moitié de l'Europe. La Chine s'y était jointe en 1950, et quelques États du tiers monde avaient suivi le mouvement. Ce fut une période confortable pour l'URSS, devenue chef de file de son camp – y compris après 1960, lorsque la Chine eut contesté son autorité idéologique. L'URSS était le centre d'un bloc d'États « amis » ; de l'autre côté se dressaient des adversaires clairement identifiés.

Cette merveilleuse simplicité de la vie internationale que connut l'État auquel la Russie a succédé (même si elle se dit *continuatrice*, et non *successeur*, de l'URSS) tranche avec la complexité du monde auquel elle appartient depuis 1992. Exception faite de l'OTAN, l'alliance occidentale forgée contre l'URSS, qui a survécu à sa mort et à celle du Pacte de Varsovie, contre-alliance qu'elle avait elle-même suscitée, les relations internationales sont désormais dominées par des intérêts d'État où les notions d'ami et d'ennemi sont aussi instables que précaires. Que la Russie, dont le personnel politique et diplomatique avait été formé par l'URSS et n'avait que peu changé au cours des premières années du post-soviétisme, ait eu quelque peine à s'adapter à ce monde nouveau, on peut aisément le comprendre. La Russie persiste à se chercher des amis dans la vie internationale, et n'y rencontre que des interlocuteurs[1]. Voilà qui contribue

1. L. Shevtsova, *Odinokaia derjava*, Moscou, 2009.

à expliquer la déploration constante des politiques russes face à « un monde extérieur qui n'aime pas la Russie », ou au sein duquel « la Russie n'a pas d'amis… » – réactions bien peu conformes aux habitudes et à l'esprit des relations internationales, où l'on peut certes avoir des alliés, mais guère d'amis. Ce constat désolé va cependant se confirmer au fil du temps : de quelque côté que le pouvoir russe se tourne pour évaluer sa situation, il doit en effet reconnaître que ni les États-Unis, ni les pays européens, ni ceux de l'*étranger proche* avec lesquels il traite, ne sont des États amis.

Autre trait des comportements internationaux de la Russie : sous tendant ses choix, le très vif débat sur son intérêt national et son identité. Durant des siècles, la Russie a été un empire bicontinental (tricontinental, même, jusqu'à la cession de l'Alaska en 1867), multiethnique, multireligieux et multiculturel. Son identité a sans nul doute été marquée par la prise de conscience de cette complexité qui caractérisait l'ensemble impérial. Depuis 1992, le problème de l'identité russe se pose en termes nouveaux et aigus. De l'Empire perdu, de la puissance évanouie, la Russie ne conserve que deux éléments forts. En premier lieu, un continent appartenant à deux mondes dont la confrontation est difficile à comprendre : la Russie réunit toujours, en effet, l'Europe et l'Asie en un seul État et, en dépit de pertes territoriales considérables, elle s'étend toujours du cœur de l'Europe au Pacifique et à l'Orient musulman. En second lieu, une imbrication de peuples représentant les grandes civilisations, les grandes religions : le christianisme, mais aussi l'islam, le judaïsme, le bouddhisme et, ajouterons-nous, car ce n'est pas négligeable, le chamanisme[1]. L'Empire n'existe plus, mais l'État-continent russe, à la croisée de l'Orient et de l'Occident, demeure.

Qu'est cet État-continent, mosaïque de peuples et de civilisations ? La définition de son identité est un problème qui agite ses élites. Elle devrait aider ses politiques à s'orienter au sein d'un monde devenu complexe et à y trouver des lignes de solidarité, à défaut d'alliances.

La Russie entre Europe et Asie ? Le débat eurasien

Auteur d'*Ikon and the Axis*, un des plus pénétrants ouvrages sur l'identité russo-soviétique, James Billington a relevé fort justement que, « pour beaucoup de Russes, l'eurasianisme n'exprime aucun attachement particulier pour l'Asie. Il représente plutôt une forme de protestation contre ce qu'ils perçoivent comme une humiliation par quelque chose qu'ils nomment vaguement l'Ouest[2] ».

Ce jugement rend bien compte de l'évolution d'une partie de l'opinion russe au cours des deux dernières décennies et témoigne d'une perception identitaire changeante et troublée. En 1992, la Russie renaissante s'affirme sans hésiter européenne, comme elle s'est voulue tout au long de son histoire, malgré l'interruption causée par l'invasion mongole de 1214

1. R. Hamayon, *Taïga, Terre des chamanes*, Paris, 1997 ; voir notamment la bibliographie. Les chamanes sont présents en Sibérie et en Asie centrale.

2. J. Billington, *Russia in Search of Itself*, Washington, 2004, p. 73.

à 1552, et même si, réfléchissant dans les années 1990 à l'identité du nouvel État qu'il servait comme ministre adjoint des Affaires étrangères chargé de l'Asie, Grigori Karasine définissait en ces termes nuancés la place de la Russie dans le monde : « Du point de vue de la géographie, nous sommes une puissance eurasienne. Mais, du point de vue de l'histoire, nous avons toujours été tournés vers l'Ouest[1]. »

Le débat qui va s'engager sur ce sujet n'a cependant pas commencé en 1992 ; il a connu, en réalité, un prologue dès le lendemain de la révolution de 1917. D'éminents intellectuels russes s'interrogèrent alors sur la signification de cet événement qui eût dû advenir, selon la théorie marxiste et les attentes des bolcheviks, dans un ou plusieurs pays industrialisés, mais qui, à leur grande surprise, éclata dans une Russie dont la modernisation n'était pas achevée. Cette surprise historique tient-elle à une spécificité russe ? se demandèrent-ils. L'étalement de la Russie sur l'Europe et l'Asie a-t-il quelque chose à voir avec une révolution détournée de l'Europe, que l'on tenait pour son terreau naturel ? Analysant le succès du bolchevisme en Russie, de grandes figures de l'émigration, dont l'historien Georges Vernadski et le prince Nicolas Troubetskoï, passionné de linguistique, crurent y discerner une manifestation du destin et du génie particuliers de la Russie, liés à un passé propre – celui des Scythes, de la civilisation des steppes, de la rencontre de l'Europe et de l'Asie – et à sa géographie. Le géographe Piotr Savitski, émigré lui aussi, alla jusqu'à affirmer que la Russie était en réalité d'Asie : n'occupe-t-elle pas la plus grande partie de l'espace

1. *Rossiiskie vesti*, 19 décembre 1996.

eurasien qui, disait-il, n'est pas divisé entre deux continents, mais constitue en soi un troisième continent, et pas seulement au sens géographique[1] ? C'est ainsi que l'eurasisme naissant, parti d'une réflexion sur le passé tragique lié au legs mongol, conclut à l'existence d'un génie russe.

Mais les slavophiles du XIXe siècle n'avaient-ils pas, sous l'influence du romantisme, pensé de même ? Plus encore que les slavophiles, ce que les « eurasiens » condamnent, c'est l'Europe et la civilisation occidentale. Pour eux, le grand mérite de la révolution russe est d'avoir sauvé la Russie de la tentation européenne qui y prévalait depuis Pierre le Grand. Isolée de l'Europe par la révolution, la Russie pourra ainsi, espèrent ces premiers chantres de l'eurasisme, recouvrer et sa culture et sa vocation. Elle pourra aussi aider les peuples dominés d'Asie et d'Afrique que l'eurasisme, avec les bolcheviks, appella à se soulever et à renouer avec leur propre destin.

Si l'émigration russe dans sa majorité ne fut guère favorable aux idées eurasiennes, qui ne rencontreront en général en Europe qu'indifférence ou ignorance, la réaction des bolcheviks à leur endroit fut plus subtile. Officiellement, l'eurasisme ne reçut aucun écho ni chez eux, ni dans le parti mondial de la révolution (Komintern) ; mais les idées portées par les « eurasiens » vont se retrouver dans l'inflexion que subit alors le marxisme-léninisme.

Un marxisme « oriental » se dessine en effet au congrès de Bakou réuni en septembre 1920 dans la foulée du IIe congrès du Komintern, qui a dû prendre

1. F. Thom, « Eurasisme et néo-eurasisme », *Commentaire*, n° 66, été 1994, p. 303.

acte de la fin de tout espoir révolutionnaire en Europe. À Bakou, des communistes ou des nationalistes de la partie musulmane de la Russie attirés par le communisme reprennent les appels du Tatar Sultan Galiev à une révolution orientale, développement de la révolution russe. Ce serait la vraie voie de la révolution mondiale[1], non pas celle prévue par Marx, certes, mais celle que préfigurait déjà le succès bolchevique d'octobre 1917 ! Le propos des « eurasiens » et le plaidoyer des communistes musulmans de Russie se rejoignent : pour les uns comme pour les autres, le foyer vivant de la révolution, c'est l'Eurasie. Mais c'est en cela aussi que l'on perçoit l'ambiguïté de leur rapprochement : si les « eurasiens » rejettent l'Europe, les communistes orientaux, constatant un assoupissement ou une paralysie du foyer révolutionnaire européen, envisagent – à partir de la puissance de l'Eurasie – la conquête révolutionnaire de l'Europe, donc une réconciliation avec elle.

Oublié dans l'entre-deux-guerres, l'eurasisme réapparaît en Russie dès le début des années 1990. C'est en partie aux travaux de Lev Goumilev, fils de deux immenses poètes persécutés par le régime soviétique, Nikolai Goumilev et Anna Akhmatova, que l'idée eurasienne doit d'être entendue. Historien et ethnologue disparu en 1992, il s'est passionné pour la civilisation des steppes, développant la thèse d'une identité russe façonnée par elle. Mais si Goumilev offre à ses compatriotes une conception essentiellement ethnoculturelle et philosophique de l'eurasisme, ceux qui s'emparent après lui de ce concept vont lui donner un

1. H. Carrère d'Encausse et S. Schram, *Le Marxisme et l'Asie*, Paris, 1956, pp. 227-247.

contenu avant tout idéologique et géopolitique. Pour les « eurasiens » des années 1920 comme pour Goumilev, ce qui modela l'identité russe, ce fut l'apport asiatique à la culture et à la vie des Russes. Les partisans d'un eurasisme politique se réclament avant tout de la Russie, et de la Russie seule : ils sont par définition anti-occidentalistes, mais, en même temps, peu intéressés par le monde oriental. James Billington a fort justement écrit qu'ils glorifient un isolationnisme culturel russe : « Ils [les "eurasiens"] ne cherchent pas à mêler la culture des deux continents, mais ils s'isolent des deux pour protéger la Russie de toute influence corruptrice venue de l'extérieur[1]. »

Les partisans contemporains des théories eurasiennes raisonnent avant tout de manière pragmatique. En abandonnant son empire – l'empire historique, mais aussi le second empire, situé plus à l'ouest (celui conquis en 1945) –, la Russie a été repoussée vers l'est alors que, depuis le XVIIIe siècle, elle avait continûment avancé en direction de l'Europe. Ce recul géographique considérable lui a coûté la puissance et lui a fait perdre sa vocation européenne. Une vue réaliste des faits implique que la Russie y adapte ses ambitions en les fondant désormais sur les données de la géopolitique. Refoulée à partir de l'ouest, la Russie doit tirer profit de son espace et se tourner vers l'immensité asiatique pour y reconstruire sa puissance.

Réfléchissant à la situation internationale dégradée de la Russie, certains responsables politiques se sont ainsi appuyés sur le concept eurasien pour suggérer des orientations nouvelles. Le chef du Parti communiste, Guennadi Ziouganov, son adversaire d'extrême droite,

1. J. Billington, *op. cit.*, p. 71.

Vladimir Jirinovski, ou Alexandre Douguine, leader autoproclamé de l'eurasisme, ont affirmé que l'on pourrait reconstituer la puissance russe (*derjavnost'*) en cherchant des alliés possibles là où la Russie est présente, soit en Asie. Cette conception opportuniste de l'eurasisme ignore le contenu culturel du destin et de l'intérêt national russes. Elle est fondée sur la nostalgie de la puissance perdue et sur une évaluation des forces hostiles à la Russie – l'hégémonisme américain – ou qui pourraient lui être favorables – les États émergents d'Asie, par définition peu enclins à se tourner vers les États-Unis.

Le cas de Guennadi Ziouganov est fort éclairant à cet égard : sa fidélité au marxisme-léninisme, qui s'affirme surtout lors des échéances électorales, s'efface ici au bénéfice d'un nationalisme non dissimulé. Tout son propos se résume à la recherche d'alliances, et il place la Chine au premier plan des alliés souhaitables, même si la nature du système politique chinois tient peu de place dans les préférences exprimées par le chef de file des communistes russes. Son raisonnement se fonde sur le simple constat du rapport de forces dans la région considérée : la Chine est le plus grand et le plus avancé des pays d'Asie continentale, donc celui dont le soutien sera le plus utile à la Russie pour s'opposer aux États-Unis.

La position du Parti libéral démocratique et de son leader, Vladimir Jirinovski, est davantage inspirée des idées, en honneur au XXe siècle, que développèrent le fondateur de la géopolitique allemande, Karl Haushofer, ainsi que l'Anglais Harold MacKinder[1]. Les « eurasiens » ont emprunté aux pères de la géopolitique la vision d'un

1. F. Thom, art. cit., p. 304.

monde divisé entre puissances continentales et maritimes. L'Eurasie – la Russie se confondant avec elle – serait le centre du monde continental face aux grandes puissances maritimes que sont les États-Unis et la Grande-Bretagne. La Russie, c'est le *Heartland*, le pivot ou axe géopolitique de l'histoire, opposé aux puissances océaniques. Entre ces deux mondes, l'Europe et l'Asie constituent le *Rimland* qui, comme son nom l'indique, ceinture l'immense masse eurasiatique.

Comme leurs disciples de la seconde moitié du XXe siècle, les pères de la géopolitique ont développé cette vision en termes de confrontation. Qui domine le monde ? Celui qui tient le *Heartland* ou celui qui, de l'extérieur, le contrôle ? Si les idées de Haushofer ont inspiré jusqu'à un certain point le projet hitlérien – d'où le silence durable qui pèse encore sur lui –, celles de MacKinder, revues par des géopoliticiens américains, ont encouragé la politique du *containment* qui fut au cœur de la guerre froide. Pour lui, la dichotomie continent/océan, c'est-à-dire *Heartland* (Russie-Eurasie)/grandes puissances océaniques (Angleterre hier, États-Unis aujourd'hui), résume toute la confrontation historique pour la domination mondiale. Pour s'imposer, la Russie doit attirer de son côté le *Rimland*, c'est-à-dire avant tout l'Asie, mais aussi bien le monde musulman dont elle fait déjà partie, compte tenu de sa population islamique, et l'Europe dont la pointe avancée dans ce dispositif est l'Allemagne[1].

Les conclusions à tirer de cette situation varient selon les politiques. Jirinovski craint autant la Chine que les États-Unis, et rejette l'idée de chercher à

1. J.-S. Montgredien, *La Russie menace-t-elle l'Occident ?*, Paris, 2009, pp. 94-102.

s'allier avec la première contre les seconds au double motif que le poids humain de la Chine est tel qu'il ne peut que menacer la Russie – c'est l'image sempiternelle du « péril jaune » –, mais aussi que la modernisation rapide de la Chine la tournera obligatoirement, en dernier ressort, vers le monde occidental. Certains partisans de Jirinovski pensent au contraire que l'hostilité à la Chine n'est pas recevable, car la véritable opposition, qui revêt un caractère permanent, est celle qui oppose l'Eurasie aux États-Unis, alliés à l'Angleterre pour des raisons historiques et à la Turquie en tant qu'éternelle rivale de la Russie. Celle-ci doit donc impérativement rechercher l'alliance des grands États d'Asie, Chine d'abord, mais aussi bien l'Inde et le Japon. À cette galaxie du *Heartland*, les avocats de cette thèse ajoutent l'Allemagne, parce qu'elle entraînera avec elle, vers l'est, toute la partie de l'Europe qui la sépare de la Russie et qui, intégrée récemment dans l'Union, se trouve à mi-chemin de la « vieille Europe » et de l'Eurasie. On voit ainsi réapparaître, dans ce courant de pensée, le souvenir ou la nostalgie des configurations géopolitiques qui marquèrent le XXe siècle – l'*espace vital* de Hitler, le pacte Molotov-Ribbentrop, l'*Ostpolitik* de Willy Brandt.

Face aux propositions plutôt pragmatiques de Ziouganov et Jirinovski, Alexandre Douguine se pose en théoricien de l'eurasisme contemporain et en défend une conception aussi provocatrice que peu cohérente[1]. Tout en partant de l'opposition générale-

1. J. Dunlop, « Aleksandr Dugin Neo-Eurasian », *Harvard-Ukrainian Studies*, 1er février 2001, vol. XXXV, pp. 91 sqq. M. Laruelle, *La Quête d'une identité impériale*, Paris, 2007, pp. 125-165.

ment acceptée continent/océan, ou encore de la division des grands pays en deux groupes – Russie, Chine, Europe orientale, Inde et Moyen-Orient d'un côté, États-Unis et Angleterre de l'autre –, Douguine se situe résolument dans le camp antichinois. Hanté par les déséquilibres démographiques entre Russie et Chine, par la pression qu'exerce déjà celle-ci, surpeuplée, sur la Sibérie et l'Extrême-Orient russe, il accorde presque autant d'importance à la lutte contre le péril chinois qu'à celle qu'il faut selon lui mener contre les États-Unis, et multiplie les propositions visant à affaiblir ce qu'il tient pour une « menace mortelle ». La Chine, ajoute-t-il, ne s'intéresse à la Russie que pour disposer d'une alliance temporaire destinée à impressionner les États-Unis et pour s'imposer finalement à eux comme partenaire privilégié. Pour répondre au défi de la Chine, puissance en expansion, il préconise de soutenir les mouvements séparatistes qui la minent, mais qui, sans soutiens extérieurs – l'Occident se gardant bien d'intervenir en leur faveur –, n'ont aucune chance de survivre.

Contre les États-Unis, Douguine assure qu'il est de bien meilleurs alliés que les Chinois : ce sont, à l'est, l'Inde et surtout l'Iran. L'islam n'est-il pas l'allié naturel de la Russie orthodoxe ? Entre les deux religions existent beaucoup de points de convergence, affirme Douguine, tant dans leurs cultures, leur condamnation d'un matérialisme exacerbé, caractéristique de ce siècle, que dans leur opposition fondamentale à l'essentiel des valeurs américaines. Mais la Russie doit aussi rechercher en Europe le soutien de l'Allemagne.

Les partisans de l'eurasisme ont en général raisonné dans la perspective de la confrontation de puissance avec les États-Unis, en accordant peu d'attention aux pays qui pouvaient servir d'exemples ou d'alliés à la Russie. Pourtant, le débat a parfois pris en compte les leçons à tirer de l'expérience des grands pays asiatiques, et d'abord de la Chine qui a su si adroitement combiner la préservation d'un système politique autoritaire et un développement économique étranger à toute l'idéologie communiste. L'idée de s'inspirer du modèle chinois séduit nombre de communistes russes comme Ziouganov, mais aussi le président de l'Union des entrepreneurs, Arkadi Volski, ou encore German Gref, qui fut ministre de l'Économie.

Au-delà des préoccupations économiques, les « eurasiens » s'interrogent sur les problèmes de civilisation : la Russie n'a-t-elle pas la chance de représenter un creuset pour les très nombreuses civilisations existant dans l'espace russe ? C'est une situation presque unique, contraire à celle des sociétés post-impériales d'Europe : sur le sol de celles-ci, la cohabitation des civilisations n'est que le produit de phénomènes migratoires récents ; en Russie, la vie commune de peuples de civilisation et de religion différentes est caractéristique de la longue histoire. En Sibérie, cette cohabitation a commencé dès le XVIe siècle qui vit avancer vers l'est, par vagues rapprochées, marchands, missions et militaires russes. De surcroît, ces civilisations ancrées dans la terre russe trouvent leurs prolongements en Asie et dans le monde musulman. Cette continuité des civilisations par-delà les frontières russes donne un puissant crédit à l'idée défendue par beaucoup de politiques russes, tel Poutine, que la Russie n'est pas seulement d'Eurasie, mais qu'elle est un pays d'islam, de bouddhisme, de judaïsme, etc. Quand Ziouganov affirme avec force qu'il est certes russe, mais qu'il est aussi tatar ou kalmouk, il revendique une pluralité de sentiments nationaux qui sont ceux que l'histoire russe a forgés et mêlés sur un même sol. Douguine en appelle de même aux solidarités religieuses avec les fidèles de toutes les croyances représentées en Russie. On peut certes mettre en doute la sincérité de tels appels qui légitiment en définitive le rôle central de la Russie et son messianisme. L'utilité politique de ces solidarités affichées n'en est pas moins patente.

S'il n'est pas considérable dans le grand public, l'écho de ce débat en Russie affecte pourtant les divers secteurs de la vie politique. Il reçoit, il est vrai, un accueil négatif chez les libéraux, notamment parmi les membres les plus importants de *Iabloko*[1]. Boris Nemtsov a dit maintes fois son inquiétude face aux conséquences d'une telle orientation ; selon lui, en effet, la seule et vraie voie pour la Russie est l'orientation vers l'Ouest[2]. La Russie, répète ainsi celui qui incarne la rupture de 1991, appartient à la civilisation occidentale ; c'est le monde occidental qui est son partenaire naturel, et toute orientation asiatique, quels que soient les buts recherchés, pervertit la nature du pays. Pour Alexei Arbatov, l'identité asiatique de la Russie n'est que pure invention ; la Russie est européenne et toute son évolution à la fin du XXe siècle a été marquée par la volonté de réconciliation avec cette identité portée par sa longue histoire.

Plus nuancé, Vladimir Loukine défend l'identité européenne de la Russie, mais demande que la spéci-

1. Parti libéral né au début des années 1990. Son responsable le plus connu est alors Grigori Iavlinski, l'un des auteurs du programme des 500 jours.

2. Cité par P. Rangsimaporn, *Russia as an Aspiring Great Power in East Asia*, Palgrave, MacMillan, 2009, p. 57.

ficité russe ne soit pas oubliée, car la Russie, dit-il, ne doit pas cesser d'être elle-même[1]. C'est donc à un délicat équilibre qu'il en appelle, entre la préservation de la nature profonde de la Russie et son retour dans une Europe dont elle fait partie. Un même équilibre doit être recherché, ajoute-t-il, dans les orientations extérieures. Certes, la Chine est pour l'heure une alliée dont la Russie a grand besoin, mais les relations avec Pékin sont trop importantes pour servir uniquement à contrer la puissance américaine. La Chine est tout à la fois nécessaire à la Russie et, à terme, menaçante pour elle, compte tenu de la disproportion entre les deux États.

Où situer le point d'équilibre entre ces diverses contraintes ? À cette équation qu'il pose avec une grande lucidité, Loukine n'apporte pas de réponse. Mais pouvait-il en trouver une pour le temps présent ?

Le dilemme, c'est peut-être Dimitri Trenin qui est le plus près de le résoudre. Dans une étude publiée sous un titre saisissant : « La fin de l'Eurasie – la Russie à la frontière entre géopolitique et globalisation[2] », il affirme clairement que le temps de l'Eurasie n'est plus celui de la Russie contemporaine. L'Empire et l'État soviétiques revêtaient certes une dimension eurasienne. Mais la Russie post-soviétique est par nature européenne, et par sa politique elle est *un pays d'Europe en Asie*. Si elle cherche à définir non son identité, mais une vocation géopolitique, elle peut se dire *nouvel Occident*, intégrant toutes les valeurs du

1. V. Lukin, *Bear Watches the Dragon*, Londres, 2003, p. 243.
2. D. Trenin, *The End of Eurasia : Russia on the Boarder between Geopolitics and Globalization*, Moscou, 2001, p. 336.

monde occidental sans s'incorporer pour autant à ses diverses institutions ; ou encore elle peut décider d'être une puissance *euro-pacifique* en forgeant des relations fortes avec des puissances asiatiques, les États-Unis et le Japon. Mais la Russie n'a pas vocation à servir de pont entre l'Ouest et l'Asie, ni à être le terrain de leurs rivalités.

Pour résumer ces thèses qui rejettent l'idée d'eurasisme, la Russie est un grand pays européen que la géographie a situé *aussi* en Asie et à qui son intérêt de puissance commande d'élargir ses positions en Asie. Mais la confusion, chère aux défenseurs de l'eurasisme, entre identité, civilisation et intérêt national est inacceptable. En définitive, dans ce débat contemporain sur l'eurasisme, étranger aussi bien aux inventeurs de l'idée qu'à Lev Goumilev, c'est la volonté de rétablir la puissance (*derjavnost'*) et la réflexion sur les moyens d'y parvenir qui sous-tendent toutes les opinions exprimées, qu'elles se réclament de l'eurasisme – fût-ce le plus militant, comme celui d'Alexandre Douguine – ou de son rejet.

Dans quelle mesure ce débat aura-t-il inspiré la politique étrangère de Vladimir Poutine ? On a déjà vu qu'une inflexion asiatique de la politique étrangère russe avait marqué les années Eltsine et était même apparue à l'époque de Gorbatchev. Et combien grande avait été, dans les « moments » asiatiques des choix russes de la fin du XXe siècle, l'influence d'Evgeni Primakov, dont la réflexion portait néanmoins sur la géopolitique proprement dite, la géographie de la puissance et la multipolarité, plutôt que sur l'eurasisme. Vladimir Poutine accéda au pouvoir dans ce climat de réflexions et de tentations asiatiques, et il n'est pas étonnant que, dès 2000, on trouve sous sa signature ces lignes : « La Russie s'est toujours vue comme un pays eurasiatique. Nous n'avons jamais oublié qu'une grand part du territoire russe est située en Asie. Mais nous n'avons pas mis cet avantage à profit. Je pense que le moment est venu pour nous et pour les pays d'Asie-Pacifique de passer des paroles aux actes[1]. »

Poutine ne fait là que reprendre la définition de la Russie inscrite en toutes lettres dans la « conception de la sécurité nationale de la Fédération russe », élaborée en 1997 : « puissance euro-asiatique dont la politique étrangère est déterminée par sa situation stratégique unique sur le continent eurasiatique ». Mais, dans les années marquées par la fin de la transition eltsinienne et la naissance d'un pouvoir plus sûr de lui, la volonté d'équilibre entre l'Est et l'Ouest va être constamment soulignée. Certes, le statut eurasiatique de la Russie sera réaffirmé, mais accompagné d'un complément en forme d'impératif : ne jamais tourner le dos à l'option occidentale. En 1996, évoquant la possibilité d'une orientation asiatique, Primakov avait dit qu'elle permettrait de ne pas « mettre tous ses œufs dans le même panier, le panier occidental ». À partir de la fin du siècle, la formule de Primakov va être inversée : le ministère des Affaires étrangères plaidera pour une politique multivectorielle qui n'abandonne pas le vecteur occidental pour ne retenir que l'asiatique.

Vladimir Poutine va combiner habilement les diverses positions selon les lieux ou les moments.

---

1. « Rossiia novye vostotchnye perspectivy » *Nezavisimaia Gazeta*, 14 novembre 2000, et cité par A. de Tinguy, (dir.), *op. cit.*, p. 169.

Quelques mois avant sa profession de foi « asiatique » citée plus haut, il déclare au sommet Russie-Union européenne (mai 2000) : « La Russie est et sera toujours un pays européen de par sa géographie, sa culture, sa volonté d'intégration économique[1]. » Quelques mois plus tard, s'exprimant devant des diplomates russes, il prône l'équilibre et la priorité accordée à l'intérêt national russe : « Un pays qui a notre position géopolitique a des intérêts nationaux partout ; et, par conséquent, sa politique ne peut avoir une inflexion occidentale ni orientale. » Et le ministre des Affaires étrangères, Igor Ivanov, confirme : « Les dimensions euro-asiatique et asiatico-pacifique de la Russie sont pour elle un atout[2]. » Ivanov ne fait-il pas alors écho à Poutine, qui a précédemment décrit la Russie comme un « État tout à la fois européen et asiatique » ?

Tous ces propos que Poutine adapte visiblement aux publics auxquels ils sont destinés sont antérieurs au 11 septembre 2001, et surtout à la rupture de 2003-2004. Leur caractéristique commune est qu'ils s'inscrivent dans une perspective d'intérêt national, de quête de puissance, et sont clairement inspirés par la volonté de démontrer au monde extérieur – avant tout les États-Unis – que la Russie dispose d'atouts spécifiques qui lui permettent d'infléchir sa politique étrangère dans diverses directions.

Mais, à bien considérer la ligne suivie dans ce premier temps, on constate qu'elle est marquée par un

1. Cité par P. Rangsimaporn, *Russia as an Aspiring Great Power…*, *op. cit.*, p. 48.

2. I. Ivanov, *The New Russian Diplomacy*, Washington, 2002, pp. 47 sqq.

certain retard à mettre en pratique une vraie politique multipolaire. Ce retard est sans doute dû à une vision lucide de l'impuissance russe à défier les États-Unis. Vladimir Poutine est conscient qu'il faut d'abord reconstruire l'État, redresser l'économie, rétablir l'ordre aux confins et disposer d'une force armée fiable. Il n'est guère possible d'imaginer une politique étrangère audacieuse avant d'avoir réglé ces problèmes urgents : Poutine le sait, et ses conseillers prudents et compétents, tels Sergueï Karaganov, président du Conseil de politique étrangère et de défense, ou encore l'expert Sergueï Kortunov, le répètent inlassablement.

Ces mises en garde rendent compte du comportement réservé de Poutine à ses débuts par rapport à ses propres prises de position parfois quelque peu radicales. Il se garde bien alors d'une interprétation brutale de la multipolarité et des perspectives qu'elle peut offrir. L'attitude de coopération adoptée à l'égard des États-Unis en 2001 n'a pas mis fin au débat sur la nécessité ou la possibilité d'une réorientation asiatique de la politique russe ; elle n'a pas non plus écarté ses partisans, tel Primakov, de l'entourage proche de Poutine. La carte asiatique a été simplement mise de côté, et l'option chinoise est restée ouverte. Le basculement va commencer dès 2003.

Le partenariat stratégique avec la Chine

Bobo Lo, qui est peut-être le meilleur connaisseur au monde des relations sino-russes, a suggéré, au terme de la longue étude qu'il leur a consacrée : « Le partenariat stratégique entre ces deux pays est un complexe d'ambivalence et d'ambiguïtés où la réalité est très peu conforme aux apparences[1]. » Ou encore, écrit-il, ce partenariat est un arrangement opportuniste, un *axe de commodités*, et, dirions-nous, une alliance ou un mariage de raison. Ce jugement, fort éloigné de ce que nous voyons de la relation russo-chinoise telle qu'elle s'est développée au cours des dernières années, mérite pourtant de servir de toile de fond à l'examen des faits.

En 2000, Vladimir Poutine peut dresser le constat d'un rapprochement continu avec la Chine dont le mérite premier est d'avoir mis en veilleuse le lourd contentieux historique qui, des traités inégaux[2] à la bruyante querelle sino-soviétique, a durablement opposé Moscou et Pékin. Le partenariat stratégique élaboré en 1996 a été à l'origine d'un réel progrès, suggérant que la méfiance, voire la peur qui ont toujours présidé aux relations entre les deux pays n'ont peut-être pas disparu, mais se sont atténuées. Pour la sensibilité collective russe, la conscience d'un danger venu de l'Est – qui, dès le XIXe siècle, est nommé *péril jaune* – est difficile à dépasser, d'autant plus qu'à la fin du XXe siècle la société est pour la première fois bien informée de la menace de dépopulation qui la guette, et qu'elle assiste dans le même temps à l'extraordinaire expansion de la population chinoise. Cette opposition entre les deux pays et entre leurs moyens humains n'a cependant pas empêché les responsables russes – de Gorbatchev à Poutine – de s'engager dans

1. B. Lo, *Axis of Convenience*, Londres, 2008, pp. 3 et 194.
2. Les traités inégaux désignent les concessions commerciales et diplomatiques arrachées par les Occidentaux à la Chine au XIXe siècle. Dans le cas russe, il s'agit avant tout des territoires de la région de l'Amour et de l'Oussourie.

un jeu chinois dont l'objectif affiché a été de conclure un partenariat stratégique. Pour tous les responsables russes, il fallait s'adapter à un monde précis, mais aussi à la fluidité de l'environnement international qui en modifiait les données.

En 2000, Poutine reprend à son compte le projet, cher à Boris Eltsine, de mettre sur pied un trio Russie-États-Unis-Chine. Ce trio, où la Russie ne se présenterait pas seule face aux États-Unis, mais forte de son alliance avec la Chine, lui donnerait les moyens d'équilibrer la puissance américaine et, au bout du compte, de contraindre Washington à la reconnaître comme puissance globale. Autre avantage que la Russie espérait ainsi tirer de son statut spécifique d'État eurasiatique : la reconnaissance de son rôle de pont entre l'Occident et l'Orient, au premier chef entre les États-Unis et la Chine.

Ainsi, dans la conception russe qui prévaut au début du XXIe siècle, le partenariat stratégique avec la Chine a-t-il pour fonction de créer une nouvelle donne internationale où les États-Unis, au lieu de dialoguer avec une Russie alors en état d'infériorité, participeraient à un triangle égalisant le poids des deux pays. Cette version initiale du partenariat stratégique visait avant tout un objectif : obtenir de Washington la reconnaissance du statut de grande puissance. Dans cette manœuvre, la Chine n'était pas l'alternative à la relation avec les États-Unis, mais un simple contrepoids destiné à modifier l'équilibre de la relation russo-américaine.

Pour y parvenir, les politiques russes ont fait silence sur les différences démographiques entre les deux pays et sur les conséquences territoriales qui pourraient en résulter dans l'Extrême-Orient russe, voire en Sibérie.

Au demeurant, ce partenariat qui a voulu ignorer les contentieux passés et les problèmes à venir présentait aussi des aspects rassurants. N'était-ce pas également un moyen de contenir les ambitions d'une Chine dont la puissance économique et politique croissante constituait un défi pour une Russie en proie aux difficultés durables de la transition ? N'était-ce pas encore un moyen de contenir ou contrôler les projets d'expansion prêtés à la Chine dans l'Extrême-Orient russe ? En définitive, l'idylle russo-chinoise combinerait une utilisation de la carte chinoise face aux États-Unis et une neutralisation des ambitions chinoises.

Mais un tel projet tenait bien peu compte des vues chinoises. Tout d'abord, s'agissant des avantages du triangle Washington-Moscou-Pékin, les Chinois étaient parfaitement conscients des faiblesses de la Russie – intérieures et en termes de puissance internationale. Forte de sa croissance économique et d'une population écrasante, la Chine n'a guère besoin d'un troisième larron pour s'imposer face aux États-Unis. Et, de toute manière, la Russie n'est pas le seul partenaire dont dispose Pékin pour mener un tel jeu : en Afrique, en Asie, en Amérique latine, les candidats à un partenariat se pressent autour de la Chine, attirés par sa puissance montante. Certes, le voisin russe peut contribuer à la sécurité chinoise dans les zones où Pékin se sent menacé – au Sin-Kiang musulman, surtout –, et cela constitue un argument certain en faveur d'un partenariat avec la Russie. Mais ce qui caractérise en définitive le partenariat russo-chinois, c'est qu'il est plus important pour Moscou que pour Pékin, et que, dans cette recherche d'appuis, la Chine a plus de partenaires éventuels à sa disposition que la Russie.

On retrouve là encore les deux traits qui caractérisent la politique extérieure russe partout ailleurs : d'une part, l'obsession américaine, c'est-à-dire la volonté d'affirmer face aux États-Unis la puissance et le statut d'égale de la Russie ; d'autre part, le fait que Moscou n'a nulle part de véritables alliés, ce qui est vrai en Europe, mais aussi dans l'*étranger proche*.

À peine élu, Vladimir Poutine se rend à Pékin. Ce voyage, qui a lieu du 17 au 20 juillet 2000, souligne l'importance qu'il accorde à la relation avec la Chine. Et un article paru sous sa signature trois mois plus tard[1] insiste sur les intérêts russes en Asie. Le traité d'amitié, de bon voisinage et de coopération conclu le 16 juillet 2001 affirme que l'égalité et la confiance mutuelle président à l'accord, que les contractants renoncent aux revendications territoriales, s'engagent à la non-ingérence dans les affaires de l'autre, et que ce traité n'est dirigé contre aucun État tiers. Au-delà de ces grands principes, la suite des articles ne précise cependant pas vraiment les objectifs du partenariat.

À peine l'encre de ce texte est-elle sèche que la Chine peut prendre la mesure de sa place réelle dans la stratégie russe. Le 11 Septembre offre à Vladimir Poutine, on l'a vu, l'occasion d'opérer un véritable renversement d'alliances : les États-Unis deviennent alors des alliés prioritaires. Pékin n'est pas consulté sur ce retournement, ni surtout sur une de ses conséquences : l'ouverture de bases d'Asie centrale aux États-Unis. Or, sur ce point, la décision de Poutine heurte les intérêts de la Chine, État mitoyen de l'Asie

---

1. Quelques années plus tard, il tient le même propos : conférence de presse annuelle, 14 février 2008, in *President rossii ofitlsialn'yi sait.*

centrale, donc concerné au premier chef. En effet, Pékin s'inquiète des rapports entre l'Asie centrale et ses propres musulmans séparatistes, de longue date soutenus par les États-Unis. Sans doute le traité ne contenait-il pas d'engagement de consultations réciproques pour la prise de décisions internationales. Mais la désinvolture russe a, dans ce cas, de quoi surprendre Pékin.

Cette désinvolture se confirmera quelques mois plus tard avec la réaction russe au retrait américain du traité ABM. L'article 8 du traité russo-chinois de 2001 posait que le traité ABM « était la pierre angulaire de la stabilité stratégique et la base pour la réduction des armes offensives ». Or, sans plus se soucier de son partenaire chinois, cosignataire du traité, Vladimir Poutine se contente de déplorer une décision américaine « erronée », et s'engage sans plus attendre dans la négociation du traité SORT, qui sera signé le 24 mai 2002. Ainsi, depuis le 11 septembre 2001, Pékin n'aura pas manqué d'occasions de se convaincre que l'orientation à l'Ouest de la Russie est une constante, alors que son « choix oriental » était fondé sur l'opportunité et déterminé par les variations du contexte international.

Mais c'est précisément le contexte international, c'est-à-dire une quasi-*guerre froide* renaissant dès 2003, qui va ranimer, cette fois plus durablement, l'engagement russe en Asie. Entre 2001 et 2003, Poutine a pu constater que la Russie, en dépit de l'intérêt commun dans la lutte antiterroriste, n'était pas et ne serait probablement pas, pour les États-Unis, un allié ou un partenaire de poids ; et que les concessions faites à Washington à titre temporaire, dans l'esprit de Moscou, telle l'ouverture de bases en Asie centrale, étaient tenues pour définitives et avaient entraîné aussitôt une véritable politique d'investissement américain de cette région que Moscou espérait se voir reconnaître comme zone d'influence. Résultat premier de l'aide apportée par Poutine aux États-Unis : ceux-ci sont devenus des acteurs de poids, voire de contrepoids, dans cette partie de l'*étranger proche* où la Russie dominait encore.

En septembre 2001, la Chine a été presque éliminée du triangle russo-américano-chinois ; deux ans plus tard, elle impose à Moscou de lui rendre la place alors perdue. Le tournant de 2003-2004 contraint en effet Moscou à une réévaluation générale de sa politique asiatique. Le président de la Commission des Affaires étrangères de la Fédération, Mikhaïl Margelov, a fort justement souligné que la relation triangulaire Moscou-Washington-Pékin était au cœur de la compétition internationale, et que les rapports sino-russes en étaient l'élément décisif[1]. Evgeni Primakov, qui reste un influent conseiller de Vladimir Poutine, ne dit pas autre chose, et la nouvelle stratégie russe intègre leurs raisonnements. L'ordre multipolaire, insistent-ils, est le véritable cadre de la vie internationale, et les oppositions européennes à la guerre d'Irak en témoignent tout autant que la constante progression de la Chine. L'objectif prioritaire pour la Russie est dès lors de rassurer Pékin, de lui confirmer la solidité de leur partenariat après ses désillusions récentes.

Du coup, le règlement des problèmes pendants s'accélère. En 2004, à l'issue d'une nouvelle visite

1. M. Margelov, « Russian-Chinese Relations at their Peak ? », *International Affairs*, n° 6, 2003, p. 83.

de Poutine à Pékin, les dernières difficultés frontalières sont résolues par la délimitation de la partie orientale. En juin 2005, les accords reconnaissant les 4 300 kilomètres de frontières communes sont ratifiés, à la satisfaction de Pékin. Les contentieux frontaliers n'existent plus.

Sans doute une question reste-t-elle ouverte, propre à nourrir les inquiétudes russes en Extrême-Orient. Elle mérite que l'on s'y arrête un instant, car elle est révélatrice du déséquilibre humain et économique qui s'accroît de part et d'autre de la frontière séparant les deux pays[1].

Pour la Russie, l'Extrême-Orient est tout à la fois un symbole et un casse-tête permanent. Le symbole est celui de la frontière asiatique de la Russie, consécration de son identité ambivalente. C'est aussi celui de sa puissance stratégique et maritime. Après la perte de Sébastopol[2], il ne reste à la Russie que Vladivostok pour rappeler la continuité de l'Empire et ses conquêtes. Mais le casse-tête est avant tout celui de la population, que l'État russe ne peut retenir dans cette région stratégique. Peuplé, au temps de l'URSS, grâce à un certain esprit pionnier, mais surtout par une politique de déplacements forcés des hommes, c'est-à-dire de déportation, l'Extrême-Orient s'est vidé en 1992 de ses habitants, pressés de rejoindre des régions où naissait une nouvelle vie économique plus aisée.

1. A. Lukin (éd.), « Demografitcheskaia situatsiia i migratsionnaia politika na rossiiskom dal'nem vostoke », *Analititcheskie doklady Mgimo*, n° 2, 2005.

2. Comme toute la Crimée, transférée à l'Ukraine par Khouchtchev, Sébastopol se situe, depuis le 7 décembre 1991, dans l'État ukrainien.

La Russie d'Europe a toujours exercé un grand attrait sur les habitants de l'Extrême-Orient, déportés ou travailleurs payés chichement, dépourvus des commodités d'existence les plus élémentaires. Dans la situation anarchique de la transition, où la région a été complètement négligée, cet attrait a provoqué un gigantesque exode vers l'ouest. La population de l'Extrême-Orient est tombée en peu d'années de 8 à 6 millions d'habitants à peine, face aux provinces chinoises du Nord-Est peuplées de plus de 100 millions d'habitants. Dès lors, comment ne pas imaginer que ce vide appelle des Chinois en mal de terres et de travail ? La crainte d'une invasion de la région par les voisins chinois a alors pris corps, effrayant les obstinés qui n'étaient pas encore partis et faisant circuler dans toute la Russie la rumeur d'une irrépressible progression chinoise.

Les chiffres les plus extrêmes ont été avancés, véhiculés par les médias et par les milieux nationalistes, mais parfois aussi libéraux, liant dans leurs discours le partenariat russo-chinois et les ambitions chinoises sur une région dont le pouvoir ne pouvait en effet assurer la survie dans des conditions normales. Il est certain que les commerçants chinois ont été prompts à profiter de la possibilité d'entrer sur le territoire russe, où les attiraient les demandes pressantes d'habitants manquant des biens de consommation les plus élémentaires. L'exode des travailleurs a également créé un appel à une main-d'œuvre de migrants – le problème est aigu non seulement en Extrême-Orient, mais aussi en Sibérie.

En réalité, la Russie ayant alors pratiquement renoncé au contrôle de la frontière séparant cette région des provinces du nord-est de la Chine, la circulation des personnes dans cette direction a été difficilement chiffrable. Comment, dans les statistiques, distinguer les touristes – et il y en a eu – de ceux qui aspiraient à s'installer, mais sur lesquels on a fantasmé à l'excès ? De 5 à 20 millions de Chinois présents en Russie au début des années 2000, selon les chiffres avancés alors, on est descendu à quelques centaines de milliers, et au constat que la part d'entre eux qui résidait en permanence en Extrême-Orient avait baissé au profit d'une véritable population de frontaliers chinois. Quels que soient les chiffres retenus, ce qu'il importe d'observer, c'est qu'un climat d'hostilité, voire de peur, s'est développé envers les Chinois chez les Russes d'Extrême-Orient, qui a été largement utilisé dans le débat russe sur les orientations de politique étrangère.

« L'alliance avec Pékin prépare la perte de notre Extrême-Orient[1] », clame avec force le député Vladimir Rogozine, fondateur du Congrès des communautés russes – l'appellation choisie pour cette instance étant révélatrice de l'orientation nationaliste de l'intéressé. Les griefs que développe Rogozine ne portent pas seulement sur le peuplement chinois, mais aussi sur le coût économique de ce qu'il nomme l'« invasion ». Les échanges dans la région sont en effet déséquilibrés par leur nature et par les bénéfices qu'ils apportent à chacune des parties. Les importations chinoises sont composées de biens de consommation de piètre qualité, ce qui dénote l'intérêt limité accordé par la Chine aux Russes d'Extrême-Orient. En revanche, les exportations de cette région sont constituées de bois et de métaux non ferreux. Comme partout ailleurs, la struc-

1. Cité par B. Lo, *Axis of Convenience*, *op. cit.*, p. 59.

ture du commerce extérieur russe en Extrême-Orient est révélatrice d'une situation anormale, la Russie étant là encore exclusivement fournisseuse de matières premières en échange de produits manufacturés. La balance financière de ces échanges est de surcroît défavorable à la Russie, ce qui accroît l'impopularité chinoise dans la région.

Si l'on ajoute à cela qu'une grande part des échanges s'opère en dehors de toute règle et de tout cadre légal, que l'Extrême-Orient est affecté par une importante criminalité imputée par ses habitants à la présence chinoise, on peut en conclure que cette région est, du moins jusqu'à présent, un facteur de troubles dans le partenariat stratégique russo-chinois.

Le caractère déséquilibré des relations économiques avec Pékin a été dénoncé à maintes reprises par Vladimir Poutine, qui a constaté que, loin de se redresser avec le temps, le statut de la Russie comme partenaire économique négligeable, limité aux transferts de matières premières, n'a fait que se confirmer. Seule la coopération militaire russo-chinoise, point fort du partenariat, est satisfaisante à cet égard. En 2005, les manœuvres de *Mission de Paix* ont réuni des militaires des deux pays – 2 000 Chinois et 1 800 Russes – dans la péninsule de Shandong. Deux ans plus tard, la Russie a proposé que ces manœuvres conjointes soient effectuées dans le cadre du groupe de Shanghai et du traité de sécurité collective de la CEI. L'opposition chinoise à cet élargissement, au motif qu'aucun texte ne le prévoit, a maintenu les manœuvres dans leur format initial. Mais, en dépit de ces frictions, les manœuvres communes portent témoignage d'un réel progrès dans les rapports du tandem.

Sans doute la Russie est-elle pour Pékin, plus qu'un acteur économique, un partenaire politique régional susceptible de l'aider à résoudre certaines difficultés politiques. L'une concerne l'espace intérieur chinois et les revendications séparatistes des Ouïgours et des Tibétains, qui mobilisent l'attention internationale (surtout les seconds). Sur cette question, la Russie est fort à l'aise pour répondre aux appels de la Chine, car, comme elle, elle est opposée aux séparatismes dont la menace pèse aussi sur son territoire[1]. Elle apporte donc sans hésiter son soutien à son partenaire, s'opposant là-dessus aux positions adoptées par la communauté internationale. Elle l'a montré lors des Jeux Olympiques de 2008, quand l'ombre de la répression au Tibet planait sur eux. Pour Pékin, la Russie – c'est là l'un des termes implicites du contrat passé depuis 2001 – doit l'aider à stabiliser la situation dans les régions où s'expriment des revendications séparatistes.

Par ailleurs, la Chine est préoccupée par l'avenir de Taiwan et, sur ce point-là, Moscou est beaucoup moins à l'aise que lorsqu'il est question des régions irrédentes. Le projet chinois de réunir à terme Taiwan au continent l'inquiète. Même si la Chine n'envisage pas un coup de force militaire contre l'île, les pressions excessives qu'elle exercerait pourraient aussi entraîner une réaction américaine. Dans une telle hypothèse, la Chine compte certes sur le soutien, à tout le moins sur une neutralité positive, de la Russie. Pour Moscou, cependant, l'idée d'une réunification, même éloignée dans le temps, soulève de sérieuses

1. « La convergence des vues russes et chinoises est inscrite dans le slogan : combattre les "trois fléaux", terrorisme, séparatisme et extrémisme. » B. Lo, *op. cit.*, p. 92.

interrogations. Une Chine réunifiée serait, plus encore qu'auparavant, une puissance dont le poids politique excéderait le sien dans la région. Nombre d'experts russes soutiennent que, si elle réalise un jour cette unité, la Chine sera tout naturellement tentée d'absorber l'Extrême-Orient russe. Son poids futur, ses ambitions territoriales et, dans l'hypothèse de la réunification avec Taiwan, le fait que rien (passé la crise qu'elle aura provoquée) ne l'opposera plus aux États-Unis, tout contribue à inquiéter la Russie. Partenaire aujourd'hui, l'État chinois ne deviendra-t-il pas demain un redoutable concurrent ?

Malgré les difficultés présentes et les inquiétudes pour l'avenir, un élément nouveau vient cependant favoriser la relation russo-chinoise : le développement de la coopération, dans le cadre de l'Asie centrale, au sein du groupe de Shanghai. On découvre là que le partenariat peut aussi se révéler très prometteur.

Le groupe de Shanghai : alliance à géométrie variable ou OTAN d'Asie ?

L'opinion occidentale n'a prêté jusqu'à présent qu'une attention médiocre au groupe de Shanghai, qu'elle considère volontiers comme une réunion précaire d'intérêts locaux. Pourtant, l'arrière-plan de ce projet et les progrès accomplis par l'organisation en moins de quinze ans d'existence méritent d'être pris au sérieux. Même s'il ne modifie pas vraiment les grands équilibres de la région, le groupe de Shanghai recouvre bien des relations entre États, et d'abord entre Russie et Chine, et il confère à l'Asie centrale une place éminente dans les conceptions géopolitiques des deux pays.

C'est l'Asie centrale, en effet, qui est au cœur de cette alliance d'un type nouveau, compte tenu de ce qu'elle représente pour Moscou et pour Pékin. Pour Moscou, c'est une partie essentielle de l'*étranger proche*. L'importance toute particulière de la région tient d'abord à sa situation géostratégique au contact des grands États musulmans auxquels la Russie a toujours prêté une attention considérable : Turquie, Iran, Afghanistan. Mais cette région doit aussi l'intérêt qu'on lui accorde désormais aux ressources énergétiques de la Caspienne, devenues en peu d'années un enjeu pour la plupart des États demandeurs en énergie – Chine et Europe avant tout. Des raisons géographiques liées au transit de l'énergie – qui ressuscite d'une certaine manière la route de la Soie – contribuent également à faire de cette partie du monde un pôle d'attraction internationale. La pénétration américaine en Asie centrale après le 11 septembre 2001 a enfin ajouté à l'attachement traditionnel de la Russie pour cette région, car elle y voit une menace directe pour ses intérêts, et une mise en cause de la légitimité de son influence.

Comment y justifier les ambitions russes ? Pour Moscou, l'Asie centrale s'inscrit sinon dans une zone d'influence, du moins dans une zone d'intérêt géostratégique prioritaire. Vingt ans plus tôt, la région appartenait à la sphère soviétique et la Russie de 1992 semblait y hériter d'une situation hégémonique. Pourtant, tout a très vite changé. L'intérêt subit des Américains pour l'Asie centrale y a éveillé, par réaction, l'intérêt de Pékin. Or, par le passé, malgré les désaccords idéologiques soviéto-chinois, Pékin s'était toujours abstenu d'y mettre en cause la place et le rôle privilégiés de la Russie. Mais l'ouverture de la région aux États-Unis par Vladimir Poutine, aux termes d'une décision unilatérale qui trahissait l'accord russo-chinois, a eu deux conséquences aux yeux des dirigeants de Pékin. Cette décision modifiait l'équilibre existant et donc, éventuellement, la stabilité de la région. Elle ouvrait l'Asie centrale à d'autres influences que celle de la Russie, longtemps acceptée par Pékin. Ce que les États-Unis ont obtenu, la Chine entendait donc l'obtenir. Après le 11 septembre 2001, alors que Moscou cherche avant tout à privilégier sa relation avec Washington, Pékin dit se préoccuper du *statu quo* régional. Dès lors que l'entente définie par le partenariat stratégique russo-chinois n'est plus au premier plan, la Chine peut avoir en Asie centrale sa propre politique.

Lorsque, en 2003-2004, les relations russo-américaines se seront dégradées, la situation stratégique de l'Asie centrale ne reviendra pas à l'état antérieur. Trois grands États – Russie, Chine, États-Unis – y sont installés, attachés à la défense de leurs positions acquises. La réaction russe à cette évolution est remarquable de pragmatisme, alors qu'en général Moscou fait preuve de bien plus de rigidité. Loin de se crisper sur une revendication hégémonique et de mettre en cause la présence des Américains et des Chinois, qui est pour eux un fait acquis, Moscou cherche à se ménager, dans les interstices de ce qui est devenu une véritable compétition, un certain degré de contrôle sur les États de la région, contrôle léger fondé sur les méthodes du *soft power*[1]. L'accent mis de façon croissante sur des instances multilatérales, dont l'avantage est de noyer dans un ensemble l'autorité propre que Moscou s'évertue à récupérer, est une constante de la politique engagée par Vladimir Poutine après 2003.

1. Cf. note 1 p. 133.

L'*Espace économique unifié*[1], projet ambitieux que la participation souhaitée de l'Ukraine a considérablement compliqué, est une des variantes de cette restauration de l'autorité russe. Sans doute le projet a-t-il traîné à cause de Kiev. Mais sa mise en œuvre, au début de l'année 2010, aux termes de l'accord signé à Minsk le 27 novembre 2009, lors du sommet de l'Union économique eurasienne (Evrazec), doit prendre la forme d'une union douanière regroupant Russie, Biélorussie et Kazakhstan. Le président Medvedev, signataire de l'accord, a tenu à en définir l'ambition. C'est une étape sur la voie de l'Espace économique unifié qui devrait voir le jour en 2012 et, a-t-il précisé : « Vous savez comment est née l'Union européenne ? En combien de temps l'Union intégrée, qui n'était au départ qu'une union autour du charbon et de l'acier, s'est constituée ?... Nous allons dans la même direction, à un rythme convenable[2]. » Le propos indique bien la direction suivie : le modèle, c'est l'intégration européenne, ce dont témoigne, au chapitre des mesures adoptées pour compléter l'espace douanier, la création d'un Fonds commun de crise.

L'Organisation du traité de sécurité collective, dont font partie quatre États d'Asie centrale, participe aussi de cette logique de rassemblement autour de la Russie dans un cadre communautaire, ce qui dissimule quelque peu le rôle pivot joué par Moscou.

Mais la Chine est étrangère à ces deux instances qui ne sont pas spécifiquement d'Asie, alors que le groupe

---

1. V. Panfilova, « Podpisali na troih », *Nezavisimaia Gazeta*, 21 décembre 2009.

2. *Ibid.*

de Shanghai, lui, est une institution asiatique dont Moscou et Pékin sont les moteurs, et c'est ce qui lui confère une place toute particulière dans la nouvelle dynamique des rapports russo-chinois.

L'organisation de Shanghai est à tous égards une création inédite, d'un « nouveau type », comme le répètent à l'envi responsables et experts russes. Elle est née à Shanghai, en 1996, de l'accord sur un projet de sécurité régionale entre cinq États : Russie, Chine, Kazakhstan, Tadjikistan, Kirghizstan. À l'origine, il s'agit d'assurer la sécurité des frontières des États signataires dans une région riche en conflits frontaliers, déclarés ou potentiels. Plus de 8 000 kilomètres de frontières communes courent entre Chine-Russie, Chine-Kazakhstan, Tadjikistan-Kirghizstan, mais aussi entre ces trois États d'Asie centrale et, enfin, entre Russie et Kazakhstan.

L'accord conclu à Shanghai permet d'espérer la stabilisation d'une région menacée avant tout par la situation afghane. Ce qui était à l'origine un traité régional aux objectifs restreints va cependant très vite évoluer pour devenir une alliance régionale plus importante, puis un système d'alliances débordant l'Asie centrale[1]. Lors du sommet qui réunit du 14 au 16 juin 2001, pour le cinquième anniversaire de sa création, les membres du groupe à Shanghai, celui-ci se transforme en effet en *Organisation de coopération de Shanghai* et se donne d'emblée des objectifs plus ambitieux que ceux de 1996. La lutte contre les trois fléaux majeurs de l'époque – terrorisme, séparatisme,

1. Sin Guantchen, « Changaiskaia organizatsiia sotrudnitchestva i prioritetnye napravleniia », *Mirovaia ekonomika i mirovye otnocheniia*, n° 11, novembre 2002, pp. 71-77.

extrémisme – figure désormais au programme de l'organisation, aux côtés des problèmes de sécurité régionale. L'organisation s'élargit aussi géographiquement à l'Ouzbékistan, qui quitte le GUAM[1] et la rejoint au moment où elle prend sa forme définitive. Elle se dote alors de structures permanentes : un secrétariat installé à Pékin et une structure antiterroriste régionale dont la création, évoquée dès 2001, aura lieu en 2004 à Tachkent.

Organisation centro-asiatique à l'origine, le rassemblement de Shanghai va s'ouvrir en peu de temps à d'autres pays d'Asie, accueillis comme observateurs : la Mongolie en 2004 ; l'Inde et le Pakistan en 2005, lors du sommet d'Astana ; l'Iran, invité au sommet de Shanghai de 2006 en la personne du président Ahmadinedjad[2] ; enfin, en 2007, au sommet de Bichkek, l'organisation a accueilli, sans qualifier encore leur statut, des représentants de l'Afghanistan et du Turkménistan. De même, le secrétaire général adjoint de l'ONU, l'Américain Lynn Pascoe, était-il présent à ce sommet. Les quatre États qui ont reçu le statut d'observateurs pourraient d'ailleurs devenir membres de l'organisation : tel est du moins le souhait de la Russie. Mais le président mongol hésite à s'engager trop avant, tandis que la Chine freine le mouvement dès lors qu'il s'agit d'intégrer pleinement l'Inde et l'Iran. Dans le cas de l'Inde, les raisons qui sous-tendent le désir russe de l'incorporer et la volonté chinoise d'éviter un tel changement statutaire sont patentes. Pour la Russie, l'Inde, qui n'a pas

1. Cf. *supra* pp. 120-121.
2. A. Blinov, « Chos na pereputie », *Nezavisimaia Gazeta*, 15 juin 2006.

d'intérêts propres en Asie centrale, équilibrerait le face-à-face des deux grands protecteurs au sein de l'organisation, et élargirait le champ des grands États présents dans la région ; elle y est donc favorable, puisqu'elle n'y est déjà plus seule. Si la Chine ne favorise pas ce projet, en revanche, c'est précisément qu'elle ne tient pas à y installer une puissance qui puisse un jour se trouver en rivalité avec elle. Dans le cas de l'Iran, la position russe n'est pas moins intéressée : Moscou, qui est en peine de soutenir les ambitions nucléaires de Téhéran, au risque d'affaiblir sa propre position à l'échelle mondiale, voit, en l'attirant en Asie centrale, une compensation à l'aide limitée qu'elle lui apporte. Mais la Chine, de son côté, est inquiète de voir l'organisation défier les États-Unis, ce qui serait le cas si l'Iran était pour de bon incorporé au groupe de Shanghai.

Ces désaccords feutrés sur la composition de l'organisation ne doivent cependant pas dissimuler l'essentiel des avantages qu'elle représente pour la Russie. Tout d'abord, c'est son appartenance en position centrale à l'OCS qui légitime définitivement son identité asiatique et sa prétention à jouer un rôle en Asie, non comme État extérieur s'ingérant dans la vie de la région, mais comme puissance de la région. Dans sa formation d'origine comme dans sa composition élargie, l'organisation de Shanghai est une alliance asiatique et centro-asiatique, et la Russie y figure comme État d'Asie ou Eurasie. Par là aussi, le rôle revendiqué par Moscou en Asie centrale ne prête pas à contestation.

L'organe régional de 1996 aux visées modestes est bel et bien devenu, en quelques années, une alliance multilatérale dans laquelle Russie et Chine jouent un rôle déterminant, même si les orientations défendues par les deux pays ne sont pas toujours identiques. Pour la Russie, l'objectif est d'abord de sécurité et de coopération militaire, tandis que la Chine insiste davantage sur la coopération économique. L'organisation pourrait-elle donner naissance à une zone de libre échange ? Ici, les immenses capacités commerciales de la Chine effraient non seulement la Russie, incapable de fournir les mêmes efforts, mais aussi les élites locales qui craignent de tomber dans la dépendance économique quasi exclusive de Pékin.

Cette alliance – car c'est bien d'une alliance qu'il s'agit, même si l'on ne saurait la comparer à l'OTAN – a acquis, avec les ans, une solidité et une efficacité que l'on ne peut contester. Les manœuvres militaires dans le cadre de *Mission de Paix*, où la Russie déploie chaque année des forces impressionnantes, présentent l'avantage d'offrir d'elle l'image d'une puissance – image qu'elle n'avait plus quelques années auparavant. Pour Moscou, c'est un facteur d'influence non négligeable qui explique l'insistance mise à privilégier les aspects militaires de cette alliance. De surcroît, la Russie a tenté de lier le Traité de sécurité collective à l'organisation de Shanghai en proposant le déploiement de manœuvres communes pour *Mission de Paix* 2007, arguant du fait que le Traité de sécurité collective disposait de forces propres, d'une force de réaction rapide, alors que l'organisation de Shanghai, elle, en était dépourvue. Le Traité de sécurité collective ayant dans sa mission les mêmes objectifs et plus ou moins le même programme politique, la proposition semblait légitime. Elle offrait aux yeux de Moscou un grand avantage : contrairement à la Chine, seule la Russie est membre des deux organisations, et elle est en outre le chef de file du Traité de sécurité collective. Un accord sur des manœuvres communes lui aurait donc conféré un poids particulier en Asie centrale, où elle serait devenue la force militaire dominante. L'opposition chinoise a fait échouer ce projet.

Mais ce sont là des divergences mineures qui ne doivent pas faire oublier les impressionnants progrès accomplis par l'organisation. Elle a su se faire entendre, sinon obéir, lorsqu'elle a réclamé le retrait des bases américaines. Elle a aussi doté les États membres de moyens de multiplier les liens entre eux, coordonné leurs luttes à travers la structure antiterroriste et développé une véritable coopération militaire sur le terrain.

Pour la Russie, les bénéfices tirés du développement de l'organisation de Shanghai sont réels. Sans doute ceux qui soutiennent que Russie et Chine sont condamnées à brève échéance à entrer dans une compétition ouverte, voire dans une confrontation, considèrent-ils qu'il s'agit là d'une opération opportuniste de courte durée, sans avenir. Mais, si l'on souscrit à l'idée que la Russie tient de plus en plus à préserver son partenariat avec la Chine, alors il faut admettre que l'organisation de Shanghai en est une des composantes fortes. Elle permet à Moscou d'accepter la présence de la Chine en Asie centrale et de tenir compte de ses intérêts dans la région, intérêts qu'elle ne peut ni ignorer ni vaincre. La Russie a inscrit dans sa politique étrangère le principe du pragmatisme. Elle sait que la Chine fait désormais partie du paysage centro-asiatique. Grâce au groupe de Shanghai, elle limite les conséquences de cet état de fait et y contrôle en partie les progrès de l'influence chinoise. Si la Russie n'était membre que du Traité de sécurité collective face à une organisation de Shanghai dominée par la Chine, cette division tournerait aussitôt à une lutte d'influences, voire à une confrontation, alors que la cogérance russo-chinoise de l'organisation apaise les tensions et renforce le rôle de la Russie sur l'échiquier centro-asiatique. En outre, le tandem russo-chinois caracolant en tête de l'organisation permet de contenir les ambitions américaines manifestées après le 11 septembre 2001 et de rassembler un groupe d'États, tous asiatiques, qui, sans verser dans un anti-américanisme effréné – Pékin, mais aussi Moscou y veillent –, mettent en lumière la position marginale des États-Unis, puissance extérieure à la région et à ses intérêts.

Même si le groupe de Shanghai n'est pas une alliance comparable à l'OTAN, il offre pour la Russie un autre avantage. De par son unité, il s'oppose à la CEI, toujours divisée par des mécontentements et par la méfiance de la plupart des États envers Moscou. Le groupe de Shanghai se présente comme un complément à une CEI difficile à gérer et qui ne progresse guère dans la voie de la concorde et de l'unité. Tandis que la CEI reste, pour nombre de ses membres, une structure évocatrice de l'impérialisme russe, le groupe de Shanghai – la présence de la Chine en son sein est à cet égard précieuse – ne suggère en rien une domination ou des projets impérialistes de Moscou. La Russie en est certes un membre de grande importance, mais elle n'est pas seule dans ce cas. La présence de la Chine, de l'Inde peut-être bientôt, l'exonère de tout soupçon de vocation dominatrice. Cet avantage, dû au tandem qu'elle y forme avec la Chine, la Russie le reconnaît en prenant en compte les intérêts chinois en Asie centrale. La volonté de Pékin de ne pas se laisser déborder par le séparatisme ouïgour implique qu'il puisse compter sur la solidarité des États voisins. Pour leur part, les gouvernements autoritaires de la région ne sont guère enclins à soutenir ces « frères musulmans » qui se réclament de libertés qu'eux-mêmes refusent à leurs administrés. Quant à la Russie, par hostilité à toutes les « révolutions de couleur », elle appuie les régimes en place et, par là même, répond aux intérêts chinois. L'accord entre Moscou et Pékin sur les conditions de la stabilité en Asie centrale est profond ; il repose pour les deux capitales sur des préoccupations intérieures, ce qui renforce encore leur intérêt commun pour l'organisation de Shanghai. Celle-ci, à son tour, conforte leur coopération et leur partenariat stratégique.

Les États d'Asie centrale membres de l'organisation de Shanghai y trouvent aussi leur compte. Tout d'abord, en s'élargissant à l'Ouzbékistan et dans une certaine mesure au Turkménistan dont le président, en dépit de ses réticences, a participé au sommet de Bichkek[1], l'OCS se présente toujours davantage comme une instance représentative de l'ensemble de la région. En accueillant des États comme l'Inde ou l'Iran, elle leur offre aussi des ouvertures internationales qui leur confèrent une nouvelle dimension. Grâce au tandem russo-chinois, les États centro-asiatiques ne sont plus menacés d'être mis sous la tutelle d'une seule grande puissance, mais peuvent au contraire manœuvrer entre Chine et Russie, voire – on l'a vu dans la querelle des bases – inclure les États-Unis dans ces manœuvres et défendre leurs intérêts en jouant des rivalités des grands. Au sein de l'organisa-

1. Cf. *supra* p. 180.

tion, la Russie et la Chine pèsent certes d'un poids réel, mais tous les États d'Asie centrale – dont certains sont particulièrement vulnérables, comme le Kirghizstan ou le Tadjikistan, en raison de l'absence de ressources naturelles, ce qui leur interdit d'adopter, comme le fait le Turkménistan, des postures très indépendantes – disposent sans exception d'un forum pour se faire entendre. Leur soutien à l'organisation et à ceux qui en sont les chefs de file s'en trouve accru. Et la Russie, habituée au sein de la CEI à des partenaires peu commodes, jouit ici d'un cadre de relations apaisées avec ses anciens sujets.

Si l'on ne peut préjuger de l'avenir de l'organisation de Shanghai et si l'on ne saurait la définir comme un pendant de l'OTAN en Asie, force est de constater qu'en quelques années elle s'est imposée dans la région et au-delà, et qu'elle est devenue une structure parfaitement acceptée par tous ses membres, qui gagne constamment en importance géopolitique. Ce constat diffère de celui qui peut être fait pour le Traité de sécurité collective, annoncé à grand fracas comme un OTAN d'inspiration russe, mais qui piétine, peut-être parce que trop lié à la CEI, alors que l'organisation de Shanghai, qui véhicule aussi les ambitions russes en Asie, permet à l'action de la Russie, qui y apparaît en tant que pays eurasiatique, de n'être pas obérée par les arrière-pensées et les amertumes de la CEI. Dans le groupe de Shanghai comme dans toute sa politique asiatique, la Russie se présente comme un pays neuf, débarrassé du poids de son empire et de toute ambition impériale.

Pour Moscou, l'organisation de Shanghai est donc un atout précieux qui, dans la compétition géopolitique affectant son ancien espace de domination, lui offre la possibilité de changer de rôle. Dans la CEI globalement entendue, en dépit de ses protestations et surtout malgré la retenue qu'elle a observée jusqu'en 2008 face à l'hostilité de ses anciens sujets, notamment dans les « révolutions de couleur », la Russie a toujours été perçue comme l'ancienne puissance dominante. Dans le cadre de l'organisation de Shanghai, au contraire, où elle ne peut revendiquer de zone d'influence ni arguer de quelques droits historiques, elle s'est taillé en peu d'années un rôle inédit, celui de partenaire égal à l'ensemble de la communauté qui s'est formée depuis 1996 et surtout à compter de 2001.

Dans le grand jeu asiatique qui se dessine, ce nouveau rôle permet à la Russie de n'être plus que l'Eurasie, et non un avatar de l'ancien Empire. La transformation de l'Asie centrale, région d'importance seconde, en théâtre principal de la géopolitique contemporaine, aura fortement contribué à cette mue.

Du couple au trio

Le rapprochement russo-chinois dans lequel la Russie s'est engagée au temps de son grand déclin sur la scène internationale, et qu'on ensuite consacré le partenariat stratégique et la liquidation des contentieux territoriaux, porte la marque du premier mandat de Vladimir Poutine. Là encore, 2004 sonne l'heure du bilan et du tournant. Ce qui change alors, c'est le statut même des deux partenaires. En quelques années, la Chine est devenue une grande puissance régionale. Mais son développement économique rapide, son activité croissante en Asie centrale, son partenariat avec la Russie, la transforment soudain en puissance aux objectifs globaux. Cette évolution de la Chine a coïncidé avec la renaissance de la Russie. Pour elle aussi, le temps des hésitations est passé et les buts fixés par Poutine en 2000 – reconstruire une Russie forte afin qu'elle redevienne une puissance – ont été partiellement atteints. La Russie en 2004 est sûre d'elle-même et, forte de sa politique asiatique, elle revendique un rôle majeur dans le monde multipolaire. Pour cette Russie-puissance, la montée en force de la Chine n'en constitue pas moins une surprise, voire une inquiétude. Le partenariat élaboré quelques années plus tôt est-il mis en cause par ce nouveau statut de la Chine ? Nombre d'experts russes, notamment les libéraux, qui se souciaient au début de la décennie de l'orientation asiatique de leur pays, s'alarment soudain de la nouvelle puissance chinoise et s'interrogent sur les conséquences qu'il conviendrait d'en tirer pour l'avenir du couple Moscou-Pékin[1].

Indifférent aux critiques et aux inquiétudes montantes, Vladimir Poutine pousse plus avant l'asiatisation de sa politique étrangère, et cherche à la renforcer en élargissant le cercle des États avec lesquels il entend traiter. Augmentation du nombre des interlocuteurs et quête d'un élément capable d'équilibrer le tandem formé avec la Chine : voilà ce qui le mobilise. Le Japon sera un temps la cible de cette politique. L'ouverture en direction de Tokyo n'est pas inédite dans la politique étrangère russe. Sous l'influence des libéraux de son équipe – tel Boris

---

1. A. Khramtchihine, « Vnechniaia ugroza n° 1 », *Izvestia*, 10 janvier 2006.

Nemtsov, qui déjà prêchait qu'en s'appuyant sur Tokyo la Russie serait moins dépendante de Pékin –, Boris Eltsine avait été bien près de consentir des abandons territoriaux pour aboutir à la paix (il proposait de restituer deux îles sur quatre, les plus petites, Shikotan et Habomai). Mais l'affaire échoua parce que l'offre russe avait paru insuffisante aux Japonais et que, du côté russe, l'idée d'abandons territoriaux avait soulevé une opposition qu'Eltsine, à l'automne de son règne, ne pouvait affronter avec succès. Les militaires russes refusaient alors toute concession sur les Kouriles au motif non contestable que leur perte condamnerait la flotte basée à Vladivostok puisque, de là, on ne peut atteindre le Pacifique en transitant par les seules eaux territoriales russes.

Les relations avec Pékin ont largement profité de cette tentative de rapprochement manquée avec Tokyo. Seule la Chine s'est révélée une partenaire prête à entendre les propositions russes. Mais, en 2004, deux préoccupations compliquent les choix de Moscou. La puissance croissante de la Chine lui fait craindre qu'elle n'accélère son projet d'unification avec Taiwan, provoquant ainsi une réaction américaine qui déstabiliserait toute la région ; or les progrès politiques russes en Asie reposent sur sa stabilité. Du coup, l'hypothèse d'une confrontation avec les États-Unis, qui risquerait de conduire à l'élimination d'Asie de la puissance russe, est inacceptable pour Moscou, qui doit donc tempérer la Chine. Par ailleurs, la conception multipolaire de Vladimir Poutine, visant à accroître l'influence de la Russie en Asie, suppose qu'elle y trouve différents partenaires. Le discours des experts russes – tel Sergei Kortunov, qui conseilla Eltsine sur les problèmes de sécurité –, mais aussi le rapport sur la politique extérieure de 2007[1] et les forums de spécialistes tenus au même moment véhiculent une conviction identique : les relations russo-chinoises seront améliorées si on les complète par un rapprochement avec le Japon. La Russie ne peut s'enfermer dans une relation ou une alliance avec une seule puissance. Elle doit se rapprocher de Tokyo et des États du Pacifique. Quelle que soit l'analyse qui sous-tend ces propos – leurs auteurs sont unanimes à penser que la Chine sera, à terme, une menace pour la Russie, et qu'elle risque de l'entraîner dans un conflit avec les États-Unis –, tous suggèrent avec force à Poutine qu'il lui faut traiter avec le Japon, que c'est une carte indispensable à son jeu asiatique.

Cette carte n'est pourtant pas aisée à manipuler. D'une part, le Japon est lié aux États-Unis au sein du système de sécurité auquel la Russie, une fois n'est pas coutume, est favorable, car elle le tient pour un élément important de la stabilité régionale. D'autre part, les revendications territoriales du Japon constituent un obstacle à tout rapprochement entre Moscou et Tokyo. Néanmoins, le jugement russe sur le Japon reste étonnamment bienveillant. Les experts russes considèrent qu'il n'y a rien à craindre d'un nationalisme japonais qui tenterait de reconquérir les îles. Le Japon est perçu par la Russie comme un État qui a parfaitement réussi sa modernisation en tous domaines, tout en préservant son identité, en s'agrégeant aux grandes puissances – il est membre fondateur du G7, devenu G8 –, en ayant une économie

1. S. Kortunov, « Russia in Search of Allies », *International Affairs*, n° 3, 1996, pp. 150 sqq. Et *Mid. Obzor vnechei politiki rossiskoi federatsii*, 27 mars 2007.

avancée capable d'exporter des produits manufacturés très sophistiqués et d'une parfaite qualité (en cela, les Russes opposent les Japonais aux Chinois), en contribuant enfin à la stabilité de l'Asie. On voit combien ce regard compréhensif rend désirable un rapprochement avec le Japon. Dans l'hypothèse d'un trio Moscou-Pékin-Tokyo, les deux derniers se neutraliseraient dans la relation avec Moscou. Cette configuration donnerait aussi à la Russie en Asie un statut d'arbitre capable de manœuvrer entre les deux grands États, et lui permettrait d'élargir par là son influence régionale.

Mais la querelle des Kouriles a mis en échec ces projets. La seule voie que la Russie eût pu suivre, et qu'elle a tenté d'emprunter, pour améliorer ses relations avec Tokyo était celle de la coopération dans le domaine énergétique, le Japon étant un gros client potentiel. Mais, là encore, la saga de l'oléoduc reliant la Sibérie méridionale au Pacifique a témoigné de la difficulté d'avancer dans tout projet de coopération[1].

Tout est parti, dans cette affaire, du rapprochement sino-russe. L'idée d'ouvrir une voie chinoise pour évacuer le pétrole de Sibérie orientale naît en 1994. Evgeni Primakov est chargé cinq ans plus tard de la négociation. Le projet porte sur la création d'un oléoduc partant d'Angarsk, situé au sud des gisements et à proximité du lac Baïkal, pour rejoindre Daqing, dans le nord-ouest de la Chine. La construction devait à l'origine en être confiée à Youkos, dont le président, Mikhaïl Khodorkovski, était alors au faîte de sa puissance. Le projet était d'importance : 2 450 kilomètres séparent Angarsk de Daqing, la

1. B. Lo, *op. cit.*, pp. 143-150.

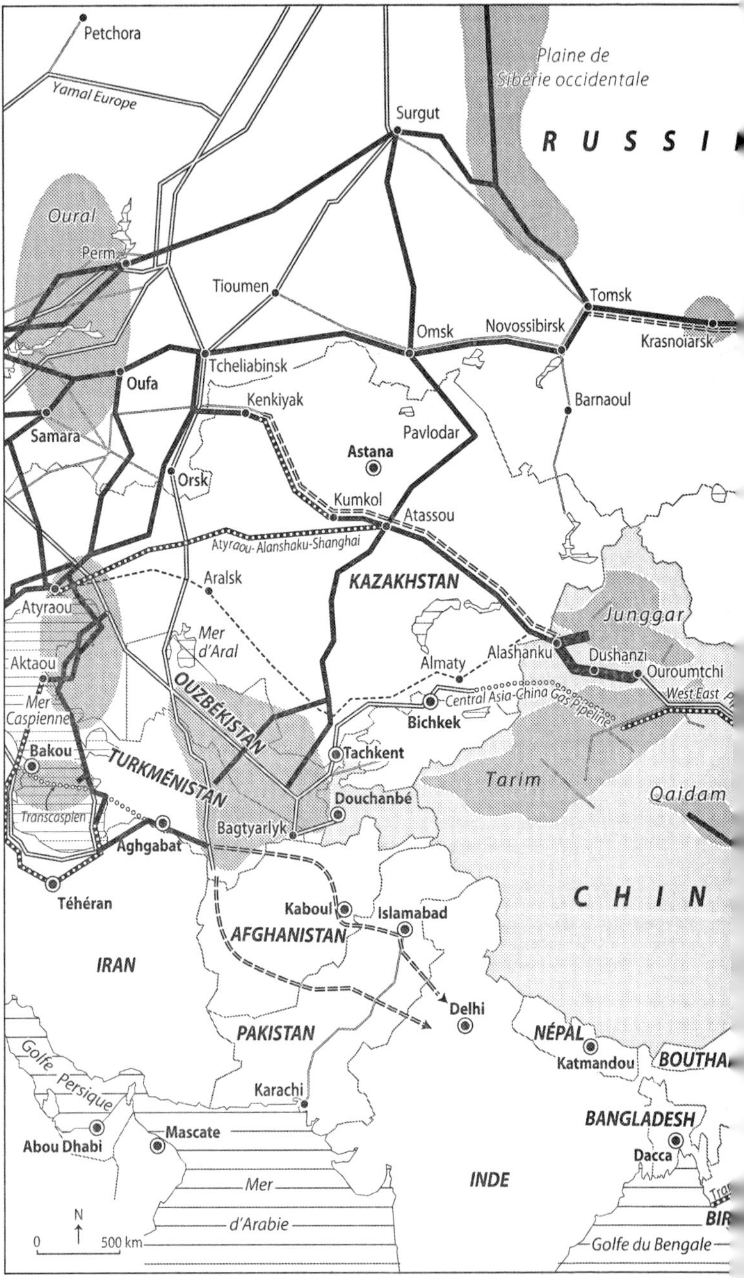

Chine
la quête de nouveaux approvisionnements de l'économie en hydrocarbures

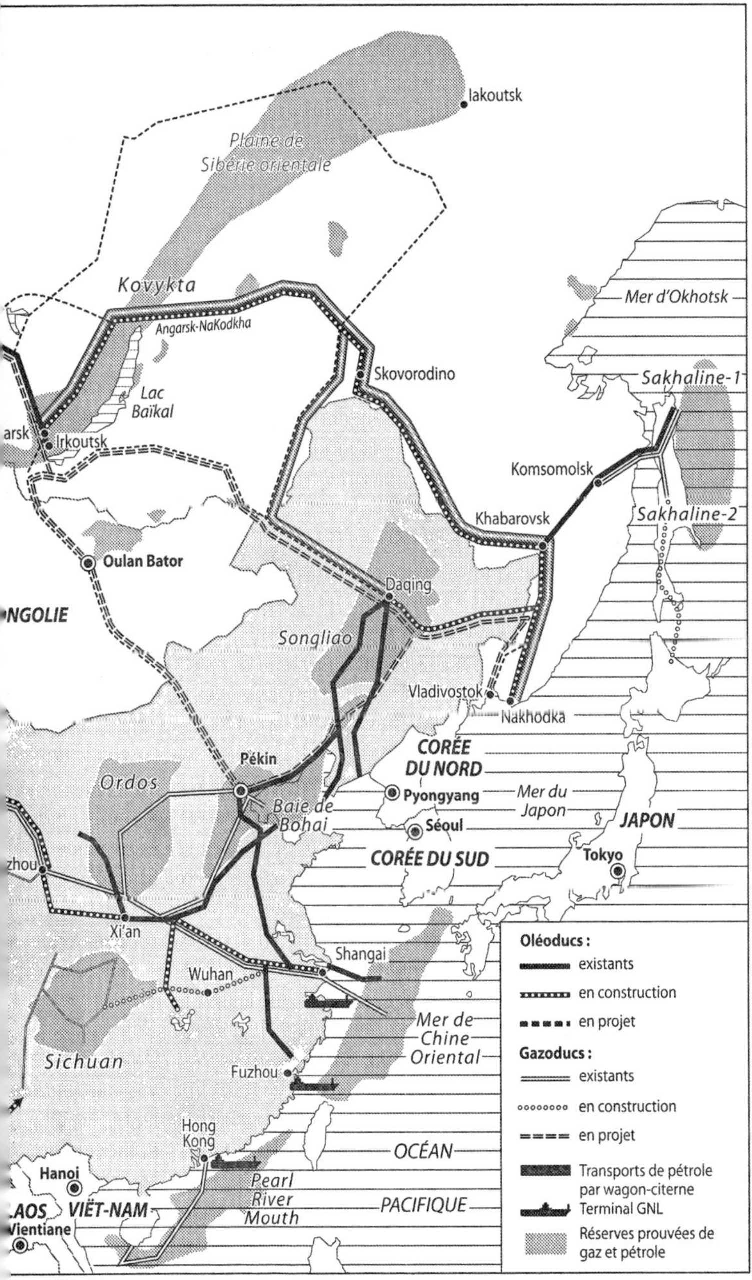
Iakoutsk
Plaine de Sibérie orientale
Kovykta
Angarsk-NaKodkha
Lac Baïkal
arsk
Irkoutsk
Skovorodino
Mer d'Okhotsk
Sakhaline-1
Komsomolsk
Sakhaline-2
Khabarovsk
Oulan Bator
NGOLIE
Daqing
Songliao
Vladivostok
Nakhodka
CORÉE DU NORD
Pékin
Ordos
Pyongyang
Mer du Japon
Baie de Bohai
Séoul
JAPON
CORÉE DU SUD
Tokyo
zhou
Xi'an
Shangai
Wuhan
Mer de Chine Oriental
Sichuan
Fuzhou
Hong Kong
OCÉAN
Hanoi
Pearl River Mouth
LAOS
VIÊT-NAM
PACIFIQUE
Vientiane
Oléoducs :
existants
en construction
en projet
Gazoducs :
existants
en construction
en projet
Transports de pétrole par wagon-citerne
Terminal GNL
Réserves prouvées de gaz et pétrole

capacité de transport était de 300 millions de tonnes par an, et le coût était estimé à environ deux milliards de dollars.

C'est alors qu'intervient la « tentation » japonaise présente dans la diplomatie russe. Transneft va plaider pour un second projet dirigé vers le Japon. Un oléoduc relierait Angarsk au port de Nakhodka, sur l'océan Pacifique. Ce projet est économiquement plus lourd et plus ambitieux. L'oléoduc doit être long de 4 000 kilomètres pour transporter 80 millions de tonnes par an. Son coût est plus du double de celui du projet chinois, mais le Japon s'offre à contribuer largement à sa construction et à l'exploration des réserves sibériennes. La voie japonaise – ce doit être noté – contournerait la Chine.

L'ironie de la situation n'échappera pas au lecteur. La Russie applaudit à ce projet qui lèse l'ami chinois au moment même où elle se plaint de semblables projets contournant son territoire, notamment l'oléoduc Bakou-Tbilissi-Ceyhan qu'elle dénonce comme un coup de poignard dans le dos. Mais les avantages du projet japonais sont certains. Du point de vue de la diplomatie énergétique russe, d'abord : débouchant sur le Pacifique, le pipe-line devrait permettre à la Russie d'acheminer ensuite son pétrole vers les marchés d'Asie. Or, lorsque le débat s'engage pour de bon, la Russie, exportatrice de pétrole, dont elle est le deuxième producteur mondial, constate que les marchés d'Asie – Chine, Japon, pays du littoral Pacifique – ont d'immenses besoins auxquels elle est en mesure de répondre, ce qui présente un double intérêt, économique mais surtout politique. Elle pourrait, par ce moyen, étendre son influence à l'Asie orientale, ce qui est le projet de Vladimir Poutine. Autre avantage, plus partiel mais qui mérite considération, de l'oléoduc dirigé vers le Japon : la possibilité de développer le triangle Moscou-Pékin-Tokyo dont rêve la Russie et d'alléger ainsi son face-à-face avec la Chine en lui montrant que le jeu russe est ouvert et que d'autres pays sont prêts à y participer.

En 2003, le choix entre la voie chinoise et la voie japonaise pour évacuer le pétrole de Sibérie divise l'administration russe. Mikhaïl Kassianov, alors Premier ministre, est favorable à l'oléoduc « chinois ». Il plaide que les réserves de Sibérie orientale sont plus adaptées au projet chinois qu'à celui, trop ambitieux, du Japon. Les milieux d'affaires – Youkos en première ligne – et, dans une très large mesure, le MID soutiennent la même thèse. Mais Tokyo, loin de s'incliner, développe deux arguments guère contestables : les aides financières qu'il se propose d'apporter, et l'ouverture à la Russie de marchés asiatiques que l'oléoduc s'arrêtant à Daqing ne pourrait favoriser.

Le projet du Pacifique a été soutenu durant cette période 2003-2004, marquée d'âpres discussions, par les gouverneurs des régions de Khabarovsk et Primorie que l'oléoduc était censé traverser. L'acharnement de ces responsables régionaux à défendre la route du Pacifique s'explique par des motifs économiques et politiques. Les régions qu'ils gouvernent sont éloignées de tout, souvent oubliées, pauvres en infrastructures, en argent et surtout en emplois ; découragés à l'avance, les Russes renoncent à s'y installer ou, lorsqu'ils y vivent, fuient vers des cieux plus cléments. Le projet « Pacifique » représentait, pour ces régions, la chance de pouvoir se développer qui leur aura si cruellement manqué jusqu'alors.

Une raison politique s'ajoute aux arguments économiques, et c'est probablement celle qui pèse le plus lourd dans l'esprit des gouverneurs : la crainte constante, dans cet Extrême-Orient isolé et sous-peuplé, d'une invasion chinoise. Les gouverneurs pensaient que le projet du Pacifique, donnant aux Japonais une responsabilité dans ces régions si vulnérables, en faisait un contrepoids aux ambitions de la Chine. Pour autant, ils n'ont pas voulu s'opposer ouvertement à la voie chinoise. C'est ainsi que le gouverneur de Khabarovsk, Viktor Ichaev, a suggéré que le projet du Pacifique soit complété par un pipe-line allant vers Daqing, à condition que l'oléoduc puisse alimenter en priorité la route menant à l'océan. Il faut signaler ici que la rivalité des grandes compagnies pétrolières Youkos et Rosneft s'est greffée sur la querelle entre administrations centrales et gouverneurs locaux à propos du parcours prioritaire de l'oléoduc projeté[1].

Confronté aux thèses en présence, Vladimir Poutine hésita d'abord, d'autant plus qu'en 2003 la chute de Khodorkovski, jeté en prison sur des présomptions de fraudes fiscales, laissa un moment le terrain libre aux partisans de la voie du Pacifique et à ceux qui prétendaient ainsi défendre la logique économique. Cette voie, argumentaient-ils, permettrait de transporter un volume de pétrole plus important et ouvrirait aux exportations russes des marchés en Asie. À partir de 2005, le fléau a commencé à pencher en faveur du Japon. La Russie espéra alors que celui-ci finirait par limiter ses revendications territoriales pour prix d'un choix qui le favoriserait aux dépens de la Chine. Puis,

1. D. Alexandrov, « Puti nefti iz Angarska, rechenie priniato », *Nezavisimaia Gazeta*, 28 mars 2003.

un moment, la thèse pro-chinoise a semblé l'emporter, même si l'on y a ajouté, pour l'équilibrer, le projet d'une dérivation océanique. C'est pourtant le projet VSTO (Sibérie orientale-océan Pacifique) qui en définitive a été privilégié. Le 28 décembre 2009, Vladimir Poutine inaugura la première partie du parcours Taïchet-Skovorodino (région de l'Amour), longue de 2 694 kilomètres. Mais, le 27 avril de la même année, eut aussi lieu une cérémonie officielle de lancement des travaux du tracé Skovorodino-Daqing (dérivation chinoise)[1].

Cette décision, au terme de longues hésitations, de petits pas accomplis en direction tantôt de la Chine tantôt du Japon, a deux explications. La plus immédiate tient à l'attitude intraitable de Tokyo sur la question territoriale qui a resurgi en permanence, surtout chaque fois que Moscou croyait avoir réussi à infléchir la position nippone grâce à des projets communs, en l'occurrence les projets pétroliers. Mais il faut aussi faire entrer en ligne de compte la position personnelle très pragmatique de Vladimir Poutine, partagé entre le désir d'ouvrir de nouveaux marchés, donc de gagner de nouveaux interlocuteurs pour la Russie, et sa crainte que, à trop abuser de la patience chinoise, Moscou risquerait d'inciter Pékin à se tourner vers d'autres partenaires pour son approvisionnement en pétrole, le Kazakhstan notamment, ce qui pourrait déséquilibrer le dispositif rassemblant, autour de la Russie et de la Chine, l'Asie centrale au sein du groupe de Shanghai. Le choix final allait confirmer que – pour un moment, du moins –, l'orientation résolument pro-chinoise de la politique extérieure

1. Cf. carte pp. 192-193 et V. Skosyrev, « Rossiia stanovitsia global'nym postvachtchikom energii », *Nezavisimaia Gazeta*, 15 octobre 2009.

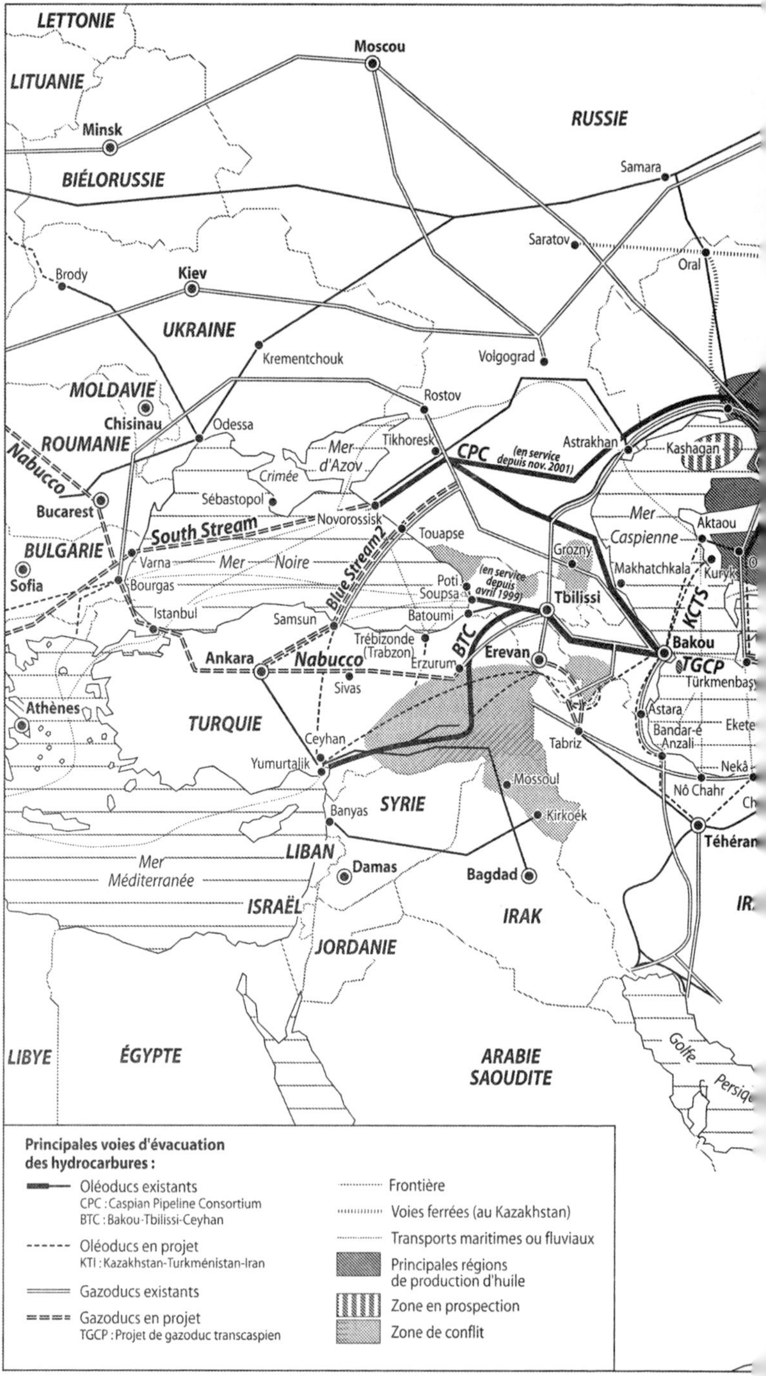

Bassin de la mer Caspienne

Omsk
Novossibirsk
Petropavl
Pavlodar
Astana
Semeï
(ex-Semipalatinsk)
Qaraghandy
KAZAKHSTAN
Atassou
Aral
Qaraqoyyn
lac Balkach
(Balqach Köl)
Dostyq
(Droujba)
Karamay
Chine
Djoussaly
Qyzylorda
Mer
d'Aral
Dushanzi
Ürümqi
Turkménistan
Taraz
Almaty
OUZBÉKISTAN
Chymkent
Bichkek
Dasoguz
Ourguenrch
Tachkent
KIRGHIZISTAN
Och
Derweze
Fergana
Khodjand
Türkmenabat
ÉNISTAN
ACHGABAT
Kachi
TADJIKISTAN
Douchanbé
CHINE
Daulatabad
Mary
Meched
Kaboul
Hérat
Islamabad
AFGHANISTAN
Kandahar
Lahore
Multān
PAKISTAN
INDE
NÉPAL
Mer
d'Oman
N
0
300 km

russe esquissée en 2005 et 2006 par Poutine exposant au G8 l'importance accordée par son pays à la voie de transport énergétique conduisant à Daqing devait être combinée à la volonté de satisfaire le Japon.

L'aventure de l'oléoduc aura eu, en définitive, une double conséquence politique. Elle aura démontré la difficulté du projet de triangle Moscou-Pékin-Tokyo, qui souvent achoppa sur les revendications territoriales japonaises, et l'intérêt croissant de Moscou pour la Chine. En octobre 2004, lors de sa venue à Pékin, Vladimir Poutine avait dit : « Notre décision [sur la question de l'oléoduc] sera prise en fonction de notre intérêt national. » L'intérêt national étant le développement de l'influence russe dans le monde asiatique, il a paru nécessaire de le fonder sur des liens resserrés au fil des ans avec la Chine, avec laquelle les contentieux territoriaux avaient été réglés dès le début de la décennie, mais aussi sur le rapprochement avec le Japon, même si celui-ci se refusait à tourner la page du contentieux territorial et si la Russie n'envisageait pas, au demeurant, de lui restituer quoi que ce fût. Mais, pour autant, les péripéties du projet de triangle incluant Tokyo[1] n'impliquent pas que la Russie ait renoncé à enrichir son partenariat avec la Chine d'un autre tiers permettant de l'équilibrer : l'Inde est invitée depuis quelques années à jouer ce rôle.

Vladimir Poutine a repris à son compte l'idée, toujours défendue par Evgeni Primakov, que l'Inde devait trouver place dans la politique asiatique de la Russie.

1. Les hésitations entre les deux projets furent si constantes qu'un auteur bien informé comme P. Rangsimaporn, *op. cit.*, p. 147, n'hésite pas à écrire : « En février 2009, la Russie semble avoir fait son choix en faveur de la Chine. »

Mais si, pour Primakov, l'objectif premier d'un tel rapprochement était de renforcer la position russe face aux États-Unis, Poutine le conçoit avant tout comme un moyen d'accroître l'influence russe en Asie et, accessoirement, comme un contrepoids à une politique russe trop exclusivement centrée sur la Chine et trop dépendante d'elle. Le triangle qu'il souhaite fonder répond moins à une volonté de confrontation qu'au dessein de multiplier les moyens d'action donnés à la politique russe. Poutine y voit aussi la possibilité pour Moscou de progresser davantage en Asie orientale. La Russie a été confortée par son partenariat avec la Chine dans sa prétention à être eurasiatique. Mais le rapprochement avec l'Inde pourrait lui permettre de conférer à son image une tonalité encore plus asiatique ou euro-asiatique. Poutine a en effet manifesté très tôt son intérêt pour l'Inde et son désir de la rapprocher du tandem russo-chinois pour créer une relation triangulaire. En octobre 2000, en visite à New Delhi, il négocia un « partenariat stratégique » ; l'année suivante, ce fut un accord sur la lutte antiterroriste. Des manœuvres militaires conjointes sont alors prévues tous les deux ans. Les réunions des ministres des Affaires étrangères des trois pays (la Chine s'y étant ajoutée), à Vladivostok en 2005, à New Delhi et Kharbin en 2007, ont donné une plus grande visibilité à cette relation triangulaire. Surtout, la Russie a exprimé le souhait de faire participer plus étroitement l'Inde au groupe de Shanghai en la promouvant du statut d'observateur à celui de membre – proposition freinée, on l'a vu, par Pékin.

Pour excellentes que soient les relations russo-indiennes, elles ne suffisent pas à convaincre New Delhi de privilégier une configuration conduite par la Russie. L'Inde poursuit un dialogue stratégique avec divers partenaires : États-Unis d'abord, mais aussi Japon et Australie. Sans doute la Russie et l'Inde ont-elles en commun de s'inquiéter pour leur sécurité, vu la situation instable de leurs voisins, Afghanistan et Pakistan. Moscou a d'ailleurs contribué à équiper l'armée indienne, ne lésinant pas sur le transfert d'armements parmi les plus sophistiqués. Ces inquiétudes communes et cette coopération militaire ont joué un grand rôle dans le développement des relations bilatérales entre les deux pays. Mais passer de relations bilatérales à la constitution d'un triangle avec Pékin est beaucoup plus problématique pour l'Inde. D'abord, elle a avec la Chine des divergences sur des questions de frontières. Et, surtout, Pékin rechigne à introduire un tiers dans son dialogue avec Moscou – tout particulièrement en Asie centrale, où l'Inde pourrait réduire sa position de force.

Les États-Unis pèsent eux aussi lourdement sur l'hypothèse d'une telle configuration triangulaire. Pékin et New Delhi ont en commun de rejeter toute politique anti-américaine, cherchant au contraire à multiplier contacts et accords avec Washington. Sans doute la Chine, à l'instar de la Russie, est-elle prodigue en déclarations hostiles à l'hégémonie américaine. Mais Pékin, qui aspire à réussir au plus vite sa modernisation, estime que les États-Unis pourront y contribuer. Enfin, la jeune génération de responsables politiques chinois est plutôt orientée vers les États-Unis. De son côté, la Russie, qui n'entend pas laisser la Chine seule en Asie et qui craint son dynamisme politique, probablement encore renforcé après la réunification avec Taiwan, considère que les États-Unis peuvent exercer, sur le long terme, une influence stabilisatrice. Ainsi, plus que les triangles Moscou-

Pékin-Tokyo ou Moscou-Pékin-New Delhi, dont l'avenir paraît douteux, c'est un bien étrange triangle, dont l'un des partenaires est caché – les États-Unis –, qui domine la scène politique asiatique.

En dépit des tensions momentanées et des arrière-pensées, comment ne pas constater, en définitive, la continuité et le développement de la relation russo-chinoise ? Que des questions puissent se poser sur sa stabilité à long terme et sur des oppositions possibles, cela est certain. Mais, à l'expiration du second mandat de Vladimir Poutine, lorsqu'il passe le relais à Dimitri Medvedev, c'est tout de même le succès de cette relation qu'il peut inscrire en tête de son bilan. Or cette relation, qui n'a cessé de se développer malgré les accidents de parcours, contribue à conforter la nature eurasienne de la Russie. On aura beau disserter à l'infini sur la vocation européenne de la Russie, sur ce qui sépare la Russie de la Chine, sur l'aspect opportuniste de sa politique chinoise, il n'en reste pas moins qu'au principe de cette politique, c'est la volonté de privilégier l'intérêt national, tel que le perçoivent les responsables russes du moment, qui a dicté ce qui devient un véritable basculement vers l'Asie. L'intérêt national tel que Poutine et son successeur le définissent aujourd'hui est en effet fondé sur un constat peu discutable : un glissement géopolitique vers l'Asie et vers le monde des États émergents. Pour la Russie qui a choisi, après la fin de l'URSS, la relation avec la Chine comme moyen d'affirmer qu'elle était encore une puissance, ce glissement du monde vers l'est modifie la donne. Poutine l'a souvent répété : la géographie particulière de la Russie, continent eurasiatique, qui a durablement freiné son développement, constitue en fait une chance dans un monde transformé, à condition que la Russie sache en tirer les conséquences qui vont bien au-delà de choix pragmatiques, mais qui touchent à la définition de son identité.

Dans ce monde qui s'éloigne de l'Europe, la Chine ne saurait cependant suffire à la Russie. Jusqu'où celle-ci peut-elle aller en Asie ? Telle est la question qui, désormais, va dominer progressivement la décision politique.

Quelle politique en Asie ?

Si la Russie est une puissance eurasienne, elle n'est pas et ne peut prétendre être asiatique, ni constituer une partie de l'Asie orientale. Pourtant, elle ne peut pas non plus en être tenue à l'écart si elle veut se poser en acteur politique de dimension mondiale, car cette région ne cesse de gagner en importance. La politique russe s'y heurte cependant d'emblée à deux obstacles : le caractère fractionné de l'Asie du Sud-Est, d'abord, qui juxtapose peuples et cultures, mais aussi le fait que, contrairement aux puissances que la Russie prétend égaler – États-Unis, Chine, Inde –, elle est la seule à être totalement extérieure à l'Asie orientale, périphérie du monde continental, du *Heartland*, où il lui faut pénétrer[1]. La Chine est-elle prête à favoriser l'entrée de Moscou dans cette partie de l'Asie si complexe où elle-même a l'ambition d'acquérir une plus grande influence pour elle seule ? Quelle voie la Russie peut-elle alors suivre pour y jouer un rôle, se tailler progressivement l'habit d'un État capable d'élargir par là son identité eurasienne ?

1. A. Dougine justifiait cette prétention par le caractère eurasiatique de la Russie : « Evraziiskaia platforma », *Nezavisimaia Gazeta*, 15 novembre 2000.

Où agir ? Quels domaines privilégier ? Les responsables russes savent qu'en Asie leur pénétration dépend du maintien de la stabilité, alors même que les signes de déstabilisation s'y multiplient. Cette analyse est aisée à comprendre. Tard venue dans une région où rien ne la menace, la Russie dispose encore de peu d'intérêts propres en Asie, où son ambition se limite à être présente et à acquérir de l'influence. Dans ces conditions, Moscou considère – exception dans sa perception de ses rapports avec les États-Unis – que la présence américaine dans la région est nécessaire à sa stabilité, et espère qu'elle n'y entravera pas sa propre progression. Possédant relativement peu de moyens d'action en Asie, la Russie s'y est volontiers présentée en « agent de paix et de stabilité » ne poursuivant aucune ambition personnelle.

Avec la Chine non plus, la Russie ne rencontre guère de difficultés dans la région, car les deux pays n'y pèsent pas du même poids. La Chine fait certes partie de l'Asie, mais bien des États s'y méfient d'elle. La Russie est donc prête à y soutenir tout projet chinois, estimant que le partenariat Moscou-Pékin joue là en sa faveur.

Considérant qu'elle n'avait ainsi en Asie ni rivaux ni pays que ses projets inquiéteraient, la Russie a choisi librement ses terrains et ses moyens d'action. Où se manifester ? Dans la coopération avec les instances multilatérales régionales – forum régional de l'ASEAN ou ARF[1], APEC[2] –, ou en prenant part à la discussion toujours ouverte sur la Corée ? L'expé-

1. Asean Regional Forum, dont Primakov avait dit à l'ouverture de la réunion de Djakarta, le 24 juillet 1996 : « C'est l'un des pôles principaux du monde multipolaire. »

2. Cf. *infra*, p. 207.

rience du groupe de Shanghai a appris à Moscou combien la participation aux organisations multilatérales favorisait des relations apaisées avec les divers États membres ; ou encore qu'elle permettait de concourir de manière sereine au règlement de questions litigieuses. Moscou a souvent insisté sur le caractère exemplaire du groupe de Shanghai, le proposant en modèle pour le règlement des problèmes de sécurité en Asie orientale : un modèle qui permet de trouver des arrangements bilatéraux autant que multilatéraux pour renforcer les mécanismes de sécurité. Le forum de l'ASEAN (Association des nations du Sud-Est asiatique) étant l'unique organisation de sécurité de la région, la Russie devait tout naturellement vouloir y participer. D'autant plus qu'en se posant en co-garant de la sécurité en Asie, elle s'y intégrait automatiquement, ce qui confirmait le statut de puissance qu'elle ne cessait de revendiquer.

Avant la création de l'ARF en 1993, la Russie post-soviétique avait déjà participé à des réunions ministérielles de l'ASEAN. Quand l'instance de sécurité fut mise sur pied, elle fut invitée à y entrer en même temps que le Japon et l'Inde. La vocation de cette instance est avant tout d'engager la responsabilité américaine dans la région et d'imposer à la Chine en expansion l'obligation de se soumettre à des décisions collectives qui limitent ses ambitions. Evgeni Primakov y a joué un rôle particulièrement actif et, sous son influence, un code de conduite régulant les relations entre États d'Asie a été mis en place. Au lendemain de la crise financière asiatique qui a ébranlé la Russie tout autant que les États d'Asie, l'ARF a élaboré un système de sécurité économique collective. Vladimir Poutine aura participé en personne à plusieurs sommets de l'organisation.

L'APEC (Coopération économique d'Asie-Pacifique) est un autre forum où la Russie, très présente, confirme ainsi son statut d'État asiatique, mais développe aussi par cette voie ses échanges commerciaux avec l'Asie. L'APEC a été également utilisée par Moscou comme une porte d'entrée à l'OMC. Le représentant russe au sommet de Bangkok en 2003 a déclaré explicitement que, en participant à l'APEC, la Russie se préparait fort utilement à répondre aux conditions d'entrée à l'OMC[1]. Enfin, Moscou, qui se méfie de la Chine lorsqu'il s'agit de son Extrême-Orient, a espéré que l'APEC pourrait au contraire contribuer au développement de cette région déshéritée en y attirant des investisseurs asiatiques.

La participation de la Russie à l'APEC, qui semblait d'abord dominée par des préoccupations immédiates, a rapidement pris une dimension plus large. Il est vrai que Vladimir Poutine a beaucoup insisté sur l'importance de l'organisation pour l'économie russe, et y a multiplié les propositions de coopération. En 2002, Vladivostok a accueilli une foire de l'APEC et un forum, et la ville offre d'héberger en 2012 le sommet de l'APEC, ce qui a été à la fois accepté et apprécié. Au sommet de Hanoi, en 2006, la délégation russe a avancé l'idée d'intégrer dans le programme de l'organisation le problème des relations entre cultures et religions, projet repris et soutenu par Poutine en 2007 au sommet de Sydney. En proposant à l'organisation d'ouvrir ses travaux au dialogue intercivilisationnel, la Russie a montré qu'elle pouvait non seulement dépasser le cadre des intérêts économiques, mais aussi

1. V. Fedotov, « Russia and APEC », *Far Eastern Affairs*, février 2004, p. 21.

contribuer à insuffler à l'APEC une nouvelle ambition, ô combien nécessaire dans le contexte complexe, riche en confrontations, de l'Asie d'aujourd'hui[1].

La volonté manifestée par Vladimir Poutine d'être partout présent et sa force de proposition ont également concouru au progrès des échanges commerciaux dont il peut, à la fin de sa seconde présidence, se prévaloir. Contrairement à Boris Eltsine, qui avait surtout été attiré par la Chine, Poutine a visité à peu près tous les pays de la région – outre la Chine et le Japon, le Vietnam, la Corée du Nord et du Sud, la Mongolie, la Malaisie, la Thaïlande et l'Indonésie. Dans chacun, il a plaidé pour la stabilité régionale, insistant sur la contribution que son pays pouvait y apporter. Il a aussi été le premier chef d'État russe à se rendre en Corée du Nord, dès juillet 2000, après avoir signé quelques mois auparavant, à l'aube de son premier mandat, un traité d'amitié avec ce pays pour le substituer au traité soviéto-coréen de 1961. Dans le texte de 1961, l'URSS s'était engagée à fournir une assistance militaire à Pyongyang. Cette clause a disparu en 2000 et la rédaction du nouveau traité éclaire bien la place de la Corée dans la politique de Poutine.

Sous la présidence Eltsine, la Russie avait montré peu d'intérêt pour la Corée, s'en désengageant alors que le traité de 1961 était encore en vigueur. La conséquence en fut qu'elle ne put prendre part aux négociations aboutissant aux accords signés en 1994 et 1995 entre Pyongyang et les États-Unis, puis entre Washington et les deux Corée, sur les problèmes de l'énergie nucléaire. Alors qu'elle restait à l'écart de ces diverses

1. V. Poutine, « K ustoichivomu razvitiiu ATR », *Rossiiskaia Gazeta*, 8 septembre 2007.

tractations, force fut à la Russie de constater que la Chine jouait un rôle important dans toute l'affaire coréenne. C'est à Poutine que revient le mérite d'avoir réintroduit la Russie dans le débat. Le nouveau traité et sa visite à Pyongyang lui ont fourni l'occasion de revendiquer une place dans toute négociation à venir. Poutine s'est aussi rapproché de Séoul, montrant ainsi que la Russie pouvait jouer les médiateurs entre les deux Corée. Sa participation aux négociations à six (États-Unis, Chine, Corée du Sud et du Nord, Japon, Russie) a enfin donné corps à cette prétention.

Sans doute le rôle de la Russie dans ces pourparlers ne fut-il jamais considérable ; mais la volonté manifestée par Poutine d'établir une relation équilibrée avec chacune des deux Corée lui a conféré une autorité nouvelle pour intervenir dans des épisodes cruciaux du conflit ou pour tenter de tempérer les ambitions nucléaires de Kim Jong-il. Lorsque, en 2007, Pyongyang a accepté la fermeture d'un réacteur nucléaire à Yongbyon, Moscou a pu revendiquer une part de ce succès. Il faut d'ailleurs noter ici que Pyongyang a constamment insisté sur la nécessaire participation russe à tous les pourparlers, craignant que si la Russie en était exclue, ils ne prennent vite l'allure d'une guerre contre la Corée du Nord[1].

Certes, l'influence de la Russie en Corée, et plus largement son rôle dans l'élaboration d'équilibres régionaux, sont encore modestes. Mais comment oublier que la Russie ne se manifeste ici que depuis 2000 ? que nul n'envisage plus, en Asie orientale, de développements politiques et économiques auxquels elle ne

1. G. Toloraia, « Koreiskii poluostrov v poiskah. Puti k stabil'nosti », MEIMO, janvier 2008, pp. 54 sqq.

serait pas associée ? Le grand acquis de l'activité conduite ici avec constance par Poutine est que la Russie n'y inquiète personne. Elle y est toujours perçue comme une puissance géographiquement extérieure à l'Asie, mais culturellement proche et ne menaçant aucun État, car n'y ayant pas d'intérêts particuliers à défendre.

Cette vision positive d'une Russie modératrice et utile à tous va permettre à Moscou de mettre en œuvre un projet concret qui pourrait se développer à l'avenir et contribuer à renforcer son identité asiatique. Il s'agit de rapprocher et même de relier l'Europe à l'Asie en jouant, grâce à son immense espace, le rôle de pont entre les deux mondes auxquels la Russie est seule à pleinement participer[1]. La liaison ferroviaire par le Transsibérien entre Russie d'Europe et Russie d'Asie avait déjà été conçue par l'Empire comme un moyen privilégié d'unifier l'immensité et de faire de la Russie non seulement l'Eurasie, mais un pont entre deux continents. Au début du XXe siècle, le projet était avant tout d'ordre politique : il s'agissait de porter la puissance russe aussi loin que possible. Au XXIe siècle, le dessein est devenu multiforme : la préoccupation de puissance en est certes le cœur, mais la dimension économique n'y est pas moins importante. La Russie entend s'intégrer à l'économie de l'Asie et renforcer par là sa position dans l'économie mondiale. Mais elle veut aussi être la voie privilégiée du transit commercial de l'Europe vers l'Asie et de l'Asie vers l'Europe, voie plus économique, en temps et en argent, que celle passant par les mers. Enfin – cette dernière préoccupation est tou-

1. S. Rogovdlia *Evraziiskaia strategia delia rossii*, Moscou, 1998.

jours présente dès lors que la Russie est tournée vers l'Asie –, un tel projet devrait contribuer au développement de la région d'Extrême-Orient.

La politique coréenne de Vladimir Poutine tient, dans cette perspective, une place considérable[1]. Le projet du Président russe de relier les deux grands réseaux ferroviaires transsibérien et transcoréen, en passant non par la Chine, mais par l'Extrême-Orient russe, pour aboutir, au sud de la péninsule, au port de Pusan, présentait de multiples avantages politiques. Tout d'abord, la création de cette voie de communication tournait encore plus la Russie vers l'Asie, consacrant son statut asiatique et sa puissance dans la région. Mais le projet, fondé sur un rapprochement des deux Corée, devait aussi contribuer à la stabilité régionale et, étant un projet russe, témoigner de la capacité de Moscou à jouer un rôle central dans ce processus. Enfin, passant à l'écart de la Chine, le réseau transsibérien-transcoréen représentait une victoire sur un projet chinois concurrent, tout en offrant des chances de développement aux régions russes d'Asie.

Ce dernier point concernait une fois encore la question, fondamentale pour la Russie, de son intégrité territoriale, qu'elle sait menacée tout à la fois par l'état pitoyable de ses confins orientaux et par l'instabilité inquiétante de leur voisinage asiatique. Mais ce projet par trop ambitieux requérait des concours financiers considérables et l'accord des diverses parties : il fallait obtenir des fonds japonais, et que la concorde régnât entre les deux Corée ainsi qu'entre le

1. A. Startseva, « Russia : Korean Rail Link, a Potential Watershed », *Moscow Times*, 10 juin 2003 et « Yakunin Signs North Korea Link Deal », *Moscow Times*, 25 avril 2008.

Japon et la Russie. L'espoir mis dans les investissements nippons fut vite déçu, car il se heurta à la sempiternelle question des îles revendiquées par Tokyo. Les tensions entre les deux Corée, resurgissant périodiquement, remirent aussi en cause le projet. Si Vladimir Poutine s'est obstiné à porter cette entreprise désespérée, c'est qu'elle donnait un contenu concret à la prétention de la Russie à jouer le rôle de pont entre Europe et Asie dans toutes les dimensions possibles : identités, civilisations, intérêts économiques des zones situées aux deux extrémités de ce pont, enfin stabilité et sécurité de l'espace eurasien prolongé par l'Asie.

En définitive, la Russie qui, au début des années 2000, était marginale, quasi étrangère à l'Asie, qui s'y trouvait confrontée à la puissance régionale mais déjà considérable de la Chine, ainsi qu'à la puissance globale des États-Unis, réussit peu à peu à y étendre son influence en ne prenant guère de risques, en n'essayant ni de contenir l'influence chinoise, nécessaire pour équilibrer celle des États-Unis, ni de contester celle des États-Unis, indispensable à la stabilité régionale mais aussi, avec le temps, capable de freiner une Chine en expansion. La Russie a ainsi réalisé à faible coût un exploit, celui de s'inscrire progressivement dans ce paysage proprement asiatique non plus comme une puissance étrangère ou marginale, mais en en faisant partie. Elle y a gagné une influence croissante, fruit de sa participation active à toutes les instances régionales multilatérales, où elle a su « border » les États-Unis, mais aussi conséquence de sa défense opiniâtre de la stabilité. Son intégration dans la région et l'influence qu'elle y exerce ont contribué à renforcer son statut de puissance globale. De ce point de vue, les années de la présidence Poutine auront été particulièrement fécondes.

Ce succès en Asie mérite que l'on s'y arrête. Ce qui l'explique, c'est avant tout la cohérence et la continuité des choix effectués dans cette région, contrairement à ce qui caractérisa parfois la politique suivie ailleurs. La chance de la Russie en Asie fut de n'être pas seule face aux États-Unis : la multiplicité des acteurs de première dimension – Chine, Japon, Inde, mais aussi ASEAN – a transformé le monde asiatique en un échiquier où l'opposition russo-américaine, si forte sur les autres terrains de la vie internationale, s'inscrivait dans un jeu complexe. Pour la Russie, qui n'était en Asie qu'une puissance parmi d'autres, la conscience de ce fait l'a conduite à se considérer et à agir en « grande puissance normale », au lieu de revendiquer un statut spécial de *seconde* ou d'*égale* de la superpuissance américaine. Cette lucidité sur le caractère relatif de sa puissance a certainement facilité l'intégration de la Russie dans la région.

D'une certaine manière, l'intérêt russe croissant pour l'Asie – de la Chine à l'Asie orientale – consacre un changement géopolitique significatif : il témoigne de la réalité du monde multipolaire où la prééminence occidentale est remise en cause et où la Russie avec la Chine, ou encore la Russie avec le BRIC – Brésil, Russie, Inde, Chine – s'efforcent de nouer des coalitions en marge du monde occidental.

Le tournant « asiatique » de la politique étrangère russe, cette revendication d'un statut eurasiatique posent en dernier ressort une question : qu'est l'Eurasie ? que signifie l'identité eurasienne pour Vladimir Poutine ?

Les partisans de l'eurasisme se réclament volontiers de celui qui, jusqu'en 2008, exerça la fonction présidentielle, expliquant que son intérêt pour l'Asie, sa politique asiatique très active et réussie partaient d'une adhésion personnelle à l'eurasisme. Certes, Poutine n'a jamais manqué de souligner que si la Russie, de par sa géographie, était pour l'essentiel un pays d'Asie, elle était loin d'en avoir tiré les conséquences politiques et engrangé les bénéfices. Mais, s'agissant de son accord avec les théories eurasiennes, voire de son identification asiatique, on ne saurait se montrer trop prudent.

Marlène Laruelle, dont les remarquables travaux sur l'identité russe et l'eurasisme invitent à pondérer maints jugements excessifs, écrit : « On notera tout d'abord que Vladimir Poutine et les autres figures de l'État compétentes sur ces questions parlent de la Russie comme d'un "pays eurasiatique" (*evroaziatskaia strana*) et n'emploient jamais la terminologie d'"eurasien" ou d'"eurasiste" (*evraziiskaia strana*), les deux derniers termes étant impossibles à dissocier en russe[1]. » Cette remarque ne recouvre pas seulement une querelle sémantique, elle porte sur le fond même de la définition de l'Eurasie. Le mot « eurasiatique » (*evroaziatskaia*) se réfère à la géographie de la Russie, qui rassemble en effet l'Europe et l'Asie. Le mot « eurasien » (*evraziiskaia*) implique une définition culturelle qui fait de la Russie un pays asiatique dans son essence nationale, et non plus dans sa situation physique. Le vocabulaire utilisé par les dirigeants russes, Poutine au premier chef, constate un fait géographique que la Russie partage avec des pays d'Asie de tradition

1. M. Laruelle, *op. cit.*, pp. 21-22.

occidentale et chrétienne, telles les Philippines, mais n'implique nullement l'évocation d'une identité nationale et culturelle différente de celle de l'Europe. Bien au contraire, Poutine a toujours mis au premier rang de la définition de la Russie la tradition orthodoxe ou, mieux encore, la *civilisation* orthodoxe et le *caractère national* russe. Sans doute aura-t-il payé son intérêt presque prioritaire pour cette politique asiatique d'une certaine prise de distance par rapport à l'Europe. Mais ce sont les spécificités de la civilisation russe – le christianisme oriental, un caractère national forgé par une histoire particulière dans laquelle l'islam, le judaïsme, mais aussi le bouddhisme, donc l'Asie, ont lourdement pesé – que, d'une certaine manière, il oppose à l'Europe. Vladimir Poutine n'a jamais contesté le caractère européen de son pays, même s'il suggère que la tradition européenne est plurielle, que la Russie, riche de sa géographie et de ses spécificités historiques, en constitue une variante parfaitement légitime : la variante d'une *Europe slave*.

La revendication d'une identité eurasiatique chez Vladimir Poutine est en réalité le fruit d'un double constat. Celui, d'abord, de la perte d'identité qu'a connue la Russie avec la fin brutale de l'URSS. *Empire et puissance*, elle n'est plus, au détour de la décision inopinée de Boris Eltsine, qu'un État inconnu, sans passé ni moyens. C'est à cette perte d'identité que Poutine s'est efforcé d'apporter une réponse en brandissant une définition géographique de son pays. Car la Russie-Eurasie est déjà une *puissance potentielle*, celle qui découle d'un espace immense et, pour sa plus grande partie, tourné vers l'Asie. C'est aussi une *identité impériale*, car la Russie d'Asie a été conquise par l'Empire. Même si la Russie s'est délestée d'une part essentielle de son empire et si elle n'a pas l'ambition de lui rendre vie en récupérant les États émancipés, une part de cet empire subsiste : c'est la masse eurasiatique. Peu importe que le mot *empire* ne figure plus dans le vocabulaire des principaux dirigeants russes (encore qu'Anatoli Tchoubais, l'un des plus remarquables représentants de la génération post-soviétique occidentaliste, ait parlé d'*Empire libéral*[1]) ; la *puissance* (*derjava*), statut que tous revendiquent pour la Russie, n'a-t-elle pas toujours revêtu une dimension impériale ?

La seconde raison qui a conduit Vladimir Poutine à insister sur le caractère eurasiatique de la Russie n'est-elle pas un simple constat de bon sens ? Au moment où il prend les rênes du pouvoir en Russie, le monde est avant tout caractérisé par la montée des États d'Asie et par l'importance croissante de l'Asie dans la vie internationale. Comment la Russie, située pour l'essentiel en Asie, n'aurait-elle pas eu intérêt à s'intégrer à cette partie du monde qui est, au XXIe siècle, la plus dynamique sur le plan de l'économie, mais aussi de la politique et de la démographie ? Pour une Russie ruinée, privée des attributs de sa puissance, ne pas saisir la chance que lui offre sa géographie pour regagner ce qui semblait perdu eût été insensé. Il ne s'agit évidemment pas de reconquérir des territoires, mais tout bonnement la puissance qui inspire respect. Depuis longtemps, Evgeni Primakov avait montré la voie ; Vladimir Poutine s'y est engagé en se posant en président d'un pays eurasiatique, c'est-à-dire en y adaptant sa politique étrangère, mais

1. A. Chubais, « Missiia rossii v XXI veke », *Nezavisimaia Gazeta*, 1er octobre 2003.

aussi son projet de reconstruction de l'État dans une acception plus conforme à la tradition de la Russie et de l'Eurasie qu'aux critères rigides de la démocratie européenne. Restaurer un État plus autoritaire, davantage fondé sur la tradition orthodoxe et sur l'intérêt national : telle a été son ambition.

Dans le « choix asiatique » qui a inspiré, au cours des dernières années, la politique russe, ne faut-il pas aussi faire place à ce que nombre d'*occidentalistes* soulignaient au début du XXe siècle : la déception russe face à une Europe qui ne comprend pas toujours la Russie, la sous-estime, la marginalise parce qu'elle n'est pas conforme à tous ses critères ? Le refus européen de tenir pour légitime une certaine spécificité russe avait incité, il y a plus d'un siècle, des penseurs comme Constantin Leontiev ou Vladimir Lamanski[1] à prôner la reconnaissance des intérêts russes en Asie et celle de l'identité asiatique de la Russie. Ce qui n'implique pas que, pour ceux qui la dirigent, la Russie se soit choisi un destin asiatique. Simplement, pour restaurer sa puissance, recouvrer la fierté nationale, ils misent sur une spécificité géographique qui leur donne accès à la partie la plus dynamique du monde où nous vivons. Chef de file d'un État qui proclame sa nature et ses intérêts eurasiatiques, Vladimir Poutine n'est-il pas avant tout un Russe habité par la passion de son pays ?

---

1. Vladimir Lamanski (1833-1914) a parlé le premier d'Eurasie. Pour Constantin Leontiev (1831-1891), la Russie doit se dire touranienne plus que slave.

CHAPITRE VI

L'Orient compliqué

La Russie n'est pas seulement l'Eurasie, à moins d'élargir celle-ci et d'y intégrer une dimension particulière, celle de l'islam. Car la Russie est aussi un pays musulman, ses responsables le répètent régulièrement depuis le début du siècle, notamment Vladimir Poutine.

La Russie, État musulman

Cette affirmation n'est pas vaine, tout la justifie : l'histoire russe, l'état présent du pays, sa géographie. Depuis le XVIe siècle, la Russie s'est étendue sur des terres d'Islam, absorbant les prestigieux khanats de Kazan, de Crimée, d'Astrakhan, avant d'ajouter à son patrimoine l'Asie centrale et le nord du Caucase. Si la dislocation de l'URSS a privé la Russie d'États proprement musulmans, elle conserve à l'intérieur de ses frontières d'importantes entités islamiques. Près de vingt millions de musulmans vivent aujourd'hui au sein de la Fédération et le dynamisme de leur natalité, opposé à la faiblesse démographique des Russes, garantit qu'ils y tiendront une place croissante dans les années à venir.

Vladimir Poutine souligne volontiers le caractère exceptionnel de cette cohabitation russo-musulmane. En Russie, en effet, Russes chrétiens et musulmans de Russie sont les uns et les autres des autochtones ; la vie commune est pour eux une habitude multiséculaire. La Russie, qui a embrassé dans ses frontières la terre historique des uns et des autres, peut se définir indifféremment comme pays des Slaves chrétiens ou pays des Turcs musulmans, tous citoyens d'un État qui est donc également terre d'Islam.

Cette situation remarquable saute aux yeux à Kazan. Au XVIe siècle, Ivan le Terrible conquit la ville, d'où partaient les conquérants tatars musulmans qui, trois siècles durant, avaient envahi la Russie, et, par esprit de représailles, il y fit abattre toutes les mosquées et interdire toute manifestation de l'islam. À la place de la mosquée-cathédrale de Kazan – un des hauts lieux de l'islam à l'époque –, il fit ériger une cathédrale orthodoxe. Quatre siècles plus tard, l'URSS disparue, le président de la république du Tatarstan, Mintimer Chaïmiev, musulman convaincu, loin d'imiter Ivan le Terrible dans sa fureur intolérante et destructrice, a naturellement conservé la cathédrale édifiée par lui, mais a construit juste en face d'elle, au cœur du kremlin, dominant le paysage alentour, la nouvelle grande mosquée de Kazan. Tout est ici symbole. La mosquée de Chaïmiev est le plus élevé et le plus vaste des édifices religieux de l'Islam en Europe. Elle surplombe aussi la cathédrale orthodoxe, marquant le retour à Kazan d'un islam triomphant. Mais ce face-à-face si spectaculaire de la grande mosquée et de la cathédrale résume la situation passée et présente de la Russie : la cohabitation désormais tolérante des deux plus grandes religions et civilisations du pays[1].

L'Empire russe qui, depuis le règne de Catherine II, avait renoncé à la politique d'intolérance envers l'islam, lui faisant place au contraire dans tous les domaines de la vie sociale, n'en usa cependant pas ainsi en politique extérieure[2]. Face au monde musulman – à la Turquie, à l'Iran, à l'Afghanistan, ses grands voisins –, l'Empire revendiquait son statut d'État chrétien, notamment pour protéger ceux qui, en Orient, partageaient sa foi. Mais il en alla tout autrement de l'État soviétique. Après les décennies de persécution des religions, il découvrit, avec la Seconde Guerre mondiale, que celles-ci pouvaient, comme ciment national, avoir une utilité politique et, en 1956, lorsqu'il commença à s'intéresser au Moyen-Orient, qu'il était loisible de s'en servir comme instruments de politique étrangère.

Au milieu des années 1950, le Moyen-Orient paraît difficilement accessible à l'URSS : le communisme effraie les systèmes politiques locaux et les États-Unis les mobilisent dans une ample alliance destinée à barrer la route à d'éventuelles avancées soviétiques. La politique du *containment*, fondement de la guerre froide, se traduit au Moyen-Orient par le pacte Ankara-Karachi-Bagdad-Téhéran. L'URSS franchit ce barrage en se lan-

1. A. Mel'nikov, « Kremlevskie zvezdy i polumesiats », *Nezavisimaia Gazeta*, 7 octobre 2009, supplément N. G. Religia, p. 1.

2. H. Carrère d'Encausse, *Catherine II*, Paris, 2002, pp. 297-300.

çant à l'assaut des grandes capitales arabes et en s'y présentant non en grande puissance étrangère au Moyen-Orient, mais en État partiellement musulman. Elle envoie sur place des représentants et des experts originaires d'Asie centrale ou des rives de la Volga, et affirme incarner un modèle de développement qui se concilie avec les règles et l'esprit de l'islam[1]. Cette politique est couronnée de succès momentanés et d'échecs ; en 1992, ces derniers dominant, la Russie qui succède à l'URSS ne trouve plus guère d'États amis dans le monde arabo-musulman, pas plus qu'en Turquie ou en Iran. Partout, c'est l'esprit conquérant du communisme qui semble s'être imposé, au détriment de l'image proposée à la fin des années 1950, et l'invasion de l'Afghanistan, en 1979, a achevé d'effrayer le monde musulman.

Le monde bipolaire disparu, la Russie se trouve dans une situation nouvelle pour elle aux abords de l'univers de l'Islam. L'indépendance des États d'Asie centrale et du Sud-Caucase a pour conséquence de créer une zone tampon entre l'État russe et ceux qui, jusqu'alors, étaient des voisins immédiats. Ceux-ci n'ont plus de raison de se sentir menacés, d'autant plus que la Russie nouvelle se concentre d'abord sur sa propre transition. Et lorsqu'elle regarde vers l'extérieur, sous la présidence de Boris Eltsine, l'intérêt qu'elle manifeste pour l'Orient va en priorité à la Chine et au reste de l'Asie.

Sans doute Evgeni Primakov s'obstine-t-il alors à rappeler que la Russie a un rôle à jouer au Moyen-

1. E. Primakov, *Gody v bol'choi politike*, Moscou, 1999, pp. 308-338 et H. Carrère d'Encausse, *La Politique soviétique au Moyen-Orient*, Paris, 1976.

Orient, et il fait de l'ouverture sur cette région une affaire personnelle. En 1996, il se rend successivement dans la plupart des pays arabes de la région – Égypte, Syrie, Liban, Jordanie. Avant la conférence de Madrid-2, il va en Israël et tente de faire accepter par les Israéliens et les Palestiniens des « règles de conduite » susceptibles de favoriser le succès de la conférence. L'année suivante, lorsque l'Irak est menacé de « frappes », il s'active au sein du Conseil de sécurité des Nations Unies, multipliant les rencontres avec tous les acteurs potentiels du drame qui se noue, pour éviter qu'il atteigne le point de non-retour[1]. Ses efforts auront été vains : Primakov n'aura pu empêcher les bombardements sur l'Irak, mais il aura du moins réussi à convaincre les Irakiens que la Russie pouvait, par sa présence, contribuer à modifier la donne régionale. Dans son autobiographie, Primakov impute l'échec de ses entreprises de conciliation en Irak et en Palestine à la situation intérieure de la Russie, frappée alors de plein fouet par la crise financière de 1998, et il constate que, pour pouvoir jouer un rôle extérieur, son pays doit d'abord se redresser, retrouver les moyens de l'action[2]. Là est le paradoxe éternel de la « puissance pauvre ». Il n'empêche que, malgré la crise financière, en dépit de tous les autres obstacles, Primakov, ministre des Affaires étrangères depuis 1996, a été l'artisan obstiné du retour de son pays sur la scène moyen-orientale.

1. E. Primakov, *Mir bez rossii*, Moscou, 2009, p. 37.
2. E. Primakov, *Gody v bol'choi politike*, *op. cit.*, pp. 425 sqq.

Le triangle improbable Moscou-Ankara-Jérusalem

Deux pays ont été d'emblée au cœur des efforts russes déployés dans la région : la Turquie et Israël.

Quand la guerre froide prend fin, les relations russo-turques ne sont guère favorables à un rapprochement, la Turquie ayant été un adversaire constant de l'URSS. Membre de l'OTAN, allié privilégié des États-Unis dans la région, Ankara, en 1992, va devenir pour la Russie nouvelle un inquiétant rival en Asie centrale. Les démarches entreprises dans cette partie de la CEI par le Premier ministre turc, Madame Ciller, visant à proposer aux nouveaux États une hypothétique alliance fondée sur l'héritage commun turco-musulman, ont de quoi troubler Moscou. La Russie peut craindre qu'à ses frontières, à proximité des républiques musulmanes de la Fédération, n'apparaisse un regroupement d'États liés par la langue et la culture turques ainsi que par l'islam – car Madame Ciller n'hésite pas à invoquer la communauté religieuse – sous la houlette de la Turquie et, au-delà, des États-Unis.

Depuis toujours, l'Empire russe avait été hanté par une « tentation turque » ou pan-turque au sein de ses possessions centro-asiatiques. L'État soviétique l'a brisée en coupant les peuples turcs d'Asie centrale de la langue turque, facteur incontestable d'unité, notamment par l'imposition de l'alphabet cyrillique à leurs langues nationales[1]. Au début du XXIe siècle, la crainte

1. Avant la révolution de 1917, les musulmans réformateurs de Russie prônaient soit l'éducation en russe, soit la latinisation de l'alphabet pour que leurs langues puissent servir de véhicules de modernisation. A. Arsharuni et H. Gabidullin, *Otcherki*

de la Turquie laisse place, dans la politique russe, à un véritable tropisme turc que Vladimir Poutine va s'efforcer de mettre en œuvre.

Tout d'abord, la Turquie a abandonné l'espoir, caressé une décennie auparavant, de regrouper et guider les pays d'Asie centrale dans le cadre d'un projet politique commun. Il eût fallu, pour ce faire, des moyens financiers et politiques considérables. La Turquie ne les avait pas, et c'est ce qui explique qu'elle y ait renoncé. Au lieu de cela, c'est le rapprochement avec Moscou qui va connaître en quelques années un essor spectaculaire. Ce qui favorise ce tournant, c'est d'abord l'intérêt économique des deux parties : la Russie peut fournir à la Turquie l'énergie qui lui est indispensable ; de son côté, la Turquie est presque complémentaire d'une Russie qui manque encore de tout. Le tourisme se développe rapidement entre les deux pays, assurant des contacts humains que vont compléter des masses de travailleurs turcs très appréciés sur tous les chantiers russes.

La Russie du début du siècle construit à tout va : logements, édifices publics, établissements culturels, et reconstruit certains immeubles phares de l'ère soviétique. Partout on réclame des Turcs, dont le savoir-faire et l'ardeur au travail servent de modèle. Mais se développe aussi entre les deux pays un commerce légal et largement illégal qui apporte aux Russes les biens de consommation dont ils ont été si durablement privés. De relations politiques glaciales, les deux États passent à l'adoption de positions communes qui, souvent, vont

panislamizma i panturkizma v rossii, Moscou, 1931 ; H. Carrère d'Encausse, *Réforme et révolution chez les musulmans de Russie*, Paris, 1966, pp. 102 sqq.

les opposer aux États-Unis. La Turquie commence à prendre ses distances avec Washington à propos de l'Irak et de l'Iran. En 2003, Ankara et Moscou se retrouvent en proie à une même inquiétude face à la stratégie américaine de soutien aux « révolutions de couleur ». Sans doute ces révolutions, qui se présentent en modèles de « révolutions démocratiques » face à la Russie, et qui se pressent aux portes de l'OTAN, sont-elles plus gênantes encore pour Moscou que pour Ankara. Mais la Turquie s'inquiète elle aussi du problème de ces révolutions en Asie centrale, de la déstabilisation qu'elles risquent d'y entraîner, de l'effet de contagion possible au Kurdistan – ce qui, à terme, pourrait poser la question kurde en général. Enfin, les deux pays portent un même intérêt à Israël, avec qui la Turquie est liée depuis 1990 par un accord sur la sécurité.

Pour Moscou, Israël a été durablement source d'espérances et de déconvenues, mais, au début du XXIe siècle, c'est l'espoir qui l'emporte. Lorsque l'État hébreu fut créé, l'URSS espéra que cette entité dont les fondateurs venaient pour la plupart de l'Empire russe, qui avaient grandi dans l'idéologie socialiste, constituerait le poste avancé de l'esprit socialiste et slave au Moyen-Orient. C'est ce qui explique que l'URSS lui apporta son aide lors de la première guerre israélo-arabe. Puis ce fut l'ère des désillusions : Israël devint un pôle pro-américain dans la région et l'URSS se tourna vers les Arabes, prenant leur parti dans les instances internationales et les équipant militairement, souvent par le truchement de ses satellites est-européens.

Tout change à la fin des années 1990, quand la Russie va retrouver des raisons de se rapprocher d'Israël et d'en faire un de ses vecteurs d'influence au Moyen-Orient. Une forte population d'immigrants russes est présente en Israël, venue soit dans les années soviétiques, grâce aux pressions américaines (l'amendement Jackson-Vanik), soit après la fin de l'URSS, lorsqu'on put émigrer librement[1]. Cette diaspora russe, d'un niveau intellectuel et professionnel très élevé, joue grâce à cela, depuis quelques années, un rôle politique important en Israël et pèse sur les orientations de l'État hébreu. Les Israéliens russophones ont tout naturellement poussé, de leur côté, au rapprochement avec Moscou. Un subtil triangle Moscou-Ankara-Jérusalem se dessine, dont les protagonistes sont unis par leur commune hostilité aux mouvements islamistes radicaux qui progressent dans certains pays arabes, et aussi par l'intérêt économique. Comme le souligne Evgeni Primakov, les liens resserrés avec Israël offrent à la Russie une chance réelle de pouvoir jouer sa partie dans un futur règlement de l'éternelle question palestinienne.

Les relations que la Russie a nouées au cours des premières années de ce siècle avec Ankara et Jérusalem[2] vont se trouver renforcées par leurs frustrations respectives envers l'Europe et les États-Unis. La Turquie s'impatiente, puis se décourage face aux atermoiements européens à lui ouvrir les portes de

1. V. Poutine, *Ejegodniaia bol'chaia press konferentsiia*, 14 février 2008. Sur le site présidentiel, p. 50 : « Les émigrés de l'ex-URSS constituent un lien complémentaire entre la Russie et Israël. »

2. N. Surkov, « Pervyi nesekretnyi visit Netaniahu », *Nezavisimaia Gazeta*, 15 février 2010, p. 1 ; A. Terehov, « Scha i Israïl vovlikaiout rossiiu v iranskii gambit », *Nezavisimaia Gazeta*,16 février 2010, pp. 1 et 7.

l'Union, et tend à se tourner toujours plus vers l'autre grand État de la région, la Russie, qui pour sa part ne nourrit pas d'ambitions européennes[1]. Mais leur position si particulière d'extériorité par rapport à une Union européenne qui s'étend jusqu'aux abords de la mer Noire et menace de faire de même au Caucase, c'est-à-dire à leurs frontières, incite Russie et Turquie à y revendiquer un rôle croissant de puissances régionales, soudées par des intérêts communs.

Retour dans le monde arabe

À la différence de Boris Eltsine, Vladimir Poutine, dès le début de sa présidence, a montré sa volonté de voir reconnaître le statut d'État islamique à la Russie. En 2003, il participe aux travaux de l'Organisation de la Conférence islamique (OCI) ; il est le premier chef d'État d'un pays non musulman à y être admis et à y prendre la parole[2]. En juin 2005, la Russie obtient le statut d'observateur de l'OCI grâce au soutien de l'Iran, de l'Égypte et de l'Arabie saoudite. Poutine en remerciera ce dernier pays, deux ans plus tard, lorsqu'il se rendra à Riyad pour une visite qui prendra la dimension d'un événement historique. Depuis les temps soviétiques, les relations de Moscou avec l'Arabie saoudite étaient difficiles. Durant des années, c'est l'Arabie qui entretint la flamme islamique en territoire soviétique puis russe, finançant la construction de mosquées, d'écoles coraniques, assurant la formation des

1. 3 février 2009, rencontre Medvedev-Abdullah Gül à Moscou. *Russia Intelligence*, n° 93, 26 février 2009, p. 6.
2. Commentaire de M. Margelov, *Pravda*, 21 octobre 2003.

clercs (mollahs) qui, dans l'Islam russe, encadrent les fidèles. Même si la Russie se dit islamique, la mobilisation religieuse systématique d'une population chez qui la foi du Prophète a toujours nourri un puissant sentiment national n'est pas sans inquiéter les autorités russes. Dès la première guerre de Tchétchénie, et tout autant durant la seconde, l'Arabie a condamné l'intervention russe, et Moscou a rétorqué que la protection de ce pays n'avait pas manqué aux terroristes, suggérant même qu'ils y avaient été formés au combat. Le contentieux russo-saoudien était donc fort sérieux.

Mais, dès le début de la décennie, une nouvelle situation voit le jour, qui va favoriser le rapprochement entre Moscou et Riyad. Les attentats du 11 septembre 2001 bouleversent les États-Unis, qui pointent alors du doigt des complicités arabes. Les liens entre Riyad et Washington se distendent. L'opposition de la Russie à la guerre d'Irak, en 2003, la fait apparaître en défenseur de la cause arabe, à l'opposé des États-Unis qui ont montré en Irak jusqu'où pouvait aller leur volonté d'ingérence. C'est pourquoi, à partir de 2003, la position de la Russie – État musulman reconnu, ainsi qu'en témoignent sa présence assidue aux réunions et sommets ministériels de l'OCI, et son opposition à la guerre d'Irak – lui permet de s'avancer dans l'ensemble du monde arabe pour renouer des liens jusqu'alors distendus.

La Russie peut dès lors proposer sa médiation dans les crises régionales, voire jouer les intermédiaires entre les États-Unis et le monde arabo-musulman. Vladimir Poutine parcourt le Moyen-Orient, y rappelant les efforts accomplis par l'URSS dans la région, les liens qui y ont été tissés, et surtout se posant, en raison des acquis du passé et du caractère propre de la

Russie, en président d'un pays ami, sans ambitions ni revendications régionales, mais soucieux d'y défendre les intérêts des États. Il ne se prive pas alors de souligner que la Russie, où chrétiens et musulmans, peuples turcs, persans et slaves cohabitent harmonieusement, est particulièrement attachée au respect de toutes les religions. En un temps où l'islam – sous sa forme radicale, certes – est désigné comme l'adversaire de la civilisation occidentale, ce discours est entendu. D'autant plus qu'Evgeni Primakov, qui reste très présent sur la scène moyen-orientale, n'en finit pas de dénoncer la théorie du *clash des civilisations* de Samuel Huntington, devenue, écrit-il, une véritable bible pour l'Amérique. N'est-ce pas là ce qui oppose les États-Unis, convaincus par les thèses de Huntington, et la Russie, qui témoigne par son exemple que le dialogue des civilisations peut non seulement exister, mais dessiner les contours de l'identité d'un pays[1] ?

L'Égypte, qui avait été, dans les belles années de l'avancée soviétique au Moyen-Orient, un pôle de l'« amitié entre les peuples », avant d'expulser ses conseillers soviétiques en 1972, est l'objet d'attentions particulières de la part de Vladimir Poutine. Il a visité ce pays en 2005, a reçu à plusieurs reprises à Moscou le président Moubarak, qui avait soutenu l'admission de la Russie à l'OCI. Entre Moscou et Le Caire, les sujets de connivence sont nombreux, mais deux pèsent spécialement en faveur du rapprochement. C'est, à l'évidence, l'importance accordée par la Russie au monde arabe : lors de son voyage en Égypte, Poutine s'est rendu au siège de la Ligue arabe, proposant à son secrétaire général, Amr Moussa, d'établir une représenta-

1. E. Primakov, *Mir bez rossii*, *op. cit.*, pp. 87-90.

tion russe auprès de la Ligue, dont il a salué le rôle décisif dans le monde arabe. Autre sujet de préoccupation commun aux présidents russe et égyptien : la nécessité d'aboutir à une solution du conflit israélo-palestinien. L'Égypte ayant très tôt renoué avec Israël, le président Moubarak s'est posé en médiateur privilégié et écouté des deux parties. Comme lui, Poutine entend contribuer à mettre fin à un drame qui dure depuis déjà six décennies. Le projet russe d'une conférence internationale à Moscou a recueilli le soutien du président Moubarak. Pour préparer cette conférence et celle d'Annapolis qui la précéderait, Evgeni Primakov, envoyé spécial du président russe, a rencontré, tout au long de l'année 2008, les responsables du Moyen-Orient, témoignant ainsi de la volonté de Moscou de servir d'intermédiaire entre des pays souvent peu convaincus du succès possible de ces deux forums.

La Syrie a notamment été l'objet des attentions de la Russie, très soucieuse de l'associer aux efforts du *quartet*[1]. Le président Assad a été convié à Moscou en 2005 et 2006. Poutine craignait que les rapports étroits de son pays avec l'Iran ne l'écartent du processus de paix, d'autant plus que Washington, toujours attentif aux inquiétudes israéliennes, ne tenait pas *a priori* Assad pour un interlocuteur crédible. Mais les efforts russes pour redonner à la Syrie la réputation d'un État respectable dans la vie internationale ont été entendus, et la participation de Damas aux négociations admise. La Syrie s'efforce de son côté d'offrir au monde occidental une image d'elle-même plus

1. Composé par les États-Unis, la Russie, l'Union européenne et les Nations unies.

apaisée. Moscou a de surcroît effacé sa dette et accepté de lui livrer des équipements militaires.

Dans les rapports entre Moscou et Damas, une question stratégique a été soulevée : la possible ouverture à la Russie des ports syriens, tel Lattaquié. Cette question n'est pas innocente. Depuis la fin de l'URSS, la Russie est en quête de facilités navales au Sud, l'Ukraine ne se privant pas, à cette époque, d'agiter la menace d'une non-reconduction de l'accord sur Sébastopol[1]. Interrogé en 2007 sur la perspective d'essayer de négocier avec la Syrie dans l'hypothèse où, après 2017, la Russie n'aurait plus accès à ce port sur la mer Noire, le président Poutine a répondu que c'était une possibilité parmi d'autres, qu'il n'a pas écartée[2]. Toujours au chapitre du conflit israélo-palestinien, Vladimir Poutine a par ailleurs reçu à deux reprises les dirigeants du Hamas.

Les émirats du Golfe n'ont pas été oubliés dans l'offensive de charme russe. Le Qatar et les Émirats arabes unis ont reçu en 2007 le président russe. Avec le premier de ces émirats, la Russie est liée par un accord militaire signé par son premier président, Boris Eltsine, et elle s'est dite prête à vendre des équipements militaires à un pays qui entend affirmer sa puissance stratégique dans une région instable. Mais c'est surtout la coopération énergétique qui a été au centre des discussions entre Moscou et Doha. La proposition avancée par les représentants russes à la

1. Sébastopol – qui est en territoire ukrainien, mais qui, pour la Russie, est une base jugée indispensable en mer Noire – lui est louée par le traité russo-ukranien de 1997 jusqu'en 2017.

2. Propos tenus devant le Club Valdai à Sotchi, 9 septembre 2007.

réunion tenue par les pays exportateurs à Doha, le 9 avril 2007, de mettre sur pied une OPEP gazière regroupant l'Iran, le Qatar et la Russie, a été accueillie par les partenaires éventuels avec « intérêt » – terme diplomatique, certes, peu explicite, qui pourtant ne dissimule pas l'importance des liens tissés entre Moscou et Téhéran[1]. Sans doute, face à l'inquiétude manifestée par les Européens devant un projet qui leur rappelle combien ils sont vulnérables en ce domaine, le Président n'est-il pas allé plus loin, mais cette proposition soulignait encore la place de l'Iran dans la stratégie de réinsertion russe au Moyen-Orient.

Un partenariat géopolitique russo-iranien

La fin de l'URSS, qui a écarté la Russie de l'Iran, n'a pas pour autant modifié l'intérêt privilégié de Moscou pour un pays qui fut longtemps son plus grand voisin au sud. En dépit de cet éloignement, Russie et Iran sont tous deux des pays riverains de la Caspienne, dont les richesses et l'avenir sont pour eux source de préoccupations communes. Leur intérêt pour cette mer intérieure au statut disputé, bordée par cinq États – Russie, Iran, Azerbaïdjan, Turkménistan, Kazakhstan –, tient aux ressources énergétiques qui ont fait l'objet d'évaluations successives souvent trop optimistes, mais néanmoins impressionnantes.

En 1997, Zbigniew Brzezinski, ancien bras droit du président Carter, devenu conseiller d'une grande

1. V. Revenkov et V. Feigin, « Gazovaia OPEC ili drugie formy vzaimodeistviia », *Rossia v global'noi politike*, n° 4, juillet-août 2007.

société pétrolière, écrit dans *Le Grand Échiquier* que la Caspienne sera, pour les décennies à venir, le lieu où se jouera l'avenir de l'« hégémonie mondiale[1] ». Jusqu'en 1991, l'Iran et la Russie étaient les seuls riverains de ces eaux aux fonds prometteurs et avaient réglé entre eux, par traité, la question de leur propriété. Depuis qu'une cohorte d'États nouveau-nés se sont joints aux riverains, la dispute sur la définition juridique de la Caspienne fait rage. Russie et Iran se retrouvent alors sur une même ligne, bien décidés à défendre leurs droits contre les États-Unis, résolus, eux, à trouver place sur cet échiquier de la puissance mondiale et à en écarter la Russie, voire l'Iran.

Ce n'est pas seulement l'exploitation des ressources, mais leur transport qui est source de conflit et rapproche une fois encore Moscou et Téhéran. Les États-Unis veulent en effet que les richesses de la Caspienne aillent alimenter les marchés occidentaux et asiatiques, sans que le transit dépende du rival russe ou de l'ennemi iranien. Devant cette menace de contournement qui prendra d'abord la forme du BTS[2], Moscou et Téhéran tentent d'élaborer des ripostes conjointes. Mais, dans cette bataille des oléoducs, Russes et Iraniens sont loin de toujours faire cause commune. La Russie oppose au BTS la construction d'un oléoduc reliant directement les gisements du Kazakhstan au port de Novorossiisk, sur la mer Noire : c'est le KTK (*Kaspiiskii Truboprovodnyi Konsortium*).

---

1. Z. Brzezinski, *The Great Chessboard. American Primacy and its Geostrategics Imperatives*, New York, 1997.

2. Cf. *supra* carte sur le transfert des ressources énergétiques du bassin de la Caspienne, pp. 198-199.

C'est néanmoins sur les gazoducs que les intérêts des deux pays divergent parfois. L'Iran cherche à exporter son gaz vers l'Europe et la Turquie, avec laquelle il a conclu un accord d'exploitation des champs gaziers. Surtout, il n'exclut pas d'approvisionner Nabucco[1], projet auquel la Russie a toujours manifesté son hostilité. Enfin, la Russie tente de détourner Téhéran des marchés européens, où son gaz viendrait en concurrence avec les exportations de Gazprom, en l'incitant à exporter vers l'Asie grâce à un éventuel gazoduc de la Paix reliant l'Iran à l'Inde, au Pakistan et à la Chine[2]. Mais cela concerne encore l'avenir. Plus immédiat, le projet d'une OPEP du gaz, imaginé dès 2001 et qui a pris forme au cours d'une réunion tripartite regroupant à Téhéran, en 2008, des responsables du secteur énergétique russes, iraniens et qataris, commence à inquiéter sérieusement les Européens. Une alliance russo-iranienne fondée sur des projets énergétiques concrets, et la mise en place de voies internationales de transport pour favoriser les échanges de ces deux pays avec l'Europe et l'Asie, donneraient à leur coopération un poids géopolitique nouveau.

Le grand domaine de coopération russo-iranienne, hérissé de difficultés qu'entraîne inéluctablement ce type de coopération pour la Russie, est le nucléaire. Signataire du traité de non-prolifération (TNP) en 1968, l'Iran avait pourtant, dès cette époque, engagé dans le nucléaire un effort qui s'inscrivait dans la poli-

---

1. S. Jil'tsov, « Kaspiiskaia truboprovodnaia igla », *Nezavisimaia Gazeta*, 12 janvier 2010.

2. J.-S. Mongrenier, *La Russie menace-t-elle l'Occident ?*, Choiseul, Paris, 2009, pp. 182-183.

tique de modernisation et de développement de la puissance militaire voulue par le dernier souverain régnant. La révolution des mollahs, la guerre avec l'Irak, l'isolement de l'Iran donnèrent un coup d'arrêt à cet effort. Mais la Russie de Boris Eltsine décide d'une coopération militaire étroite avec Téhéran. Elle lui fournit des armes, y compris des sous-marins et des équipements industriels. En 1995, l'Iran signe un contrat prévoyant la construction de la centrale nucléaire de Bouchehr – projet destiné à un usage civil, jurent en chœur Russes et Iraniens. Puis, en 2001, les présidents russe et iranien signent un pacte de « coopération civile et militaire ».

Le problème qui a tôt fait de se poser est celui de la destination civile ou militaire des installations nucléaires iraniennes. L'Iran assure qu'il s'agit d'un nucléaire à usage civil et, lorsque se pose la question de l'enrichissement de l'uranium, il évoque des projets médicaux. La Russie, qui a livré des barres d'uranium enrichi à l'Iran, a proposé que l'enrichissement de l'uranium iranien soit effectué sur le site d'Angarsk, en Sibérie. Mais la volonté du président Ahmadinejad de progresser dans la voie de l'enrichissement, de le faire de manière autonome, de passer de taux faibles, propres à l'usage civil, à des taux de près de 90 %, clairement destinés à l'usage militaire, a mobilisé l'attention des grandes puissances. L'Iran s'est vu rappeler de plus en plus fermement que sa politique d'enrichissement contrevenait aux accords passés. Du coup, l'Agence internationale de l'énergie atomique a été saisie du dossier, de même que le Conseil de sécurité, et l'Iran s'est trouvé menacé de sanctions. C'est là que l'amitié russo-iranienne va se manifester. Avec l'aide de la Chine, Moscou va faire retarder ou échouer les résolutions et sanctions décidées par le Conseil de sécurité.

Le jeu russe sur le chapitre du nucléaire est parfois peu lisible. Tout en répétant qu'elle n'est pas favorable à la prolifération, en soutenant (ou en torpillant) les résolutions internationales mettant en garde l'Iran, la Russie lui livre de l'uranium enrichi. Surtout, les représentants russes insistent dans toutes les discussions internationales sur le caractère peu plausible d'un programme nucléaire iranien à vocation militaire, ou encore sur son manque d'efficacité. Si l'Iran constate qu'en dernier ressort le soutien russe ne lui manque jamais, pour les Occidentaux, les ambiguïtés de la position russe constituent un sérieux frein aux tentatives d'empêcher l'Iran de réaliser ses ambitions nucléaires. De manière plus générale, dans ses rapports avec les Occidentaux, la Russie ne cesse de minimiser le potentiel militaire de l'Iran, notamment dans le domaine des missiles balistiques où se pays se livre pourtant à des démonstrations de ses capacités.

Au-delà de ce jeu subtil au sein des instances internationales, la Russie témoigne, dans le domaine politique, une grande attention à l'Iran. Elle l'a invité à participer au groupe de Shanghai avec un statut d'observateur, et c'est dans ce groupe, sur l'insistance russe, que, lors de son élection de juin 2009, le président Ahmadinejad a trouvé les plus vifs soutiens, alors que la contestation montait en Iran comme dans le reste du monde. L'accueil particulièrement chaleureux que lui réserva le président Medvedev au sommet de l'OCS d'Ekaterinbourg, alors que les protestations fusaient de partout contre l'Iranien, a montré l'importance attachée par Moscou au lien irano-russe.

Quelle est la portée exacte de cette relation Moscou-Téhéran ? Représente-t-elle un axe géopolitique d'avenir, s'inscrivant d'ailleurs fort bien dans la stratégie asiatique de la Russie ? Ou est-ce aussi un élément d'une stratégie de plus grande envergure, dont la relation russo-américaine serait l'enjeu véritable et qui pourrait à tout moment servir de monnaie d'échange ? Ou bien encore s'agit-il d'une contribution à la puissance russe en voie de reconstruction ? Si aucune réponse certaine ne peut être apportée à ces questions, du moins doit-on admettre qu'il y a, de la part de la Russie, une rare constance dans l'édification de cette relation privilégiée avec l'Iran. Et que l'intérêt géopolitique de ce partenariat pour la Russie est difficilement contestable. L'axe Moscou-Téhéran contribue à l'évidence à réinstaller la Russie dans un Moyen-Orient qui depuis toujours a constitué une orientation et une tentation de sa politique étrangère, qu'elle ait été celle de l'Empire ou celle de l'URSS. Par son retour dans cette région, la Russie affirme aussi la continuité de son propre destin.

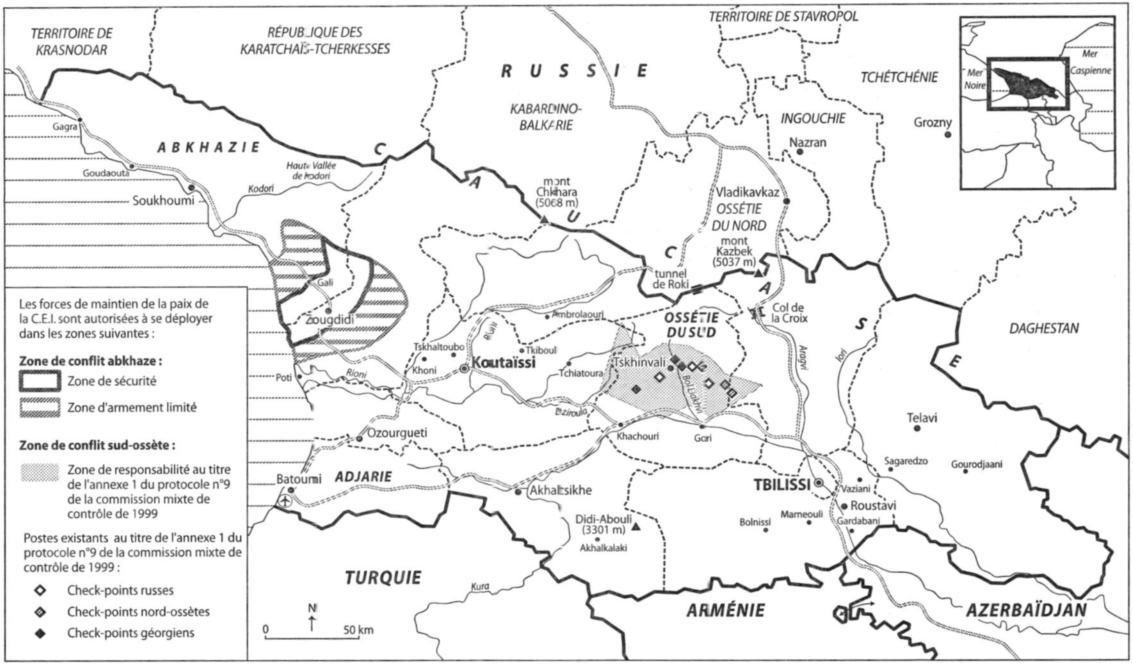

Géorgie
Zones de déploiement autorisé au titre des accords de cessez-le-feu.

CHAPITRE VII

La guerre de Géorgie

La guerre russo-géorgienne d'août 2008 a été un événement considérable en lui-même et par la lumière qu'il a jetée sur la politique intérieure et internationale russe.

Événement considérable, en effet, car c'est la première fois depuis 1979, c'est-à-dire depuis la guerre d'Afghanistan, que la Russie envahit un pays indépendant. Mais l'Afghanistan, malgré son évolution intérieure des années 1970, n'appartenait pas à la famille des peuples soviétiques. En dépit de tous les différends qui la séparent de la Russie, la Géorgie, elle, est en 2008 un pays de l'*étranger proche*, sinon un membre actif de la CEI. L'irruption des troupes russes en territoire géorgien évoque irrésistiblement des précédents de l'époque soviétique : l'invasion de la Géorgie indépendante en 1921, grâce à quoi Lénine put la rattacher à l'Empire soviétique en constitution ; ou l'entrée des troupes soviétiques en Tchécoslovaquie en 1968, qui permit à Leonid Brejnev d'éviter qu'un satellite quitte le camp socialiste. Ces précédents – il en fut d'autres – appartiennent à l'histoire impériale russe et communiste.

Comment comprendre une guerre déclenchée contre un État à qui la Russie a donné l'indépendance en 1991 ? Retour à un projet impérial ? Début de la « reconquête[1] », pour utiliser un titre polémique ? L'épisode est suffisamment sérieux pour imposer un retour aux sources, c'est-à-dire un examen des relations russo-géorgiennes depuis l'indépendance[2].

Une indépendance chaotique

La fin de l'URSS fut aussi l'époque où le Caucase du Nord et celui du Sud se décomposèrent. Au Nord, l'Ossétie, incluse dans la république de Russie, dut affronter la petite Ingouchie voisine pour le contrôle des faubourgs de Vladikavkaz ; les Russes volèrent au secours de la première. L'Ingouchie se sépara aussi de la Tchétchénie, qui entendait être indépendante de la Russie. Dans le même temps, au Sud, Arméniens et Azéris s'engageaient dans une guerre sans merci pour le contrôle de la région montagneuse du Karabakh. C'est dans cette atmosphère agitée, marquée de conflits violents entre nationalismes exacerbés, que la Géorgie proclame sa propre indépendance et se heurte à trois peuples qui refusent de partager plus long-

1. L. Mandeville, *La Reconquête russe*, Paris, 2008 et, du même auteur, « Russie, l'Empire contre-attaque », *Politique internationale*, automne 2008, pp. 83-108.
2. S. Serrano, *Géorgie, sortie d'Empire*, Paris, 2007.

temps son destin : les Abkhazes, les Ossètes du Sud et les Adjars.

Tout commence par la rébellion de ces petites entités qui, jusque-là, ont fait partie de la république de Géorgie et qu'enflamme soudain la passion séparatiste qui souffle depuis le monde balte. En 1988, les Abkhazes soulèvent la question de leur indépendance ; les Ossètes du Sud suivent en 1989, demandant à Mikhaïl Gorbatchev, alors porteur des projets de liberté qui transforment l'URSS, de les séparer de la Géorgie en leur accordant un statut d'autonomie. Après la chute du mur de Berlin et les déclarations d'indépendance qui se multiplient en URSS, la rébellion des Abkhazes et des Ossètes se fait plus bruyante, les uns et les autres se proclamant indépendants sans plus rien demander à quiconque. Le gouvernement géorgien, encore soviétique, non seulement fait la sourde oreille, mais décide d'user de la force pour enrayer la désintégration de la république. À ce stade, nul à Moscou ne réagit, car Gorbatchev est aux prises tout à la fois avec le nationalisme russe, incarné par Boris Eltsine, et avec la multiplication des défections de petites entités nationales de Russie, Tatars et Bachkirs en tête.

L'URSS se désintégrant à vive allure, Gorbatchev se soucie plus de la rénovation de l'Union censée y remédier que des malheurs de la Géorgie. L'incendie qui ravage le Caucase s'inscrit alors en effet dans le cadre d'une catastrophe générale, et la panique qui règne à Moscou laisse les Géorgiens libres de régler leurs problèmes à leur guise.

Ils vont, de fait, tenter de les résoudre. Les élections d'octobre 1990 – premier scrutin partiellement libre depuis 1918 – ouvrent la voie du pouvoir à un dissident célèbre, Zviad Gamsakhourdia, tout juste rentré de son exil forcé et à qui les persécutions qu'il a endurées assurent une grande popularité. L'indépendance géorgienne est proclamée le 9 avril 1991, et Gamsakhourdia est élu président le 26 mai, date symbolique puisqu'elle est aussi celle de l'indépendance de 1918.

En Abkhazie et en Ossétie, dont les responsables se disent eux aussi indépendants, la Géorgie va essayer d'imposer son autorité par la force.

Au début de 1991, avant même l'annonce de l'indépendance géorgienne, Gorbatchev avait un moment essayé de rétablir l'ordre fédéral en usant de l'autorité traditionnelle du Kremlin ; par décret, il avait ainsi condamné à la fois les indépendances proclamées par les petits et la répression engagée par la Géorgie. Ce faisant, il tentait une triple manœuvre : affirmer l'autorité de Moscou sur la périphérie, apaiser la Géorgie et la garder au sein de l'URSS, éviter la montée des séparatismes. Mais, en janvier 1991, chacun pressent que l'URSS est en train de mourir et qu'il n'est plus d'autorité au Kremlin. La peur, qui a tenu si longtemps l'ensemble du système, ne joue plus son rôle et les tentatives d'apaisement de Gorbatchev n'apparaissent plus que comme de vaines gesticulations. La périphérie est livrée à elle-même, c'est-à-dire au chaos.

La phase suivante de l'étonnant roman russo-géorgien commence du jour où l'URSS cesse d'exister. Boris Eltsine est au pouvoir, il a fondé la CEI et entend y faire entrer toutes les républiques devenues indépendantes. Mais, à l'heure où il appelle cette « nouvelle famille » à se rassembler, la Géorgie refuse d'en être. Il est vrai que, tandis qu'à Moscou la situation politique s'est clarifiée, en Géorgie le pouvoir de Gamsakhourdia fait place à une guerre de clans. On se bat dans les rues de Tbilissi, les factions adverses réclament chacune pour son compte l'aide des troupes ex-soviétiques encore présentes dans le pays qui contemplent, l'arme au pied, un désordre indescriptible. Finalement, incapable de dominer ses rivaux, Gamsakhourdia fuit en Arménie dont le président, peu désireux de créer un problème avec la Russie, l'accueille fraîchement. Il va alors trouver refuge en Tchétchénie, chez le président Doudaiev dont il est proche. C'est à ce moment qu'Edouard Chevardnadze revient à Tbilissi[1].

Après avoir été responsable du Parti communiste de Géorgie, puis ministre des Affaires étrangères de Gorbatchev, il arrive en sauveur d'une Géorgie décomposée, en proie à l'anarchie et aux luttes fratricides. Il y est accueilli triomphalement, car on le sait habile, lié de par ses fonctions antérieures à Helmut Kohl, Margaret Thatcher, James Baker, alors secrétaire d'État américain, et disposant d'une autorité certaine en Russie même : n'a-t-il pas siégé au Politburo, partagé durant des années la vie du Kremlin avec nombre de ceux qui sont encore au pouvoir à Moscou ?

Sans doute les Géorgiens ne sont-ils pas unanimes dans le jugement qu'ils portent sur celui qui va les gouverner. Pour la plupart d'entre eux, il est l'homme du Kremlin, non d'une Géorgie indépendante ; jusqu'à son éviction en 2003, en dépit de son énergie

1. T. Gordadze, « Georgian-Russian Relations in the 1990s », in S. E. Cornell et S. F. Starr, *The Guns of August 2008*, New York, 2009, pp. 28-34.

à défendre l'indépendance géorgienne, il conservera cette réputation douteuse aux yeux de ses compatriotes, ce qui le contraindra à adopter souvent un ton agressif face à Moscou, à surenchérir sur les exigences des nationalistes, et ne lui simplifiera pas l'exercice du pouvoir.

En attendant, il doit affronter trois urgences : faire reconnaître l'indépendance de la Géorgie par la communauté internationale ; instaurer un pouvoir fort ; mettre fin aux séparatismes.

Sur le premier point, tout irait bien s'il ne fallait convaincre Moscou. Alors que la plupart des grandes capitales ont déjà reconnu la Géorgie indépendante, Boris Eltsine souhaite assortir ce geste de la réconciliation entre les deux pays, c'est-à-dire de l'adhésion de la Géorgie à la CEI. Pour l'heure, Chevardnadze ne veut pas en entendre parler. Il ne le peut d'ailleurs pas : sa position intérieure n'est pas assez assurée. Trois mois après son retour, le 24 juin 1992, les partisans de Gamsakhourdia tentent un coup d'État ; s'ils échouent, le message est clair : Chevardnadze doit gagner en autorité, remettre de l'ordre et, pour cela, l'aide russe lui sera nécessaire.

La situation de Tbilissi face aux séparatistes n'a cessé de s'aggraver depuis 1989, et la passion chauvine de Gamsakhourdia y a été pour beaucoup. Ce dernier a bruyamment proclamé que la Géorgie devait appartenir aux Géorgiens, manifestant son mépris pour les « étrangers » installés sur le sol géorgien qui, toujours, fut peuplé de peuples divers vivant traditionnellement en bonne intelligence. Sur les 5,4 millions d'habitants de la république, le recensement de 1989 avait dénombré 72 % de Géorgiens, 8 % d'Arméniens, 6 % de Russes, presque autant d'Azéris, et divers autres dont 3 % d'Ossètes et 1,8 % d'Abkhazes. Ce sont ces deux derniers peuples, comptant pour moins de 5 % de la population, qui vont constituer le problème le plus complexe que la Géorgie aura à traiter. Il convient d'ajouter à cela que, dans leurs entités autonomes, les Abkhazes ne représentent que 18 % de la population, contre 46 % de Géorgiens ; quant aux Ossètes, ils réclament l'unité avec leurs frères d'Ossétie du Nord[1].

L'Ossétie du Sud est depuis 1990 en proie à une guerre dont la capitale, Tskhinvali, est le centre et l'enjeu. La population fuit vers Gori si elle est géorgienne, vers Vladikavkaz si elle est ossète. Chevardnadze décide qu'il lui faut d'abord stopper la guerre en Ossétie, région poreuse entre Géorgie et Russie, car le tunnel de Rokki qui relie les deux Ossétie sert de voie de passage aux troupes, aux réfugiés, aux terroristes et aux trafics en tous genres, ce qui pose un problème de relations avec Moscou. Aux yeux d'Eltsine aussi, c'est le premier conflit à devoir être réglé, car il menace le sud de la Russie ; le président russe jouera donc le rôle de médiateur à la négociation qui se tient à Vladikavkaz et qui aboutit à un cessez-le-feu, le 4 juillet 1992.

Chevardnadze est gagnant sur un point décisif : il obtient enfin la reconnaissance de la Russie. Mais il est perdant sur un autre point qui limite les conditions du retour des Ossètes dans le giron géorgien : l'accord de cessez-le-feu est garanti par une force tripartite où Russes et Ossètes dominent, ainsi que l'OSCE. Lors des négociations, les Ossètes ont demandé leur rattachement à l'Ossétie du Nord, ce

1. P. Razoux, *Histoire de la Géorgie*, Paris, 2009, p. 169.

qu'Eltsine a refusé. N'a-t-il pas dit, lors de la dislocation de l'URSS, que les frontières étaient fixées partout de manière intangible ? Et la Russie n'a-t-elle pas suffisamment gagné dans cette affaire, alors qu'elle est installée en Ossétie du Sud par le truchement de ses six cents soldats ? Sans doute Chevardnadze n'a-t-il pas cédé sur la question de l'adhésion de la Géorgie à la CEI ; mais il n'a pas non plus rétabli l'ordre en Abkhazie et la Russie peut espérer en profiter pour peser sur Tbilissi, comme elle l'a fait dans le conflit ossète[1].

En Abkhazie, l'homme qui gouverne, un brillant intellectuel, Vladislav Ardzinba, est intraitable sur la question de l'indépendance. Le règlement du problème ossète, certes provisoire mais quelque peu contraire aux intérêts géorgiens, pousse Ardzinba à prendre position, quelques jours plus tard, de façon très radicale sur la question de l'indépendance abkhaze. En juillet 1992, il se réclame, pour définir le statut de la république, des arrangements soviétiques de 1925 qui avaient placé l'Abkhazie et la Géorgie sur un même pied de *membres* de la république de Transcaucasie. Cette référence indique que, pour Ardzinba, l'indépendance de l'Abkhazie est un fait acquis. En guise de réponse, Chevardnadze décrète la nullité de cette déclaration d'indépendance le 25 juillet. Surtout, il se prépare à contraindre par la force l'Abkhazie à rentrer dans le rang.

Le conflit Géorgie-Abkhazie s'engage dès le mois d'août 1992, sur une provocation des troupes d'Ardzinba, et prend assez d'ampleur pour attirer dans le

1. P. Razoux, *op. cit.*, pp. 183-208. Analyse très précieuse et détaillée de la crise des années 1990.

camp abkhaze le général Doudaiev, qui envoie des Tchétchènes sur le front[1]. C'est une véritable guerre qui va durer un an et demi, pour s'achever en décembre 1993. Dans l'intervalle, Chevardnadze doit faire face à des attentats auxquels il échappe de justesse, à la fronde de ses compatriotes et aux pressions de la Russie qui, en sous-main, soutient Ardzinba.

Dans une situation aussi difficile, Chevardnadze ne trouve aucun appui ni chez les Occidentaux qu'il a fréquentés lorsqu'il était ministre des Affaires étrangères de l'URSS, et dont l'attention est alors retenue par le Koweït, ni à l'ONU où Boutros Ghali, appelé à l'aide, se dérobe. Seul Boris Eltsine propose inlassablement de jouer le rôle de « Monsieur Bons Offices ».

En septembre, la situation des Géorgiens est désespérée. Les troupes abkhazes, largement équipées par la Russie, notamment en batteries de missiles sol-air, récupèrent le contrôle de leur république. Dans le même temps, Gamsakhourdia a réapparu pour se mettre à la tête de la révolte qui gronde en Mingrelie, région où il est né et qui le tient pour son défenseur. La Géorgie est menacée non seulement à Soukhoumi, tombé aux mains d'Ardzinba, mais presque en son cœur, puisque les troupes de Gamsakhourdia, qui ont pris Poti, avancent vers Koutaïssi. La guerre civile, ajoutée à la guerre avec les Abkhazes, va-t-elle achever de détruire la Géorgie ?

Chevardnadze n'a plus d'autre issue que de se soumettre à la volonté russe. Le 30 septembre 1993, il annonce que la Géorgie rejoint la CEI et reconnaîtra

1. E. Pain et A. Popov, « Rossiiskaia politika v tchetchne », *Izvestia*, 8 février 1995.

aux troupes russes un droit de stationnement sur son sol. Dès lors, Boris Eltsine va voler au secours de Chevardnadze, l'aider à écraser la rébellion et à imposer un cessez-le-feu aux Abkhazes qui, privés du soutien russe, ne peuvent plus espérer vaincre. L'année 1993 s'achève en triomphe pour Eltsine et, toutes proportions gardées, pour Chevardnadze. La CEI compte un nouveau membre, le cessez-le-feu durera aussi longtemps que les Nations Unies et l'OSCE n'auront pas défini le statut de l'Abkhazie. La Géorgie doit aussi se rallier au Traité de sécurité collective et accepter que la Russie dispose de quatre bases militaires sur son sol (Vaziani, près de Tbilissi ; Akhalkalaki, au sud ; Batoumi, en Adjarie ; et Gudauta, en Abkhazie) ainsi que de postes de gardes-frontières sur la ligne de séparation avec la Turquie.

Le 4 février 1994, les deux pays signent un « traité d'amitié et de coopération ». La CEI devait envoyer des troupes de « maintien de la paix » en Géorgie, mais c'est en définitive la Russie qui en reçoit mandat des Géorgiens et des Abkhazes, dont la liberté de décision ne doit en l'occurrence pas être considérable…

Le retour de l'Abkhazie dans le cadre de l'État géorgien devait être, dans l'esprit de Chevardnadze, le prix des concessions faites à Boris Eltsine. Il va d'ailleurs aller plus loin dans cette voie puisque, au commencement de la guerre de Tchétchénie, en décembre 1994, il apportera son soutien à la Russie et lui ouvrira son espace aérien. Quand le conflit se déploiera, Eltsine tentera même d'y engager la Géorgie. Chevardnadze luttera pied à pied pour repousser cette demande et même pour qu'aucun soldat russe basé en Géorgie ne soit envoyé en Tchétchénie. Il réussira à obtenir que la Géorgie ne devienne pas la base arrière de la nouvelle guerre du Caucase. Mais si Eltsine cédera, comme toujours Chevardnadze devra payer le prix de cette concession : il s'engagera à ne pas donner asile aux combattants tchétchènes, et surtout acceptera, lors de la visite à Tbilissi, le 15 septembre 1995, de Victor Tchernomyrdine, que la Russie conserve ses bases en Géorgie pendant vingt-cinq ans. Sans doute Chevardnadze aura-t-il ainsi sauvé son pouvoir et, sinon préservé l'intégrité territoriale de son pays, du moins épargné une guerre civile à ses compatriotes. Le suicide de Gamsakhourdia au même moment contribuera du reste à calmer les esprits.

Le prix humain des conflits avec les Ossètes et les Abkhazes est lourd : plus de 15 000 morts, d'innombrables blessés, 250 000 personnes déplacées. Au début de 1994, la Géorgie est sauvée de la dislocation totale, rentrée dans le giron de la Russie par l'intermédiaire de la CEI et de l'OTSC, et elle espère, la paix signée avec Moscou, reconstruire progressivement son unité – espoir qu'Eltsine entretient de temps à autre et que Chevardnadze peut conserver, sachant combien la Russie s'inquiète des séparatismes montants dans son espace. Cette inquiétude explique d'ailleurs la surdité qu'Eltsine oppose aux demandes réitérées des Abkhazes et des Ossètes de reconnaître leurs déclarations d'indépendance.

Tiraillé entre la Géorgie, dont le président cherche continûment à réduire la dépendance envers la Russie, et les provinces séparatistes dont les responsables savent qu'ils peuvent lui être utiles pour freiner une telle aspiration, Boris Eltsine a joué fort habilement des uns et des autres. Pour autant, il ne réussit pas à faire d'Edouard Chevardnadze un allié docile. Après les désastres de la guerre, celui-ci sait qu'il doit restaurer l'ordre et reconstruire l'économie géorgienne, qui a terriblement souffert des années de transition, pour être ensuite à même de rechercher les voies d'une politique moins dépendante de la Russie[1].

La Géorgie renaît une fois encore

L'histoire de la Géorgie a été marquée par la quête constante d'un protecteur qui ne se transforme pas en conquérant. C'est ainsi qu'à la fin du règne de Catherine II, lassé des invasions qui, depuis l'Empire romain, ont déferlé sur le pays de la Toison d'Or, le roi Irakli II demande protection à la toute-puissante impératrice de Russie. C'est vers un pays chrétien que la Géorgie, si tôt christianisée, se tourne. Trois ans plus tard, Paul Ier, qui a succédé à Catherine, décide d'annexer purement et simplement le pays. Malgré le courage et la force du sentiment national des Géorgiens, leur indépendance n'est recouvrée qu'en 1918, grâce à la révolution russe, mais perdue trois ans plus tard par la volonté de Lénine. Durant ces trois ans, c'est aux États plus lointains d'Europe de l'Ouest, aux vainqueurs de la guerre de 1914-1918, que la Géorgie, échaudée par l'expérience vécue à la fin du XVIIIe siècle, demande protection – en vain.

---

1. Le déclin de la Géorgie est le plus important de toute la CEI : chute du PNB de 80 % entre 1990 et 1994, inflation de 60 % par mois, 8 % des actifs au chômage, effondrement du coupon (monnaie transitoire) qui s'échange à 102 300 pour un dollar en 1993 et un million pour un dollar en 1995.

En 1995, Edouard Chevardnadze, bon connaisseur de l'histoire de son pays, cherche des solutions nouvelles pour échapper à la protection étouffante de la Russie, fût-ce celle d'un « grand frère » qui, depuis la fin de l'URSS, use de stratégies diverses pour recouvrer une influence perdue. Chevardnadze rêve à part soi de se tourner vers le monde occidental, et d'abord vers sa manifestation la plus concrète : l'OTAN. Mais il n'a pas encore les moyens de rendre public ce rêve que la Russie n'acceptera pas. L'expérience des années qui viennent de s'écouler l'incite à la prudence et à la recherche d'appuis plus anodins, mais la direction qu'il souhaite prendre est sans conteste celle du monde occidental.

Pour convaincre celui-ci de s'intéresser à la Géorgie, il réforme les institutions, promeut une nouvelle génération, tente de donner à sa patrie l'allure d'un pays en marche vers la démocratie. Une nouvelle constitution adoptée en 1995, des élections remportées haut la main par Chevardnadze, une équipe rajeunie, la promesse de réformes économiques, tout contribue à lui assurer rapidement des concours internationaux. L'Union européenne, avec qui il signe un accord de partenariat, renforce l'aide que TACIS[1] lui apporte déjà. La BERD[2] a commencé à travailler en Géorgie dès 1993 ; le FMI garantit ses emprunts.

Les États-Unis, un temps plus soucieux de coopérer avec la Russie que de soutenir les États de la périphérie, ont découvert l'importance du Caucase en général

1. Technical Aid to the Commonwealth of Independent States. Programme mis en place par l'Union européenne en 1991 pour aider à la modernisation des anciens pays satellites de l'URSS.

2. Banque européenne de reconstruction et de développement, installée à Londres pour remplir les mêmes objectifs que TACIS.

et de la Géorgie en particulier, qui va se trouver au centre de l'oléoduc BTC dont ils souhaitent la construction pour asseoir leur position dans une région hautement stratégique. L'opposition russe à cet oléoduc[1] convainc aussi Washington de l'intérêt du projet et de la nécessité de prendre en considération le pays le plus vulnérable situé sur son parcours : la Géorgie.

Ce revirement américain a commencé sous la présidence Clinton. Le président installé à la Maison-Blanche en janvier 1993 est intéressé par le Caucase, et poussé à le faire par ses conseillers : James Baker, Strobe Talbott et surtout Zbigniew Brzezinski, qui insistent sur la nécessité d'élaborer une politique destinée à « contenir » la Russie. Dans le même temps, le président Clinton souhaite éviter toute confrontation avec Moscou, ce qui explique le délai mis par l'Amérique à développer une vraie politique géorgienne.

Sur qui miser au Caucase ? La réponse à cette question ne va pas de soi. L'Arménie, très proche de la Russie, se tient à distance, alors qu'à Tbilissi et Bakou l'intérêt américain répond à une réelle attente. En mars 1994, Chevardnadze est reçu par Bill Clinton et adhère au « Partenariat pour la Paix[2] », ce qui constitue dans l'esprit des deux chefs d'État un premier pas vers l'OTAN. Dans les années qui suivent, le président Clinton conclut un véritable accord avec Boris Eltsine sur la Géorgie : les États-Unis ne feront rien pour aider Tbilissi à récupérer les provinces

1. Des experts occidentaux l'ont aussi critiqué. T. Gordadze, art. cit., p. 39.

2. Le PPP est un programme de coopération mis en place en 1994 entre les pays membres et vingt-quatre pays de l'Europe Centrale, balkanique et de l'ex-URSS non membres de l'OTAN.

séparatistes, mais la Russie s'abstiendra de toute intervention en Géorgie. Dès lors, la marche de Chevardnadze vers l'adhésion à l'OTAN s'accélère. Du coup, les investissements américains pleuvent et contribuent au redressement spectaculaire de l'économie géorgienne. Du côté des Nations Unies aussi, une prise de conscience de l'état précaire du pays se fait jour. Le secrétaire général réunit un groupe formé des États-Unis, de la Russie, de la France, de l'Allemagne et de la Grande-Bretagne pour tenter de faire avancer le dossier abkhaze, car la situation qui en découle reste inquiétante : attentats et manœuvres de toutes sortes, dénoncés par la Géorgie, signalent que la paix est on ne peut plus fragile.

Dans cette seconde moitié des années 1990, Chevardnadze discerne des possibilités d'action qui allégeront la pression russe. Outre les diverses initiatives internationales qui viennent au secours de son pays, c'est en Russie même qu'il constate un changement. La première guerre de Tchétchénie a mal tourné et Boris Eltsine doit contempler avec grand dépit une Tchétchénie devenue quasiment indépendante. Au sein de la CEI, une certaine tension se manifeste : l'Azerbaïdjan, l'Ukraine, la Moldavie veulent prendre leurs distances avec la Russie et inventent avec Chevardnadze, très proche du président azerbaïdjanais Geïdar Aliev (n'ont-ils pas partagé les mêmes honneurs et responsabilités en URSS ?), le GUAM, alliance tournée vers l'Ouest – premier pas, espèrent-ils, d'un rapprochement avec l'OTAN. Même si ce GUAM ne répondra pas aux espoirs de ses fondateurs, il présente pour Chevardnadze un insigne avantage : c'en est fini de la solitude de la Géorgie qui la condamnait à un inquiétant face-à-face avec Moscou ; au sein même de la CEI où elle a été contrainte de s'intégrer peu auparavant, elle trouve des États amis, soucieux comme elle d'augmenter leur capacité d'action autonome vis-à-vis de la Russie et, dans un avenir encore imprévisible, de s'orienter vers le monde occidental.

En 1997, Chevardnadze, reçu au quartier général de l'OTAN, propose que l'alliance organise des manœuvres en Géorgie dans le cadre du « Partenariat pour la Paix ». On conçoit alors que les relations avec Moscou se tendent.

Chevardnadze et le « protectorat » américain

Le voyage du président géorgien à Bruxelles coïncide avec une véritable évolution de la politique américaine dans le Caucase. Le président Clinton a rendu publique sa stratégie dite « de la route de la Soie ». Pour les États-Unis qui découvrent alors vraiment l'importance stratégique de la région, il s'agit tout à la fois d'assurer le transport de l'énergie vers la Méditerranée, de freiner l'Iran et de s'opposer aux ambitions russes dans la zone. Si les trois États du Caucase vont faire l'objet de leurs sollicitations, c'est en Géorgie que l'accueil est le plus favorable, car Chevardnadze, après avoir longtemps cru pouvoir composer avec la Russie, comprend que ses espoirs sont vains. Contre la pression russe, la Géorgie doit se chercher un protecteur, comme elle le fit toujours au cours de son histoire pour se libérer de ses divers voisins.

Pour la Russie, cette attitude apparaît comme un véritable basculement de Chevardnadze dans le camp américain, ce qui n'est pas acceptable. Jusqu'alors, le président géorgien s'était astreint à un jeu équilibré entre Moscou et Washington. En 1997-1998, le tournant géorgien vers Washington va entraîner une réaction russe.

Depuis la fin de l'URSS, c'est la seconde fois que Boris Eltsine est confronté à une situation de quasi-rupture avec Tbilissi. La première fois, elle fut provoquée par le nationalisme violemment antirusse de Gamsakhourdia, aussi hostile à la Russie qu'il l'était à ses propres minorités. Le soutien russe auxdites minorités s'ensuivit. Quelques années plus tard, le virage géorgien ne s'opère plus, comme ce fut le cas avec Gamsakhourdia, dans le cadre étroit des relations entre Russie et Géorgie, mais dans celui, plus large, de la compétition entre Moscou et Washington dans l'*étranger proche*. Contrairement à l'écrivain Gamsakhourdia, l'ancien ministre des Affaires étrangères de l'URSS a une vision globale de la politique étrangère, et c'est ce qui le conduit à tenter d'aller aussi loin que possible dans une alliance avec l'Occident. S'il est encore trop tôt pour demander à intégrer l'OTAN, Chevardnadze l'inscrit officiellement à son programme dès 2000, après que la Géorgie sera entrée en 1999 au Conseil de l'Europe. Surtout, le Président engage une série de démarches destinées à alléger la présence russe en Géorgie. Le Traité sur les forces conventionnelles en Europe (FCE), qui doit être renégocié, lui offre l'occasion d'essayer de limiter la présence militaire de Moscou sur son sol, notamment de demander l'évacuation des bases russes. La Russie accepte finalement de céder sur deux bases, Vaziani et Gudaouta, même si, dans les faits, elle conservera la seconde. Mais elle se montre intraitable sur le statut des bases situées à proximité de la Turquie. Les exigences géorgiennes, jointes à l'accord que Tbilissi vient de donner au sommet de l'OSCE réuni à Istanbul, le 18 novembre 1999, pour la construction de l'oléoduc BTC, enflamment les Russes[1]. La situation du Nord-Caucase va leur fournir prétexte à réagir.

C'est alors, en effet, que les deux chefs de guerre de Tchétchénie, Bassaiev et Khattab, lancent, on l'a vu, leur offensive sur le Daghestan, qui va entraîner la deuxième guerre de Tchétchénie. À Moscou, Vladimir Poutine est désormais le maître des opérations et déclenche une offensive à tout va.

Pour les besoins de cette guerre, Poutine demande au président géorgien l'ouverture de son espace aérien aux forces russes, et la possibilité de contrôler la frontière tchétchène du côté géorgien. Après un délai de quelques jours, Chevardnadze, invoquant la sécurité de son pays, oppose un refus catégorique à ces demandes, craignant, dit-il, que de telles concessions n'entraînent un débordement de la guerre en territoire géorgien. Ce refus n'est pas fait pour détendre des relations déjà fort dégradées. D'autant plus que la guerre totale menée contre la Tchétchénie et l'écrasement de Grozny poussent les Tchétchènes, civils et combattants, à fuir vers la Géorgie en passant par les gorges de Pankissi. Voilà la Géorgie devenue, aux yeux de Moscou, le refuge et la complice des Tchétchènes ! La Russie l'accuse d'héberger un véritable centre de djihadistes, et présente les gorges de Pankissi comme un des repaires des troupes de Ben Laden. Malgré les assurances prodiguées par Chevardnadze, jurant que la Géorgie est étrangère au conflit, incapable de contrôler les Tchétchènes réfugiés sur son sol, pour Poutine la cause est entendue : la Géorgie,

1. E. Primakov, *Gody v bol'choi politike*, *op. cit.*, pp. 419 sqq.

longtemps alliée difficile, est devenue un adversaire de la Russie. Au demeurant, n'a-t-elle pas osé, lors de la discussion qui a opposé la Russie à l'Ukraine sur le statut de la flotte de la mer Noire, revendiquer une part de cette flotte ?

Les représailles ne vont pas tarder. Certaines sont directement organisées par l'État russe : la Géorgie subit, durant un hiver long et froid, des coupures de gaz – procédé d'intimidation classique. Moscou distribue aussi avec générosité des passeports russes aux habitants des provinces séparatistes. Enfin, les Géorgiens qui avaient l'habitude de circuler entre la Russie et leur patrie d'origine sont soudain limités par l'obligation de solliciter un visa pour entrer en Russie, situation inimaginable dans le cadre de la CEI ! Quant à ceux qui sont devenus citoyens russes, ne pourraient-ils pas réclamer à leur tour la protection de Moscou, à un moment jugé opportun ? Mais on assiste aussi à des représailles spontanées auxquelles participe la population de Russie. Plus d'un demi-million de Géorgiens vivent en effet à Moscou et dans certaines grandes villes. Une véritable campagne contre les « bronzés » du Caucase se déchaîne, alors que ces Géorgiens avaient fait de très longue date le choix de la Russie et étaient parfaitement russifiés par des mariages mixtes et les habitudes de vie[1].

Enfin, dans les régions séparatistes où le feu couve, Moscou ne contribue guère à l'apaisement. Et quand, en 2001, le conflit éclate en Abkhazie où

1. Comme le souligne le politologue Thomas Gomart, « la Russie passe d'un mode de contrôle direct à des formes de contrôle indirect qui, pour être plus lâches, n'en sont pas moins efficaces », cité par P. Razoux, *op. cit.*, p. 261.

des Tchétchènes combattent aux côtés des Géorgiens dans la vallée de Khodori, centre de la confrontation, la Russie n'hésite pas à voler au secours des troupes abkhazes. Chevardnadze demande d'abord à Moscou de mettre un terme à son intervention, puis requiert l'aide des États-Unis qui, en dépit de l'idylle nouée avec la Russie au lendemain du 11 Septembre, vont rappeler à Poutine que les engagements pris par le passé lui interdisent de franchir certaines limites.

L'escalade du conflit russo-géorgien, en direct ou par régions séparatistes interposées, franchit un degré supplémentaire au cours de l'année 2002, quand se pose le problème du maintien de l'intégrité territoriale de la Géorgie. C'est d'Ossétie que vient alors le péril. En décembre 2001, l'élection présidentielle en Ossétie a été remportée par Edouard Kokoity, nouveau venu dans la vie politique, mais ardent partisan de la Russie. Kokoity se tourne alors vers Moscou pour lui demander de garantir la déclaration d'indépendance de la petite république et de l'accepter au sein de la Russie – demande dont la Russie ignore les aspects politiques, mais qu'elle décide de satisfaire par l'envoi d'équipements militaires à Tskhinvali. Dès lors, Kokoity se montre un infatigable adversaire de Tbilissi. Nouant une union militaire avec l'Abkhazie, il achève d'exaspérer Chevardnadze et de le faire basculer vers Washington[1]. Le 22 novembre 2002, s'exprimant devant le sommet de l'OTAN réuni à Prague, le président géorgien demande à l'Alliance d'accueillir son pays.

Durant près de dix ans, les relations entre Tbilissi et Moscou n'ont cessé de se dégrader, en dépit de

1. « Putin Considers Strike on Georgia », *Moscow Times*, 12 septembre 2002.

l'incontestable prudence de Chevardnadze, conscient de la faiblesse de son pays face au grand voisin, mais surtout averti du danger permanent représenté par les minorités séparatistes, dont Moscou ne s'est pas privé de jouer. Pour qui analyse cette période conflictuelle qui débouchera, huit ans plus tard, sur une véritable guerre, une question surgit immanquablement : qui, des Russes ou des Géorgiens, est responsable d'un climat toujours plus empoisonné de mauvais coups successifs, d'accords jamais observés ? La réponse de ceux qui croient à un projet impérial russe jamais abandonné, ou à la *nature* impériale de la Russie, coule de source : c'est Moscou qui, depuis 1992, a manœuvré en Géorgie pour reprendre le contrôle de la république émancipée par Boris Eltsine. Pour les Russes, du moins les plus nationalistes, c'est la Géorgie qui a manifesté d'emblée son hostilité à la Russie, de manière spontanée et désordonnée au temps de Gamsakhourdia, de manière cohérente sous l'autorité de Chevardnadze. Ces jugements extrêmes recèlent sans doute une légère part de vérité. Mais, pour évaluer les responsabilités respectives, il est surtout nécessaire de replacer l'affaire géorgienne dans le contexte de la CEI et dans celui de la politique globale.

Il est peu contestable que la volonté de la Géorgie de jouer le même jeu que les États baltes, autrement dit de rejeter la CEI, était contraire aux vues pourtant flexibles de Boris Eltsine. Les États baltes ont toujours représenté une partie périphérique de l'Empire. La Géorgie, au contraire, est au contact de la partie la plus vulnérable de la Russie : le Caucase du Nord et, au-delà, toute la région de la Volga sont sur la route de sortie des ressources énergétiques de la Caspienne. Nul État n'est plus sensible à la Russie qui, à tort ou à raison, a toujours considéré – y compris au moment où Eltsine accorde l'indépendance à toutes les républiques – que des contacts privilégiés devaient être sauvegardés avec Tbilissi. Dans son récit fort équilibré de l'évolution des relations russo-géorgiennes, Evgeni Primakov montre comment, en 1991, l'intransigeance géorgienne a fait échouer un possible accord avec les Abkhazes. Il suggère par là que cela fraya la voie à une activité russe en Géorgie, d'abord sous la forme d'une tentative visant à arrêter les bains de sang et à résoudre pacifiquement des conflits nés de la liberté reconnue aux États ayant reçu l'indépendance de donner libre cours à leurs instincts nationalistes, voire chauvins[1]. L'attitude toujours plus dure de la Russie, que l'on peut certes contester, découle largement de l'inquiétude que lui inspirait le chaos géorgien et de sa désillusion devant les orientations antirusses de la république.

Il n'est pas indifférent de rappeler que, dès 1993, le sénateur américain Brownback défendit l'idée de ranimer la « route de la Soie », c'est-à-dire une voie commerciale privilégiée reliant l'Orient à l'Occident en évitant la Russie. Même si, dans le même temps, la doctrine officielle des États-Unis est que, dans cette région, il faut « empêcher que se constitue quelque sphère d'influence que ce soit », si Strobe Talbott[2] déclare qu'« il ne doit pas y avoir de perdants à mener cette politique », il est clair qu'il s'agit de faire reculer l'influence historique russe dans la région. Pouvait-on penser que la Russie se prêterait de bon gré à une telle tentative visant à l'en évincer ?

1. E. Primakov, *Mir bez rossii*, *op. cit.*, p. 197.

2. *The Russia Hand*, New York, 2003, pp. 295 sqq. Il analyse les positions défendues par Primakov.

Placée au cœur de cette politique qui se dessine dès les lendemains de la disparition de l'URSS, la Géorgie allait immanquablement payer le prix des efforts russes pour s'opposer au projet américain, encore implicite dans les années 1990, mais explicite après 2003. Toute l'habileté et toute la prudence de Chevardnadze ne pouvaient suffire à changer le cours des choses, son pays ayant la double malchance géographique de se trouver au centre du projet américain et dans le voisinage de la Russie.

La révolution des Roses

La dernière année de la présidence Chevardnadze aura été celle de la quasi-rupture avec Moscou.

À l'heure de la guerre en Irak, Russie et Géorgie se trouvent dans des camps opposés. Alors que la Russie fait bloc avec Paris et Berlin pour condamner l'action décidée par le président Bush, Chevardnadze, comme ses homologues polonais ou baltes – mais eux sont membres de l'OTAN –, se range du côté américain. Il ouvre son espace aérien aux États-Unis, autorise l'envoi en Irak d'un détachement formé par des instructeurs américains, et reçoit chaleureusement le secrétaire général de l'OTAN. L'entrée de son pays dans l'Alliance paraît dès lors en bonne voie, et Poutine tempête. À ses yeux, Chevardnadze, qui a déserté la CEI et qui pourrait être le premier chef d'État de la communauté à faire entrer son pays dans l'OTAN, a perdu tout intérêt. Pourtant, la Russie n'entreprendra rien contre lui, à la fois parce qu'elle n'a sous la main en Géorgie aucun responsable politique plus souple à son égard qu'elle pourrait soutenir, et parce que, dans son pays même,

Chevardnadze a déjà perdu la partie : la Géorgie a sombré dans un désastre économique marqué par la corruption et un quasi-chaos. Les États-Unis eux-mêmes s'inquiètent de l'impopularité de leur protégé.

La solution se trouve en apparence dans les urnes. En apparence aussi dans la rue. En réalité, dans les efforts d'organisations non gouvernementales américaines qui, sur le terrain, suivent la situation avec attention et préparent l'avenir.

La question qui se pose est : qui peut remplacer Chevardnadze ? De nouveaux visages ont surgi dans le sillage du Président acculé à réformer à la hâte. Parmi eux, deux se détachent : Mikhaïl Saakachvili et Zourab Jvania. Saakachvili a étudié en France et aux États-Unis. Juriste, il est polyglotte, parlant principalement le russe, l'anglais, le français. Rentré en Géorgie en 1995, il bénéficie de la protection de Chevardnadze, qui cherche à renouveler son personnel politique. Ministre de la Justice, il entre ensuite dans l'opposition en raison d'un conflit avec le Président, qu'il accuse de corruption. Mais n'est-ce pas aussi parce que, pressentant le déclin de celui-ci, il estime nécessaire de changer de camp ? Il y retrouve l'autre figure de proue de l'époque, Zourab Jvania, qui vient du mouvement écologiste. À l'inverse du flamboyant Saakachvili, Jvania est réfléchi, attentif à tout ce qui l'entoure, certainement plus profond. Il sera président du Parlement au lendemain de la réélection de Chevardnadze en 1995, avant de basculer dans l'opposition. Troisième forte personnalité de cette génération montante, poussée par Chevardnadze avant de se retourner contre lui, Nino Bourdjanadze, fille de la nomenklatura géorgienne, a fait de brillantes études à Moscou ; très intelligente, douée d'un sens politique aigu et d'une rare volonté, elle sera, après Jvania, présidente du Parlement.

Les principaux acteurs de la « révolution des Roses » sont en place. Leurs ambitions seront certes favorisées par les événements, mais surtout par des soutiens extérieurs. Le plus important est Georges Soros, milliardaire américain très actif en ces années dans tout l'espace post-soviétique, dont une fondation est installée en Géorgie depuis près de dix ans. Il promet d'aider financièrement ceux qui prétendent incarner la démocratie géorgienne, même si l'ambassadeur américain Richard Miles prêche la prudence aux jeunes démocrates et semble peu convaincu que Saakachvili ait un grand avenir politique.

Les élections se déroulent le 2 novembre 2003 dans une atmosphère exécrable : la fronde est générale face à l'impréparation du scrutin et à la désorganisation des bureaux de vote, en dépit de la présence d'observateurs de l'OSCE. Les Géorgiens sont conscients de la confrontation qui s'annonce. L'issue du scrutin tarde à être officiellement proclamée, alors même que les ONG aident à la publication de résultats immédiats. L'écart entre ces derniers et ceux qui seront publiés par le gouvernement le 20 novembre – soit avec près de trois semaines de retard – donne la mesure du scandale. Là où Saakachvili et ses amis ont triomphé, c'est le parti présidentiel qui est déclaré en tête. Dès lors, la société qui a commencé à manifester son impatience, ayant compris la signification du délai apporté à la publication officielle des résultats, se mobilise pour imposer les vrais vainqueurs. La rue va être durant trois semaines le lieu de manifestations pacifiques, mais échauffées par les interventions passionnées des chefs de l'opposition. Un seul slogan : « Chevardnadze, démission ! », résume l'humeur générale. L'apparition des roses en ces journées et ces nuits où nul ne songe à déserter la rue confère son nom au mouvement et exprime son caractère paisible.

Moment décisif de ce qui constitue une dramaturgie soigneusement élaborée[1] et encadrée : le 22 novembre, trois semaines donc après le scrutin fatal, Chevardnadze joue sa dernière carte en allant au Parlement ouvrir la session. Fort de la légitimité issue des urnes, Saakachvili, qui s'impose en chef de l'opposition, y fait irruption, suivi d'une foule qui brandit des roses, s'avance vers la tribune et fait plier le vieux lutteur. Chevardnadze lui abandonne le terrain. Il démissionne le lendemain, lâché par la Russie dont le ministre des Affaires étrangères est venu en hâte à Tbilissi pour l'emmener à Moscou, si l'on en croit une rumeur grandissante. En réalité, Igor Ivanov, nanti sans aucun doute d'instructions pragmatiques, se sera entretenu avec les vainqueurs du jour avant de repartir, tandis que ceux-ci, ayant une dernière fois salué le président démissionnaire, vont prendre en charge les affaires du pays.

Le 1er janvier 2004, Saakachvili est élu président avec 96 % des voix. Les censeurs si critiques des scores russes de la même époque ne trouvent rien à redire à un résultat aussi « soviétique ». De bout en bout de cette « révolution des Roses », la télévision géorgienne, mais aussi CNN ont été présentes dans les rues, au Parlement, dans le face-à-face final qui a consacré la défaite de Chevardnadze.

1. Cf. un excellent récit de la révolution des Roses in P. Razoux, *op. cit.*, pp. 278 sqq.

Cette révolution bon enfant, qui bouleverse pourtant la donne politique, mérite que soient soulevées quelques interrogations.

Tout d'abord, comment expliquer une victoire si facile de l'opposition sur un président qui avait été habitué à user des instruments du pouvoir, y compris du pouvoir répressif ? Sans doute son impopularité, son incapacité à vaincre les séparatismes, une corruption galopante – que Saakachvili avait dénoncée en quittant le ministère de la Justice – et l'effondrement de l'économie géorgienne sont-ils les principales raisons pour lesquelles il n'a, à l'heure de cette crise majeure, trouvé aucun soutien parmi ses collaborateurs, ni dans la société.

Comment expliquer que le Kremlin n'ait pas cherché à peser sur le cours des événements ? Même si Igor Ivanov a été dépêché sur place le dernier jour, c'est-à-dire au bout de trois semaines de crise, il l'a été comme intermédiaire, sans mission politique précise. On peut certes admettre que Chevardnadze, qui aux yeux de Poutine apparaissait comme un survivant du régime soviétique, une sorte de dinosaure politique, ait été de surcroît un président insupportable à la Russie, s'efforçant avec succès d'arracher la Géorgie au contrôle russe. Pour autant, la passivité de Moscou dans cette affaire ne va pas de soi. En novembre 2003, ce n'est pas seulement le sort de Chevardnadze qui intéresse Moscou, mais la déstabilisation d'un pays que le Kremlin situe dans sa zone d'influence, et surtout cette « révolution des Roses » d'un type aussi inattendu qu'inédit, apparemment spontanée, qui pourrait devenir un modèle pour d'autres États de l'*étranger proche*. Pour les observateurs de la Russie qui cultivent la certitude que

« Moscou manipule tous les événements » dans sa zone d'influence, comment expliquer que les responsables moscovites se soient ainsi abstenus de réagir à un événement qui, à terme, ne peut que les concerner ?

Autre sujet de perplexité : quelle part accorder en l'occurrence à l'influence américaine ? Ici, la réponse est plus malaisée à formuler. S'il s'agit de l'intervention officielle des États-Unis, il est clair qu'il n'y en a pas eu jusqu'au 24 novembre 2003, date à laquelle ils commencent à prendre en considération la nouvelle équipe qui, dès l'élection de Saakachvili à la présidence, recevra de leur part un soutien déclaré. Le 5 décembre, alors que les manifestations sont à peine terminées, Donald Rumsfeld débarque à Tbilissi et annonce que les États-Unis vont régler les soldes de l'armée. Dix jours plus tard, c'est une aide alimentaire d'urgence de cinq millions de dollars qui est annoncée à Washington, suivie par la prise en charge des factures d'électricité et des pensions impayées. En mai 2004, les États-Unis prennent de même en charge le cinquième du budget géorgien pour l'année en cours. La position américaine est dépourvue d'ambiguïté : il faut soutenir à fond la nouvelle équipe. Mais on ne saurait non plus négliger le rôle joué par certaines ONG, ainsi que par CNN qui aura conféré une dimension mondiale à la « révolution des Roses », n'interrompant pas un instant ses émissions et assurant une formation des cadres. Saakachvili peut à bon droit se réclamer des États-Unis et se tourner vers eux à l'heure où il triomphe[1].

1. Le scénario de Tbilissi sera repris un an plus tard en Ukraine avec des acteurs semblables : ONG et médias. L'inspiration américaine est indéniable dans ces « révolutions de couleur », tout comme la passivité de Moscou.

Entouré de ses proches – Zourab Jvania est chef du gouvernement, Nino Bourdjanadze préside le Parlement –, Mikhaïl Saakachvili entame fort adroitement son mandat en cherchant à s'incorporer à l'OTAN, mais avec un large soutien européen et sans mécontenter Moscou. Son premier voyage hors de Géorgie le conduit, le 11 janvier 2004, auprès de Vladimir Poutine qu'il tente de rassurer sur ses intentions. Il n'est pas certain que le courant passe entre les deux hommes, mais le maître du Kremlin, pragmatique, l'écoute. Saakachvili en tirera, semble-t-il, la conclusion qu'il a les mains libres pour ce qui est de son projet prioritaire : la restauration de l'autorité de Tbilissi sur l'ensemble du territoire. Avec l'Union européenne et les États d'Europe, les relations sont aisées : Saakachvili inspire d'emblée une certaine confiance. Il emprunte à la France une diplomate d'origine géorgienne Salomé Zourabichvili pour en faire son ministre des Affaires étrangères : n'est-ce pas là le signe d'une orientation vers l'Europe, que confirme l'implantation du drapeau européen à côté de celui de la Géorgie ? L'Union va aussitôt lui accorder une aide financière, impliquer la Géorgie dans la *politique de voisinage*[1], et nommer un représentant dans le Sud-Caucase.

Reste l'Amérique, le protecteur dont Saakachvili entend doter son pays. Il s'y rend sitôt après être allé en Russie. Et il annonce un engagement militaire accru en Irak et en Afghanistan, se comportant déjà

1. La Commission européenne a élaboré en 2003 la politique européenne du nouveau voisinage devenue « politique de voisinage » destinée à définir ses relations avec la périphérie de l'Europe élargie.

en allié fidèle de Washington. En mai 2005, le président Bush est en visite officielle à Tbilissi dans un climat de ferveur populaire qui confine au délire. La Géorgie a donc clairement choisi son camp[1], et Saakachvili pense qu'il peut aller au bout de ses projets.

Le temps des malentendus

L'année 2004 va être, pour les relations entre Tbilissi et Moscou, celle des illusions et des rendez-vous manqués. Pressé de reprendre le contrôle de tout le territoire, Saakachvili commence par s'occuper de l'Adjarie, pour plusieurs raisons : d'abord, le président de cette région irrédente, Aslan Abachidze, qui a bruyamment soutenu Chevardnadze, manifeste non moins bruyamment son refus de reconnaître le nouveau pouvoir en place à Tbilissi ; ensuite, il ne paraît pas disposer d'un fort soutien populaire dans son territoire ; enfin, la Russie, qui s'est toujours impliquée dans les difficiles relations entre Géorgiens, Ossètes et Abkhazes, semble plus détachée, s'agissant de l'Adjarie – du moins est-ce la conviction du président géorgien. Son calcul est fondé. Il engage une opération de déstabilisation d'Abachidze sous la forme d'une autre « révolution des Roses ». La démission d'Abachidze devient le slogan de foules adroitement mobilisées par les collaborateurs de Saakachvili. L'embargo économique de la région achève de démoraliser la population. Affolé, le président adjar se réfugie d'abord auprès des troupes russes de la base de Batoumi, puis

1. La visite qu'effectue presque au même moment le président iranien en Géorgie mérite cependant d'être notée.

se précipite à Moscou pour demander de l'aide. Celle-ci se réduit à l'intervention d'Igor Ivanov, qui lui conseille de s'incliner et lui facilite l'exil en Russie. L'ordre géorgien en Adjarie, est restauré en quelques semaines, de manière relativement paisible et largement grâce à la bonne volonté de Vladimir Poutine qui, loin d'esquisser quelque pression que ce soit sur Saakachvili pour sauver Abachidze, prêche le respect de la volonté populaire et la soumission. Cette victoire si aisée, qui vaut un surcroît de popularité à Saakachvili, va pourtant nourrir chez lui un optimisme exagéré quant aux concessions qu'il peut attendre de Moscou. Ce pour quoi il décide aussitôt de rééditer cet exploit en Ossétie du Sud.

Là aussi, Saakachvili mise sur la fatigue populaire et le faible soutien dont est censé disposer le président Edouard Kokoity[1]. Dans un premier temps, à la fin de l'année 2003, Saakachvili tente de détacher la population de son président par des offres séduisantes : une aide alimentaire et la révision du statut de l'Ossétie sous forme d'une grande autonomie. Mais il n'est pas entendu. Les Ossètes se rassemblent autour de leur président, qui en appelle à la Russie. Vladimir Poutine en profite pour rappeler au chef de l'État géorgien qu'il n'est pas question pour lui d'abandonner les bases russes et que la volonté exprimée par Saakachvili de rejoindre au plus tôt l'OTAN n'est guère favorable à une coopération russo-géorgienne. Sous-entendu : Saakachvili ne peut escompter cette fois que la Russie ferme les yeux sur une entreprise dirigée contre les Ossètes.

1. K. Nilsson, « Georgia's Rose Revolution », in S. E. Cornell and S. F. Starr, *op. cit.*, pp. 91 sqq.

N'écoutant aucun appel à la modération, le président géorgien, qui ne supporte pas la mise en cause de son autorité – ses proches collaborateurs vont le découvrir à cette occasion –, décide de lancer ses troupes contre les Ossètes, qui ont reçu un soutien russe en hommes et en matériel. L'équipée de l'été 2004 est un désastre. Militaire, d'abord : Saakachvili doit battre en retraite. International, ensuite : sa réputation en pâtit, non seulement à Moscou, mais aussi en Europe où une guerre, même limitée au « voisinage », ternit quelque peu l'image du héros de la révolution démocratique de novembre 2003. Surtout, la leçon est entendue à Tskhinvali et à Sukhumi : alors que Saakachvili s'obstine à rétablir la domination géorgienne en empiétant sur leur statut d'indépendance relative, Ossètes et Abkhazes vont se convaincre qu'il leur faut se tenir fermement sous la protection russe, refuser toute discussion et couper tout lien avec Tbilissi. La quasi-fermeture des frontières entre la Géorgie et les entités séparatistes est acquise à l'été 2004 et ne connaîtra aucune évolution.

À Moscou, on observe avec inquiétude Saakachvili multiplier les provocations. Après avoir déclaré et répété, en dépit des avertissements de Poutine, qu'il attendait l'admission de son pays au sein de l'OTAN, après l'épisode ossète, il prend fait et cause, en décembre 2004, pour la « Révolution orange » en Ukraine, dont la tonalité antirusse est beaucoup plus audible que celle de la « révolution des Roses ».

Malgré cette dégradation des relations, les Russes poursuivent le dialogue engagé sur les bases russes en Géorgie. Au terme de la négociation conduite par les deux ministres des Affaires étrangères, un accord russo-géorgien est conclu le 31 mai 2005[1]. De prime abord, c'est un immense succès géorgien puisque la Russie accepte de retirer ses troupes à échéance du 1er janvier 2008, ne laissant sur place que les troupes de « maintien de la paix » stationnées en Ossétie et en Abkhazie aux termes d'accords antérieurs. La Russie retirera en effet ses troupes dans les délais prévus. Mais c'est là un succès en trompe-l'œil. En premier lieu, le ministre russe des Affaires étrangères s'est battu pour obtenir qu'il soit inscrit dans l'accord que le territoire géorgien ne s'ouvrirait à aucune base étrangère. Pour la Géorgie qui s'apprêtait à entrer dans l'OTAN, cette exigence était difficilement acceptable. On est parvenu à un compromis : l'accord ne comportera aucune clause restrictive sur les bases, mais le Parlement géorgien votera une déclaration équivalant à un tel engagement. Ce qui sera fait. De ce compromis, il résulte que, par la suite, lorsque la Géorgie acceptera d'ouvrir son territoire à des troupes américaines, la Russie considérera qu'elle aura violé les termes de l'accord de 2005 et ne se fera pas faute, après 2008, d'en tirer profit[2] !

Par ailleurs, les Géorgiens ont voulu inclure dans l'accord une reconnaissance des frontières russo-géorgiennes, ce qui aurait engagé la Russie à garantir l'inclusion des entités séparatistes dans le territoire géorgien. La question a été renvoyée par Sergueï Lavrov à des pourparlers ultérieurs, qu'enterrera la rapide dégradation des relations entre Moscou et Tbilissi.

---

1. S. Zourabichvili, *La Tragédie géorgienne, 2003-2008*, Paris, 2009, pp. 115-125. C'est l'auteur, alors ministre des Affaires étrangères, qui a conduit cette négociation.
2. S. Zourabichvili, *op. cit.*, pp. 119-121.

Cet accord, dont la Russie pourra se prévaloir contre la Géorgie en 2008, l'accusant de l'avoir enfreint, peut aussi être considéré comme un succès russe. En effet, en acceptant d'évacuer ses bases, la Russie fait preuve de sagesse, témoigne de sa bonne volonté et peut difficilement être accusée d'empiéter sur l'indépendance géorgienne. Elle en retire un incontestable crédit dans l'opinion internationale, même si cette négociation, qui touche à une partie du monde éloignée, n'est pas toujours remarquée. En définitive, la position russe, telle qu'elle ressort de ses rapports avec la Géorgie, n'est pas défavorable, en cette fin d'année 2005 ; c'est plutôt l'image de Saakachvili qui se brouille.

Le 3 février 2005, un drame est venu endeuiller la république caucasienne, drame d'autant plus grave qu'il se double d'un mystère politique. Le chef du gouvernement, Zourab Jvania, est mort asphyxié dans des conditions extrêmement suspectes. Nul ne croit à la thèse officielle de l'accident ; l'opinion, mais aussi la veuve du Premier ministre, crient au meurtre. Un récent ouvrage a avancé l'hypothèse d'un assassinat commandité par le Kremlin : « Peu importe que sa mort ait été ou non l'œuvre de Moscou », écrit l'auteur qui défend de bout en bout l'idée que l'agressivité de la Russie a été la clé de tout ce qui est advenu en Géorgie depuis 1992[1]. L'hypothèse d'une implication de Moscou est pourtant démentie par à peu près tous les témoignages. D'abord, Jvania incarnait, dans les relations avec la Russie, l'élément pacificateur. Il a même été accusé par certains extrémistes

1. R. D. Asmus, *A Little War that Shook the World*, New York, Palgrave Macmillan, 2010, p. 60.

de défendre systématiquement les intérêts russes. Si ce grief est dépourvu de fondement, il est néanmoins lié aux origines partiellement arméniennes du Premier ministre qui l'ont probablement incité à regarder davantage du côté de l'Arménie pro-russe, comme allié potentiel de la Géorgie, que du côté de l'Azerbaïdjan qui attire Saakachvili. De son côté, l'ancien ministre des Affaires étrangères de Saakachvili a parlé à ce propos d'une information mensongère et calomnieuse émanant du gouvernement, soulignant qu'aux yeux de l'opinion c'était vers Saakachvili que s'orientaient les soupçons[1]. En 2005, son tempérament excessif, son autoritarisme grandissant, les amendements apportés à la Constitution pour empiéter sur les pouvoirs du Parlement au profit de ceux, déjà conséquents, de l'exécutif, tout révèle chez lui une certaine paranoïa. L'opinion et la classe politique avaient fondé de grands espoirs sur Jvania, qui paraissait capable de modérer Saakachvili, de lui tenir lieu de contrepoids, voire d'incarner un jour une alternative. Déjà se dessinait un semblant d'opposition qui, quelques mois plus tard, se constituera et tentera de limiter les excès du pouvoir présidentiel, avant de l'acculer, à terme, à la démission.

La situation de la démocratie géorgienne laisse beaucoup à désirer en ces mois difficiles où la grogne populaire prépare la voie à une opposition organisée. La liberté des médias est parfois entravée ; Saakachvili, qui ne supporte pas les critiques de l'intelligentsia, fait arrêter des opposants déclarés. Même la plus fidèle de ses soutiens, Nino Bourdjanadze, commence à exprimer des doutes sur lui...

1. S. Zourabichvili, *op. cit.*, pp. 94.

De surcroît, en dépit du semblant de détente lié à l'accord conclu sur les bases, les relations avec la Russie vont prendre un tour de plus en plus proche de la confrontation.

La guerre à l'horizon

Les guerres ne sont pas toujours imprévisibles, et au Caucase moins qu'ailleurs. Après que Russes et Géorgiens se sont affrontés par Abkhazes et Ossètes interposés durant quelques années, c'est à une confrontation quasi ouverte qu'on assiste dès 2006. Saakachvili est alors politiquement seul aux commandes, entouré d'une équipe de très jeunes ministres inexpérimentés, sans connaissance du passé soviétique. Le nouveau ministre des Affaires étrangères, Eka Tkechlachvili, n'a que vingt-neuf ans lors de sa nomination en mai 2006 ; le ministre de la Défense, David Kezerachvili, vingt-huit. Que savent-ils de la Russie ? du contentieux russo-géorgien ? de la manière de négocier avec le grand voisin ?

Sans risquer d'être modéré par des collaborateurs prudents, Saakachvili peut alors se lancer dans son projet à deux volets : reconquête territoriale et entrée immédiate dans l'OTAN. Pour cela, il lui faut doter son pays de l'image d'une puissance militaire qui en fasse un allié souhaitable pour les États-Unis. Le budget militaire bondit alors de façon spectaculaire, atteignant près de 9 % du PIB[1]. Les effectifs de l'armée augmentent, mais c'est surtout sur les équipements

1. S. Serrano, « Géorgie, le rêve brisé », *Politique internationale*, n° 121, automne 2008, p. 159.

que portent les efforts. L'Ukraine, qui entraîne les pilotes géorgiens, est aussi le premier fournisseur d'armes. On ne peut s'étonner que la Pologne et la République tchèque s'associent à cette volonté de « tirer » l'ami géorgien vers l'OTAN. Israël se montrera un temps très ouvert aux demandes géorgiennes, puis les freinera, soucieux de ne pas compromettre ses relations avec la Russie. Prudents, les Occidentaux, États-Unis compris, se contentent de participer à l'entraînement de l'armée, mais évitent de transférer à Tbilissi des matériels offensifs. Saakachvili se livre aussi à une intense propagande militaire, vantant sur d'innombrables affiches les mérites et la puissance de son armée, voire finançant des messages musicaux annonçant le retour de la Géorgie en Abkhazie. Il se fait filmer lui-même par la télévision, admonestant des soldats russes à la frontière de l'Abkhazie, ridiculisant, sous le nez d'une foule de journalistes invités pour l'occasion, la position et les protégés de Moscou. De même, en septembre 2006, des Russes accusés d'espionnage sont spectaculairement expulsés sous l'œil des caméras du monde entier. Il s'agit, pour Saakachvili, de montrer publiquement qu'il ne craint pas Moscou.

Autre démarche hostile qui heurte profondément les intérêts russes au même moment : la Géorgie, membre de l'OMC, use de son droit de veto pour bloquer les négociations destinées à préparer l'entrée de la Russie dans l'organisation mondiale. Moscou riposte en refusant que la mission de surveillance frontalière assumée par l'OSCE soit reconduite. Réaction de Saakachvili : il adopte une série de mesures préfigurant un coup de force sur les provinces séparatistes. Il reprend le contrôle du couloir de Kodori, dans l'est de l'Abkhazie, qui se trouvait sous l'autorité d'un chef de guerre local. Quelques mois plus tard, c'est en Ossétie que le *statu quo* est remis en cause. Le gouvernement géorgien instaure dans un village une sorte d'autorité ossète provisoire. Peu importe que le pouvoir de celle-ci ne dépasse pas les limites du village : la démonstration est faite que l'unité de la Géorgie est en marche. Et la question de l'installation du bouclier antimissile américain étant à l'ordre du jour, Saakachvili se rue dans la brèche et ancre le conflit russo-géorgien dans le cadre de l'opposition russo-américaine sur ce thème : il propose à Washington que la Géorgie soit l'une des terres d'accueil du bouclier. La réaction russe ne se fait pas attendre : un missile antiradar russe tombe peu après en territoire géorgien.

Au cours de cette période, Moscou n'est pas avare de déclarations et de gestes visant à indiquer les limites de sa patience. Le 1er décembre 2006, Sergei Ivanov, ministre russe de la Défense, déclare devant une assemblée de la CEI : « L'étape logique suivante destinée à renforcer la sécurité internationale sera le développement d'un mécanisme de coopération entre l'OTAN, l'OTSC, suivie d'une claire division des sphères de responsabilité[1]. » N'était-ce pas là un pas vers la reconnaissance d'une gestion bipolaire de la sécurité dont l'Eurasie serait l'un des acteurs face aux États-Unis ?

Dans le même temps, la Russie se retirait du traité FCE, ce qui la libérait des limites imposées à sa présence militaire aux frontières de la Géorgie. En ces derniers mois précédant la guerre, non seulement la situation se durcit, mais chacun entend exposer sa posi-

1. V. Mukhin, « Raspad Evrazii », *Nezavisimaia Gazeta*, 4 décembre 2006, pp. 1-2.

tion. La Géorgie se place – et place son projet de reconquête des provinces séparatistes – sous la protection de l'alliance occidentale, c'est-à-dire en dernier ressort des États-Unis. La Russie affirme hautement la priorité de ses intérêts dans la région, et elle le fait aussi dans un dialogue implicite avec les États-Unis qui sont l'acteur dissimulé de la tragédie qui s'annonce. La position russe est d'autant plus aisée à comprendre que Saakachvili clame haut et fort qu'il est sous protection américaine et agit en accord avec Washington. La présence à ses côtés de quelques conseillers américains donne crédit, pense-t-il, à cette assurance.

Au début de 2008, ce tableau encore marqué par des escarmouches verbales et parfois guerrières change brutalement. Trois événements dominent l'année qui s'ouvre : le 10 février 2008, l'indépendance du Kosovo est reconnue par les Occidentaux ; deux mois après, c'est le sommet de Bucarest ; enfin, quelques semaines plus tard encore, le pouvoir prend un nouveau visage à Moscou.

Reconnue, l'indépendance du Kosovo a créé la surprise dans tous les camps, car nul n'en avait suffisamment pesé les conséquences. En réalité, Saakachvili n'en était pas davantage partisan que Moscou et avait, en vain, tenté de gagner à ses vues ses interlocuteurs occidentaux. Pour lui, la meilleure solution eût été une entente entre Belgrade et le Kosovo, qui eût servi de précédent à une entente entre Tbilissi et Sukhumi[1]. Pour cela, il eût fallu laisser les deux

1. Défendant la thèse russe, il pouvait espérer qu'en retour la Russie ne s'opposerait pas à sa propre thèse que l'accord entre la Géorgie et l'Abkhazie était conforme aux règles internationales.

parties face à face au lieu que les puissances étrangères cherchent à imposer leur solution. Saakachvili entrevoyait aussi que, l'indépendance du Kosovo une fois reconnue, Moscou userait de ce précédent pour imposer une solution identique et définitive pour les provinces séparatistes de Géorgie. C'est là que l'on constate à quel point les Occidentaux ont été aveugles. Ils répondirent à Saakachvili que les deux cas n'étaient en rien comparables, qu'il ne pouvait donc y avoir de précédent. De surcroît, ils s'illusionnèrent sur la réaction russe, considérant tout à la fois – cela aussi fut dit au président géorgien – que la Russie n'était pas en état de réagir, alors qu'elle devait affronter la « transition » du pouvoir, et que, gênée par ses propres problèmes de minorités, elle n'irait pas jusqu'à une confrontation sérieuse sur ce terrain. C'est donc en toute certitude et bonne conscience que les États occidentaux – États-Unis, France, Allemagne, Grande-Bretagne – ignorèrent les avertissements de Vladimir Poutine sur les conséquences inéluctables au Caucase d'un précédent balkanique. Pourtant, à la conférence de Munich[1], Poutine avait déjà inscrit l'indépendance du Kosovo dans la longue liste des sujets de contestation entre Moscou et Washington.

Quelques jours après la reconnaissance de l'indépendance du Kosovo, Saakachvili rencontra Poutine à Moscou, où se tenait alors un sommet de la CEI qui eut à en traiter largement. Poutine exposa à ses interlocuteurs qu'il ne pourrait ignorer les demandes des Abkhazes et des Ossètes de bénéficier du statut kosovar, et il lia pratiquement le problème à celui de

1. Cf. *supra* p.105.

l'entrée de la Géorgie dans l'OTAN, si fortement souhaitée par Tbilissi mais qui en ferait une menace pour la Russie. La réaction de Moscou au lendemain de la reconnaissance du Kosovo était ainsi quelque peu ambiguë : fallait-il comprendre qu'on allait tout droit vers une reconnaissance parallèle des indépendances abkhaze et ossète ? ou que la Géorgie avait la possibilité d'écarter ce danger en renonçant à son entrée dans l'OTAN ?

Cette ambiguïté subsiste le mois suivant lorsque Ossètes et Abkhazes, forts du précédent kosovar, demandent à la Russie de reconnaître leur indépendance. Le Parlement russe s'empare de l'affaire et déclare qu'il faudra répondre positivement à cette demande, sans pour autant qu'il y ait décision. Le cas reste pendant et la balle est clairement encore dans le camp géorgien[1]. Lui faut-il ou non renoncer alors à l'OTAN ?

La réponse provisoire vient de l'OTAN. Au sommet de Bucarest réuni du 2 au 4 avril 2008, les présidents géorgien et ukrainien pressent l'Alliance de les accueillir. Placé par la Russie devant le choix entre OTAN et perte totale de ses territoires irrédents, Saakachvili tente désespérément d'impliquer l'OTAN dans la défense de son pays. Il plaide la nécessité d'intégrer l'Alliance afin que celle-ci lui assure une protection. Sans doute la Géorgie et l'Ukraine n'étaient-elles pas prêtes à se voir admettre au sein de l'Alliance avec un statut de membres à part entière. C'est pourquoi le débat porta plutôt sur leur accès au programme MAP

1. D. J. Smith, « The Saakashvili Administration's Reaction to Russian Policies Before the 2008 War » in E. Cornell et S.-F. Starr, *op. cit.*, pp. 124-125.

(Membership Action Plan) destiné à préparer les pays candidats à l'intégration. Cette hypothèse de travail, visant tout à la fois à calmer les deux pays candidats en leur suggérant qu'ils étaient sur la voie de l'intégration, mais aussi à rassurer Moscou par une demi-mesure qui ne comportait pas d'engagement réel de l'OTAN vis-à-vis de la Géorgie et de l'Ukraine, trahissait surtout la perplexité de l'OTAN.

Par-delà le cas de ces deux pays candidats, c'est en effet la stratégie de l'OTAN aux abords de la Russie, et donc ses rapports avec Moscou, qui faisaient le fond du débat. Conduits alors par le président Bush, les États-Unis étaient de fervents partisans de l'acceptation dans l'OTAN de l'Ukraine et de la Géorgie. Sur ce chapitre, ils avaient tout naturellement le soutien des États de la « nouvelle Europe », ainsi que celui du Canada, de l'Angleterre et du Danemark. Mais, face à eux, la « vieille Europe » – l'Allemagne en tête, qui avait pourtant défendu, dans les années 1990, l'idée qu'il faudrait élargir l'OTAN – s'oppose à ce projet, considérant qu'il ne convient pas d'acculer la Russie à une réaction extrême. Dans cette quasi-querelle qui divise l'OTAN, le président Bush tente de forcer la main aux récalcitrants pour imposer la solution du MAP, et va le confirmer à Kiev où il s'arrête sur le chemin de Bucarest. Le terme de son mandat approchant, George Bush, dont c'est le dernier sommet de l'OTAN, espère sans doute que ses alliés ne lui opposeront pas de refus. En dépit de son optimisme, il lui faudra constater, en ces moments les plus difficiles – voire les plus dramatiques – que l'OTAN ait connus depuis la rencontre de Madrid, onze ans plus tôt, que nul n'entend céder juste pour lui offrir une belle sortie.

Résultat : le programme MAP est laissé de côté, mais l'assemblée s'entend sur un compromis, à savoir un texte stipulant : « Nous sommes d'accord pour que la Géorgie et l'Ukraine deviennent un jour membres de l'OTAN. » Ce compromis, signifiant en principe que l'OTAN s'ouvrira aux deux candidats, mais dans un avenir indéterminé, est supposé apaiser et Moscou et Tbilissi. Mais ni l'un ni l'autre n'en sortent rassurés.

Pour Moscou, le compromis est perçu comme une promesse au calendrier imprécis, mais engageant bel et bien l'OTAN. Vladimir Poutine, qui vient se joindre au sommet, à l'issue de ces tractations, pour assister au Conseil Russie-OTAN, réitère son opposition aux élargissements débattus – même si l'abandon du MAP lui paraît, convient-il, une sage décision –, à l'indépendance du Kosovo et à l'idée de régler des conflits régionaux en y mêlant l'Alliance[1]. À examiner de plus près ses diverses déclarations, on constate qu'il a pris la mesure des divergences séparant les États membres de l'OTAN sur ce qui, à ses yeux, constitue l'essentiel : quelle place faire à la Russie dans l'élaboration d'une stratégie commune ? En politique réfléchi et calculateur – ce qui est loin d'être un défaut dans sa fonction –, Poutine inclura dans sa réflexion à venir ce constat d'une Alliance divisée, permettant à la Russie de jouer de ses dissensions. Mais le sommet – couronné par une rencontre bilatérale Poutine-Bush qui se tient aussitôt après à Sotchi, où le président russe a convié son homologue pour un ultime dîner, leur dernier tête-à-tête alors que tous deux vont bientôt quitter leurs fonctions –

1. M. Perezovkina, « Moskva otvetit Nato Abkhaziei », *Nezavisimaia Gazeta*, 14 avril 2008.

se déroule si chaleureusement que l'impression prévaut à Washington que les griefs russes peuvent être oubliés.

Une conclusion peut encore être tirée de ce sommet. Il a en principe abouti à une déclaration favorable aux aspirations géorgiennes et ukrainiennes. Davantage, peut-être, que si l'on s'était entendu pour offrir aux deux pays le MAP, lequel ne comportait aucun engagement précis ni pour l'adhésion, ni pour protéger éventuellement les candidats de quelque menace. Mais cette déclaration de principe, qui semble ouvrir grandes les portes de l'OTAN à la Géorgie, n'implique pas non plus d'engagement, et ce point est mal compris de Saakachvili qui croit, sans doute sincèrement, qu'il sera à l'occasion traité comme s'il était déjà dans l'OTAN, c'est-à-dire assuré de la protection que l'Alliance doit à ses membres. Ce malentendu, que nul ne cherche à dissiper – et pour cause, tous les participants au sommet de Bucarest souhaitant que Saakachvili soit apaisé, fût-ce au prix d'une légère incompréhension –, aura ultérieurement de très lourdes conséquences[1].

Enfin, dernier événement dont l'importance était difficile à mesurer sur le moment : le changement de responsable à la tête du Kremlin. En mai 2008, l'élection de Dimitri Medvedev à la présidence et le passage de Vladimir Poutine à la tête du gouvernement entraînent d'inévitables interrogations qui compliquent la décision politique. C'est d'abord la forme même que revêt le pouvoir russe qui suscite la perplexité.

---

1. Le 8 avril 2008, S. Lavrov déclarait : « Nous ferons l'impossible pour empêcher la Géorgie et l'Ukraine d'entrer dans l'Otan. » Cité le même jour par RIA Novosti sur leur site.

Ce tandem est une innovation dont il est malaisé d'évaluer l'avenir et l'équilibre. Tandem asymétrique (du moins apparaît-il ainsi d'emblée) : d'un côté, un président doté de l'autorité constitutionnelle, de pouvoirs considérables, mais à qui manque l'expérience du métier de chef d'État et des équipes ; de l'autre, un chef de gouvernement qui a autorité sur l'appareil d'État, les finances, les services spéciaux, et qui, rodé à l'exercice du pouvoir, a tissé des liens avec tous les responsables du monde et dispose d'équipes nombreuses et fidèles.

Comment interpréter le changement de rôles si inhabituel qui s'est produit à Moscou ? Un président qui devient Premier ministre sous l'autorité de celui qu'il a porté au pouvoir suprême : cette solution déconcerte le monde extérieur, qui y voit en général un signe de la toute-puissance de Poutine et de la faiblesse de son successeur. Un clone ou un intérimaire, dira-t-on souvent, et l'indice d'une situation transitoire. Combien de fois n'a-t-on pas annoncé des élections anticipées qui « ramèneraient Poutine au Kremlin » ? Pour les Russes, cette solution, qu'ils approuvent à une majorité écrasante, a le mérite de garantir ce à quoi ils aspirent par-dessus tout : la stabilité du pouvoir dans leur pays. Peu leur chaut comment fonctionne le tandem, qui exerce quelle responsabilité ; l'essentiel à leurs yeux est que la Russie, qui depuis 2000 s'est redressée, continue. En même temps, le tandem offre à l'observation des uns et des autres une perspective séduisante : Vladimir Poutine incarne non seulement la stabilité voulue par tous, mais aussi l'autorité de l'État, la puissance et la dignité retrouvées de la Russie que souhaite une part importante de la société russe. Les sondages, qui lui sont durablement favorables, en sont un très sûr indice.

Dimitri Medvedev, lui, représente une nouvelle génération : douze ans le séparent de son mentor, ce qui, en un temps où l'accélération de l'Histoire n'est plus une simple formule, est considérable. Sur le plan des mentalités, Medvedev incarne la compréhension d'un monde transformé ; à l'aube de son pouvoir, il est l'espoir des libéraux et l'interlocuteur de la partie la plus jeune et la plus éduquée de la population russe. Rien de bien étonnant à ce que, de son côté, le monde extérieur espère que le tandem va recouvrir une opposition, celle du passé et de l'avenir, celle du « méchant » et du « gentil »...

Le 8 juin 2008, Dimitri Medvedev, élu depuis un mois tout juste, opère sa première sortie sur la scène internationale, et elle est loin d'être indifférente. C'est à Berlin qu'il propose une nouvelle architecture pour la sécurité européenne, sous la forme d'un pacte de sécurité pan-européen. L'OTAN perdrait ainsi de son influence au profit de la relation privilégiée russo-européenne.

Au même moment, le président Saakachvili, qui vient de recouvrer une certaine légitimité à la faveur d'élections législatives où l'opposition a été mise en minorité, affolé par le durcissement qu'il constate dans la position russe, se rend à Moscou pour rencontrer le nouveau maître du Kremlin. Organisée le 6 juin dans les coulisses du sommet de la CEI qui se tient alors à Saint-Pétersbourg, cette rencontre a pour but, dans l'esprit de Saakachvili, d'obtenir l'accord russe à un retrait d'Abkhazie de ses forces de paix au bénéfice de forces fournies par l'Union européenne et l'OSCE. Persuadé qu'il existe un contentieux personnel entre Poutine et lui, que Poutine le hait, qu'il a décidé de le briser et d'écraser la démocratie géorgienne, Saakachvili tente de jouer d'éventuelles dissensions au sein du tandem, espérant se faire entendre du « gentil » Medvedev. En vain : l'humeur du nouveau président russe n'est pas à la conciliation. D'autant plus qu'à la même époque, en Géorgie, tout est désormais en place pour l'explication finale entre Moscou et Tbilissi.

La guerre de cinq jours

Les escarmouches qui se sont succédé depuis le début de l'année ont finalement débouché sur une escalade qui annonce la guerre. Les circonstances n'y sont-elles pas favorables ? L'été, chacune des parties peut considérer que l'attention de l'autre est en sommeil. Les Jeux olympiques de Pékin, les problèmes posés par la situation au Tibet, détournent en tout cas l'attention des Européens et des États-Unis. Surtout, ces derniers sont affaiblis par les guerres d'Irak et d'Afghanistan, où l'enlisement menace, et par le terme proche de la présidence Bush, même si ses collaborateurs restent actifs à Tbilissi où Condoleezza Rice fait escale le 9 juillet. Saakachvili répétera qu'il était assuré du soutien de Washington en cas de guerre déclarée[1].

La Russie, elle, prépare ses grandes manœuvres en mer Noire – Kavkaz 2008 –, qui se déroulent à proximité de la frontière russo-ossète. Le chemin de fer

1. A. Cooley, L. A. Mitchell, « No way to treat our friends : Recasting Recent US-Georgian Relations », *The Washington Quarterly*, 32, n° 1, janvier 2009, pp 27-40.

reliant Sotchi à Otchamchira, situé en Abkhazie, a été remis en état ; il pourra servir à acheminer des troupes russes. Le 7 août, la guerre est là, sans déclaration préalable, mais se développant par étapes depuis une bonne semaine.

C'est en Ossétie que tout commence, avec une opération limitée opposant une poignée de combattants ossètes à des policiers géorgiens après qu'un explosif a atteint leur véhicule. Saakachvili riposte, provoquant quelques morts. Des deux côtés, les accusations fusent. Selon les Ossètes, les Géorgiens ont tiré sur un de leurs villages. Ces derniers répliquent que des tirs ossètes visant un village géorgien ont fait plusieurs morts.

Face à une escalade que les autorités géorgiennes imputent à la Russie, accusée de mettre en scène une « guerre factice » afin de miner les efforts de Tbilissi pour parvenir à un accord avec Abkhazes et Ossètes, les Occidentaux essaient de calmer le jeu. Condoleezza Rice accourt une nouvelle fois à Tbilissi pour prévenir le président géorgien qu'il ne recevra pas d'aide de Washington s'il s'engage dans un conflit. Mais la situation n'est plus guère contrôlable. Le 7 août, Saakachvili déclenche une opération militaire qui mobilise d'importantes forces. Sans doute dira-t-il ensuite que sa décision a été provoquée par l'annonce d'un mouvement de troupes russes franchissant le tunnel de Rokki pour se porter au secours des Ossètes. Et il est vrai que de nombreux effectifs étaient massés depuis plusieurs jours du côté russe du tunnel. Néanmoins, malgré les dénégations de Saakachvili, il est avéré que c'est lui qui a déclenché l'opération du 7 août, laquelle se traduit par le bombardement de la capitale ossète, Tskhinvali, la destruction d'objectifs militaires, enfin la chute d'obus sur une caserne où sont cantonnés des soldats russes des forces de maintien de la paix qui vont relever leurs morts et leurs blessés. C'est la Russie qui est ainsi atteinte et se doit de réagir[1].

Le président russe, qui se trouve à Pékin, rentre aussitôt et décide de la riposte. Elle ne sera pas graduée, mais lourde, engageant près de 40 000 hommes et deux divisions blindées. Tskhinvali est au cœur des combats, où déjà Géorgiens et Ossètes s'entre-tuent. Les troupes russes luttent trois jours durant pour reprendre le contrôle de la capitale ossète, mais s'engagent aussi sur un second front, l'Abkhazie, jusqu'alors épargnée par le conflit et où, alliées aux Abkhazes, elles vont contraindre les Géorgiens à quitter la vallée de Khodori. Des bombardement massifs écrasent les sites militaires et les infrastructures géorgiennes, tandis que les troupes russes, repoussant celles de Saakachvili, avancent sur tout le territoire géorgien, visant peut-être la capitale. Les combattants russes, qui ont conquis Gori dès le 11 août, menacent en tout cas d'isoler Tbilissi du reste du pays, alors que, sur la côte abkhaze, des vaisseaux appartenant à la flotte de la mer Noire débarquent des troupes.

Saakachvili est acculé. Des soldats qui avaient été envoyés en Irak sont rappelés en catastrophe, mais rien n'y fait : la disproportion des forces est trop grande ; l'armée géorgienne, qui a eu affaire non seulement aux Russes, mais aussi aux combattants abkhazes et ossètes, est brisée[2].

1. Cf. le récit très précis dans P. Razoux, *op. cit.*, pp 303-330.
2. S. Serrano, art. cit., pp. 154-155 ; P. Felgenhauer, « After August 7th », in S. E. Cornell et S. F. Starr, *op. cit.*, pp. 162 sqq ; R. D. Asmus, *op. cit.*, pp. 183-188.

Au troisième jour des combats, pressentant le désastre, le président géorgien a appelé la Russie à cesser les hostilités, sans résultat. Les Russes poursuivent leur avancée sur Tbilissi. La communauté internationale réagit mollement. Sans doute le secrétaire général de l'ONU et Javier Solana ont-ils demandé aux belligérants de suspendre les combats. Mais nul État ne s'interpose réellement. D'abord, les hauts dirigeants sont pour la plupart à Pékin. Quant au président Bush, il poursuit paisiblement ses vacances, visiblement désireux de n'être pas impliqué dans un conflit où la Russie se trouve déjà en position victorieuse.

Au soir du 12 août, au terme de cette guerre si brève, la Géorgie vaincue doit faire ses comptes. Ses pertes en hommes, en territoires et en infrastructures sont considérables. Le président géorgien ne reconnaît certes qu'un petit nombre de victimes – 370, militaires et civils confondus –, qu'il oppose aux 1 600 morts déplorés par les Ossètes. Les chiffres de part et d'autre sont douteux : trop faibles pour Tbilissi, exagérés pour les Ossètes. Mais, plus que le nombre des morts, compte celui des malheureux qui ont dû fuir les zones de combats, la violence des affrontements, et se réfugier là où, depuis le début des luttes séparatistes, croupissent d'autres personnes déplacées. Des dizaines de milliers de fuyards sont ainsi venus rejoindre ceux qui, avant eux, ont tout quitté pour survivre.

Aux pertes et aux tragédies humaines s'ajoutent enfin les destructions : celles des matériels, des navires coulés dans le port de Poti, des installations militaires – Gori avant tout –, des aéroports, des routes ; et surtout les pertes territoriales qui aggravent le problème des provinces irrédentes. Depuis le début des années

1990, la Géorgie était incapable de soumettre à son autorité l'Abkhazie et l'Ossétie, mais elle pouvait clamer que leur rébellion était illégitime, donc appelée à prendre fin. La défaite militaire remet en cause cette prétention et modifie quelque peu la géographie des territoires perdus, réduisant encore celle où domine Tbilissi. L'Ossétie du Sud a ainsi repris le contrôle de quelques villages peuplés de Géorgiens. Quant à l'Abkhazie, elle est désormais maîtresse de la vallée de Khodori que la Géorgie contrôlait jusqu'au 7 août[1].

Sans doute la Russie compte-t-elle aussi de nombreuses victimes, mais la victoire remportée impose silence. L'heure n'est pas au bilan, mais à l'organisation des rapports entre une Géorgie à genoux et les petits États qui affirment le caractère définitif de leur séparation sous l'égide de Moscou, et à la négociation avec l'Europe. Face au mutisme de l'allié américain et à la prudence manifestée par nombre d'États occidentaux, une voix va monter, celle de l'Europe, ou plutôt celle de Nicolas Sarkozy qui en exerce la présidence tournante en cet été fatal à Tbilissi. Désespéré, Saakachvili a en effet appelé Bruxelles à l'aide en même temps que son protecteur américain. C'est le président européen qui a répondu et s'est mis à l'œuvre sans délai : le 11 août, quand il intervient, la guerre n'est pas même achevée, et c'est la Géorgie qu'il lui faut sauver. L'activisme déployé par le président français est trop bien connu pour qu'on s'y arrête. Il suffit de rappeler que, avec l'aide de son ministre des Affaires étrangères, il va multiplier les navettes entre les belligérants, exhortant Moscou à la retenue, imposant à

1. «Piatidnevnaia voina », *Kommersant*, 18 août 2008.

Tbilissi de reconnaître la nécessité de négocier aux conditions qui lui sont proposées.

La position de Nicolas Sarkozy n'est pas facile. À Moscou, il a le président Medvedev pour interlocuteur ; on le dit certes plus souple que son prédécesseur, mais l'un et l'autre sont en réalité à l'œuvre dans cette négociation. Et ils n'ont pas seulement affaire au président français, ils doivent aussi – et d'abord – résoudre une question intérieure : jusqu'où l'armée russe peut-elle aller ? Ou encore : jusqu'où veut-elle aller ? Conseiller influent du Kremlin, Gleb Pavlovski a déclaré le 12 août à la radio *Écho de Moscou* qu'un nombre non négligeable de responsables russes plaidaient pour que l'armée russe s'empare de Tbilissi. Pour Pavlovski, cette position radicale relevait d'un conflit de politique intérieure, non d'une réflexion sur le cas géorgien. Il s'agissait d'arracher Dimitri Medvedev à ses orientations occidentales et réformatrices, en l'opposant brutalement aux demandes de modération de ses interlocuteurs européens.

Le propos de Pavlovski doit être pris au sérieux ; il éclaire les difficultés que Medvedev doit aussi affronter, durant cette crise, sur la scène intérieure russe. Mais il est important avant tout en ce qu'il témoigne de la cohésion du tandem russe qui finira par imposer ses vues. Medvedev nourrit à l'égard de Saakachvili des sentiments aussi négatifs que ceux de Vladimir Poutine et, comme son Premier ministre, il aimerait, en ce mois d'août, que la défaite subie emporte le président géorgien. Mais tous deux partagent une position commune : il faut briser Saakachvili, il faut enrayer la marche de la Géorgie vers l'OTAN, mais il n'est nullement question de rayer la Géorgie de la carte ; or, entrer dans Tbilissi consacrerait la mort de l'État géorgien. Medvedev le dira clairement au moment de signer l'accord que lui tend Nicolas Sarkozy : « L'agresseur a été puni et la sécurité des Ossètes restaurée. » Il ne s'agit pas ici de s'en prendre à l'existence même de la Géorgie.

Le plan de cessez-le-feu que le président français, au nom de l'Europe, impose à Saakachvili, et pour lequel il a obtenu l'accord russe, est composé de six points : non-recours à la force ; arrêt définitif des hostilités ; libre accès à l'aide humanitaire ; retrait de l'armée géorgienne sur ses positions initiales ; retrait de l'armée russe sur les positions qu'elle occupait avant le début des hostilités, laissant aux forces de paix russes toute latitude de prendre des mesures de sécurité additionnelles avant l'établissement de mécanismes internationaux de surveillance ; le statut futur de l'Abkhazie et de l'Ossétie du Sud relève d'un débat international.

Ces six points reflètent parfaitement les positions respectives de Paris et de Moscou, tout en laissant dans le flou celles de la Géorgie. Pour le président Sarkozy, qui craint à la fois l'effondrement total de la Géorgie et l'extension de l'incendie, l'essentiel est l'arrêt des combats qui, d'après lui – et il a raison –, sauvera Tbilissi. Pour le tandem Poutine-Medvedev qui a inspiré les deux derniers points de l'accord, il convient de réserver l'avenir : positions des forces de paix russes et statut des deux États séparatistes. Medvedev l'exprime sans ambages à son interlocuteur français : « La Russie respecte l'indépendance et la souveraineté de la Géorgie, ce qui ne signifie pas qu'un État souverain a le droit de faire tout ce qui lui plaît[1]. » Pour ce qui est de l'avenir

1. Cité par R. D. Asmus, *op. cit.*, p. 202.

commun ou séparé des Géorgiens avec les Abkhazes et les Ossètes, il ajoute : « C'est à eux d'en décider… La loi internationale nous a offert de nombreux exemples très compliqués de peuples exerçant leur droit à l'autodétermination, et de nouveaux États apparaissent sur la carte. Regardez juste l'exemple du Kosovo. »

Le président géorgien a insisté pour que soit inscrite dans l'accord l'expression « intégrité territoriale de la Géorgie ». Il n'a pas eu gain de cause, car cette expression fermait les possibilités de choix offertes aux États séparatistes par le dernier point de l'accord, jugé décisif par Moscou. Or, les accrochages militaires se poursuivant sur le terrain, la présidence française se devait d'arracher aux belligérants le cessez-le-feu. Le point 6 ayant été sauvegardé dans la forme voulue par Moscou, il n'est guère surprenant que les présidents des entités concernées, Sergei Bagapch pour l'Abkhazie, Edouard Kokoity pour l'Ossétie, se soient empressés de parapher l'accord le 14 août.

Le calme revenu en Géorgie marque le succès dans sa mission du seul président français. Les États-Unis, protecteurs choisis successivement par Chevardnadze et Saakachvili, ont été les grands absents de cette partie dramatique. Ce n'est que le 15 août que Condoleezza Rice atterrit à Tbilissi pour assurer Saakachvili que Washington veillera au respect de l'accord du 12 août. La Géorgie étant en passe de devenir un enjeu dans la campagne électorale américaine, avec le soutien bruyant du sénateur McCain et celui, infiniment plus réfléchi, de Barack Obama, les États qui auront en définitive apporté le soutien le plus sérieux à Saakachvili sont ceux de la jeune Europe. Les présidents polonais, ukrainien, lituanien et estonien sont accourus à Tbilissi pour marquer leur adhésion sans réserve aux thèses et demandes géorgiennes, et condamner sans nuance la Russie. Cette intervention de la « nouvelle Europe », au moment d'une délicate négociation, montre combien la tâche de Nicolas Sarkozy fut ardue. Président en exercice de l'Union, il pouvait difficilement se prévaloir dans ses négociations, aussi bien à Moscou qu'à Tbilissi, de l'accord de toute la famille européenne. S'il choisit d'ignorer les voix discordantes, c'est qu'il a clairement hiérarchisé les problèmes et placé en tête le cessez-le-feu, puis la nécessité de contenir les troupes russes, d'empêcher que les dispositions du point 5 de l'accord ne soient utilisées par elles pour modifier ou étendre leurs positions.

Le 26 août 2008, la Russie proclame qu'elle reconnaît l'indépendance de l'Abkhazie et de l'Ossétie du Sud. Soudaine, la décision surprend et indigne les interlocuteurs du président Medvedev qui avaient imaginé porter à brève échéance le problème devant les Nations Unies pour y ouvrir le débat prévu au point 6 de l'accord. Une reconnaissance aussi rapide est-elle destinée à prévenir l'exécution de ce projet ? On peut en douter. D'abord, l'expérience montre qu'il faut du temps pour mobiliser les Nations Unies. Ne doit-on pas plutôt rappeler que, dès la reconnaissance de l'indépendance du Kosovo, le président russe s'était attaché à lier ce cas à celui des entités séparatistes de Géorgie, annonçant pratiquement qu'il s'arrogeait le droit d'agir un jour en Géorgie comme les Occidentaux l'avaient fait dans les Balkans ? Il y revient d'ailleurs, au lendemain de cette décision, dans un article publié aux États-Unis[1]. À plusieurs

1. D. Medvedev, « Why I had to Recognize Georgians Breakaway Regions », *Financial Times*, 28 août 2008.

reprises, il insistera encore sur les principes qui ont guidé en l'occurrence sa politique : le droit des peuples à disposer d'eux-mêmes que les Occidentaux, particulièrement la France, ont invoqué au Kosovo, mais aussi la protection des citoyens russes partout dans le monde – et combien d'Ossètes avaient reçu des passeports russes ! Enfin, ajoutera-t-il dans une interview à la télévision russe[1], « comme tout autre pays, la Russie a, dans certaines régions, des intérêts privilégiés. Il s'agit de régions où se situent des pays avec lesquels nous entretenons des relations amicales ».

Le concept de zone d'intérêts privilégiés, ou zone d'influence, invoqué par Dimitri Medvedev, est certainement au cœur de la politique russe des années 2000. Pourtant, il s'est trouvé fortement affaibli par la non-réponse des États faisant partie de cette zone à l'invite russe à reconnaître les indépendances abkhaze et ossète. Au sein de la CEI, nul n'a voulu suivre la Russie sur ce terrain. Même la Biélorussie, à qui Moscou a espéré à maintes reprises arracher un accord, s'y est refusée. La Russie aura donc dû se contenter du soutien du Nicaragua et du Venezuela à l'indépendance de ses protégés. Faisant contre mauvaise fortune bon cœur, les responsables russes ont souligné à diverses occasions que l'URSS avait attendu plusieurs années avant d'être reconnue par d'autres États, que le statut d'indépendance ne dépendait pas du nombre d'États qui le ratifiaient, qu'il suffisait d'un seul et que le poids de la Russie ne pouvait être contesté.

Au-delà de ces arguments logiques, mais qui ne peuvent dissimuler un certain dépit, il en est un,

1. Interview sur la chaîne NTV, 31 août 2008, www.kremlin.ru.

beaucoup plus sérieux, qui rend compte des réticences de la plupart des États sur lesquels la Russie croyait pouvoir compter au sein de la CEI, ou encore de la Chine. C'est que, presque partout en Asie centrale, dans le Sud-Caucase, mais aussi bien en Chine, les États sont soumis à la pression de minorités en mal d'indépendance. Donner priorité au principe du droit des peuples à disposer d'eux-mêmes exposerait tous ces États à voir ce principe retourné contre eux. La Russie elle-même est partagée entre deux règles contraires : l'intangibilité des frontières, qu'elle a elle-même posée en 1992 en principe fondateur du monde né de la dislocation de l'URSS et des rapports au sein de la CEI (c'est le principe qu'elle oppose continûment à la Tchétchénie, mais aussi aux revendications japonaises ; qu'elle oppose même aux aspirations des Russes de Crimée, ce qui rassure l'Ukraine ; qu'elle a aussi brandi, au nom de l'intégrité de la Serbie, contre l'indépendance du Kosovo) ; et le principe du droit des peuples à disposer d'eux-mêmes, qui va clairement à l'encontre du précédent et qui pourrait, si elle s'en réclamait, servir aux Tatars, aux Bachkirs incorporés à la Fédération de Russie.

Sans doute, en dérogeant à un attachement constant à la notion d'intangibilité des frontières et d'intégrité des États existants, Medvedev et Poutine ont-ils pris un double risque : celui d'avoir, à terme, ébranlé la Russie ; celui d'être accusés de l'avoir fait pour dépecer la Géorgie au bénéfice de l'espace étatique russe. « Pour la Russie, ce processus d'indépendance ressemble de plus en plus à une annexion russe. Le Premier ministre Vladimir Poutine n'a-t-il pas récemment déclaré que la frontière entre l'Ossétie du Sud et la Russie devait être abolie[1] ? » Ce jugement sévère sur les intentions – voire la réalité – de la politique russe en Ossétie et en Abkhazie, publié peu après la guerre d'août, a néanmoins été contredit par des propos très précis tenus par Poutine devant un public d'experts internationaux.

Ces derniers avaient au préalable rencontré les deux présidents des nouveaux États indépendants. Si Sergei Bagapch avait clairement exprimé sa volonté de construire une Abkhazie indépendante, développant de manière convaincante les solutions envisagées, Edouard Kokoity s'était montré non moins résolu dans sa vision de l'avenir de l'Ossétie du Sud : « Pour nous, avait-il fermement déclaré, l'avenir est dans la réunion avec l'Ossétie du Nord au sein de la Fédération de Russie. » Ce n'était certes pas la première fois que le président Kokoity tenait de tels propos. Avant la guerre d'août 2008, il avait dit à plusieurs reprises sa volonté de faire entrer l'Ossétie dans la Fédération de Russie. Mais la souveraineté géorgienne sur l'Ossétie du Sud, même si elle ne pouvait s'exercer, ne pouvait alors, en droit, être mise en cause. Après la reconnaissance russe, ce propos revêt une tout autre portée : le droit des peuples à disposer d'eux-mêmes impliquerait non seulement le droit à la séparation, mais aussi celui à l'union. L'URSS des années 1920 ne s'est-elle pas constituée ainsi ?

Interrogé sur la réaction du gouvernement russe à un désir d'union aussi clairement exprimé, Vladimir Poutine répondit avec la plus grande fermeté qu'une telle hypothèse était exclue[2]. Il expliqua que si la

1. L. Mandeville, art. cit., p. 100.

2. Propos tenus devant le Club Valdai à Sotchi, 11 septembre 2008, en réponse à une question posée par l'auteur.

Russie n'avait pu, dans ce cas déterminé, ignorer la volonté d'indépendance du peuple ossète, elle se montrait cependant, sur le plan des principes, intraitable quant au respect de l'intangibilité des frontières existantes. Ce principe, selon lui, s'appliquait sans aucune exception possible à la Fédération de Russie, qui ne pouvait donc accueillir en son sein quelque nation ou territoire qui en exprimerait l'intention.

Quelques jours plus tard, à Moscou, le président Medvedev confirmait ce propos. Non seulement l'exception ossète ne pouvait se changer en règle, mais, s'agissant de son propre territoire, la Russie ne pouvait souffrir d'exception. Le refus brutal opposé à la demande ossète d'intégration à la Russie éclaire la position russe : l'intervention d'août en Géorgie, si elle avait pris pour prétexte la défense des Abkhazes et des Ossètes, pouvait déboucher sur le règlement d'un conflit entre la Géorgie et ses minorités séparatistes, en aucun cas sur « un dossier d'intérêt russe ».

Les « leçons » de Moscou

Pourquoi la Russie s'est-elle en définitive lancée dans cette guerre où, *a priori*, elle a quelque peu abîmé son image et dont elle n'a retiré que peu de bénéfices ? Cette question en entraîne une autre : qui a vraiment porté la responsabilité du conflit ?

Mikhaïl Saakachvili n'a cessé de dénoncer la Russie comme seule responsable de la guerre, à la fois par ses provocations répétées et pour l'avoir préparée et engagée. Il s'est posé en victime d'une entreprise impériale destinée à annexer des territoires géorgiens, à laquelle il a riposté alors qu'il était en état de légitime défense.

Cette position a rencontré de nombreux appuis, surtout au lendemain du conflit. Il est vrai que la Russie avait donné des signes certains de ses intentions belliqueuses. Au début d'août, ses troupes étaient massées en très grand nombre à l'entrée russe du tunnel de Rokki, et les manœuvres Kavkaz 2008 confirmaient un étonnant déploiement de forces. La distribution de passeports russes aux Ossètes et aux Abkhazes a sans doute aussi ouvert la voie à une intervention destinée à protéger des citoyens russes. Mais ces événements inquiétants n'ont été que l'ultime partie d'une escalade qui, des deux côtés, se poursuivait depuis 2006. Que la Russie ait décidé d'en découdre, à un moment donné, avec ce voisin arrogant qui voulait ouvrir le Caucase à l'OTAN, n'est guère contestable[1]. L'opposition géorgienne qui, au lendemain de la guerre, s'est efforcée de comprendre comment, d'escarmouches incessantes, on était arrivé à un conflit d'une telle ampleur, a conclu que son président, trop sûr de lui et du soutien américain, était tombé tête baissée dans un piège tendu par la Russie. Il avait déclenché la guerre alors que, plus calculateur, il eût laissé la Russie dans l'embarras : pouvait-elle s'engager seule dans une guerre qu'elle jugeait pour sa part nécessaire pour plusieurs raisons ?

Là est en effet l'essentiel : que voulait Moscou en se lançant dans pareille guerre ? Et, seconde question : à qui cette guerre était-elle réellement destinée ? La cible était-elle simplement la Géorgie, ou bien celle-ci a-t-elle servi de moyen pour un projet plus vaste ? Qu'est-ce qui a poussé la Russie à la guerre ? Le désir

---

1. P. Felgenhauer écrit dans *Novaia Gazeta*, 14 août 2008 : « La guerre avait été planifiée à Moscou. »

de protéger des entités séparatistes ? Ce fut certes le prétexte à l'action russe, et la distribution de passeports témoigne du désir d'avancer une telle justification. Mais, à examiner les années écoulées depuis que ces irrédentismes se sont déclarés, c'est plutôt une certaine indifférence russe à leur égard que l'on constate, en même temps qu'une constante habileté à en user pour modérer les sentiments antirusses des responsables géorgiens. Le désir de « punir » Saakachvili, en revanche, que Medvedev aussi bien que Poutine jugent arrogant, hostile en permanence aux intérêts russes, et qu'ils tiennent en aversion, est avéré. L'occasion était toute trouvée : si, sur-le-champ, les responsables russes ont exprimé le souhait de voir Saakachvili évincé de sa fonction, ils ont rapidement compris que le discrédit où il était tombé dans son propre pays, et dont le monde extérieur était témoin, servait plutôt les intérêts russes. S'ils ont continué à affirmer leur souhait de le voir disparaître de la scène politique géorgienne, c'est en menant un jeu subtil et en recherchant des moyens d'influence.

Mais, au-delà de Saakachvili, la guerre avait pour cibles réelles les États-Unis et la communauté des pays occidentaux. C'est à eux qu'un double message était adressé par le biais de ce conflit que nul ne pouvait ignorer, tant son effet sur les relations internationales – une guerre au cœur de l'Europe, conduite par un grand pays – était important, et considérable l'entorse aux règles qui avaient présidé aux relations internationales depuis la fin de la guerre froide. C'est le souci d'être entendu et compris des véritables destinataires de ce message qui explique l'ampleur de l'action russe.

Dès le 8 août, nombre d'experts ont disserté sur ce point, se demandant si la riposte russe n'était pas disproportionnée. Elle ne l'était pas, car la réponse de Moscou aux initiatives de Saakachvili n'était que la partie visible de l'iceberg. Ce que la Russie voulait démontrer à ses véritables interlocuteurs, c'est d'abord qu'elle n'accepterait pas l'extension de l'OTAN au Caucase. Poutine et Medvedev l'avaient dit à maintes reprises ; n'étant pas écoutés, ils sont passés du discours aux travaux pratiques – à une guerre. Cette fois, ils ont été entendus.

Au-delà de cette déclaration d'hostilité à l'extension de l'OTAN, le geste russe signalait l'existence d'une limite à ne pas franchir : la Russie indiquait par là que les empiétements constants sur ce qu'elle tenait pour sa zone d'influence n'étaient plus acceptables par elle[1]. L'avertissement valait aussi pour le projet d'extension de l'OTAN à l'Ukraine, et les Ukrainiens ne s'y sont pas trompés.

De manière plus générale, ce que les responsables russes ont cherché à faire entendre au monde occidental, entre le 7 et le 12 août 2008, c'est qu'ils n'acceptaient plus que les règles du jeu international soient fixées en dehors d'eux et contre eux. En ces journées dramatiques, la Russie a rappelé au monde extérieur qu'elle était encore une grande puissance. Fallait-il se lancer pour cela dans une guerre ? Les risques n'étaient-ils pas trop grands, au regard des résultats apparents : la naissance de deux petits États plus ou

1. La notion de zone d'intérêt ou d'influence russe a été défendue dès 1992 par A. Migranian, « Podlinye i mnimye orientiry vo vnechnei politike », *Rossiiskaia Gazeta*, 4 août 1992, p. 7.

moins dépendants de la Russie ? Si l'on tient compte des conditions dans lesquelles se joua ce drame – les États-Unis empêtrés en Orient et paralysés par leur campagne électorale ; une Europe mobilisée un moment par son président temporaire, mais divisée sur le fond –, on ne peut nier que le tandem du Kremlin avait soigneusement évalué les risques et inconvénients d'une telle opération, et qu'il a atteint, au bout du compte, le résultat escompté. Si la reconnaissance explicite d'une zone d'influence russe n'est plus guère concevable au XXIe siècle, la reconnaissance implicite d'une nécessaire modération là où les intérêts russes sont prioritaires est acquise depuis l'automne 2008. Et, passé le temps d'une désapprobation décente, la communauté internationale et la Russie se sont retrouvées.

Conclusion

Depuis dix ans – l'âge du nouveau siècle –, Vladimir Poutine a conduit seul, puis avec son successeur Dimitri Medvedev, la politique étrangère de la Russie. Dix années dominées par une crise dont nul n'avait su prévoir la survenue, ni l'ampleur, ni la durée ; dominées aussi par la guerre russo-géorgienne de 2008. Ce dernier événement ne constituerait-il pas la réponse à la question posée au début de cet ouvrage : « Faut-il craindre la Russie ? »

Il est pourtant une autre manière d'appréhender ces dix années, c'est celle que propose le politologue américain Andrei Tsygankov : « Les événements de la seconde moitié de 2008 ont montré que le monde de l'après-guerre froide a été remplacé par un monde post-occidental dans lequel la Russie et la Chine jouent un rôle d'une importance grandissante[1]. » Cette grille de lecture aide bien à déchiffrer les rapports de

1. A. Tsygankov, « What is China to us ? Westernizers and Sinophiles in Russia's Foreign Policy », *Russie NEI Vision*, n° 45, p. 5.

la Russie avec le reste du monde au cours de la décennie écoulée, d'en saisir les moments forts, la logique et les moyens.

Le premier constat qui s'impose à l'analyste est le retour de la Russie sur la scène du monde. Elle est désormais reconnue de nouveau comme puissance, ce qui a été depuis 2000 l'ambition et le ressort constant de l'action de Vladimir Poutine. Ses compatriotes, qui lui en attribuent le mérite, le plébiscitent et, fort de ce bilan, il peut envisager un retour au Kremlin au terme du mandat de son successeur[1].

Cette reconquête d'un statut de puissance n'a pas été aisée. Au sortir du communisme, la Russie était confrontée à des choix radicaux : se reconstruire – c'est-à-dire construire un État démocratique et une économie de marché – et tenter d'imposer son existence sur la scène internationale. Fallait-il privilégier l'un des deux projets, ou bien pouvaient-ils être conduits de conserve ? Un second choix touchait à la définition de la démocratie russe : devait-elle être conforme aux normes et aux valeurs des sociétés démocratiques de l'Occident, ce qui eût incontestablement facilité l'intégration de la Russie au reste du monde, ou bien devait-elle tenir compte d'une certaine spécificité russe ?

Boris Eltsine opta dans les deux cas pour la première réponse, même si sa politique recela bien des incohérences. Vladimir Poutine a choisi de mener de pair la reconstruction intérieure et le retour à la puissance, espérant fonder son projet international sur la solidité et la cohésion de l'État. Mais il se sera aussi

1. Propos tenus devant le Club Valdai à Novo-Ogarevo, 11 septembre 2009.

refusé à subordonner l'intérêt national de la Russie, dont il sera toujours l'avocat passionné, à des contraintes fixées en dehors d'elle, telles les normes de comportement d'un État démocratique. La souveraineté de la Russie a été le principe fondamental de son action, lorsqu'il s'est agi notamment de définir non pas la démocratie, dont il accepte la définition commune, mais ses implications dans le domaine de l'action internationale. Vladimir Poutine n'a jamais dissimulé ce qui était au cœur de ses choix et de ses actes : l'intérêt de la Russie. Et, à ses yeux, la Russie ne pouvait voir reconnaître et respecter ses intérêts nationaux que si elle était puissante.

Autre difficulté rencontrée par Vladimir Poutine dans cette reconquête de la puissance perdue : la méconnaissance ou une interprétation malheureuse du contexte international. La guerre froide était certes terminée – Andrei Tsygankov dit fort justement que le monde était celui de l'après-guerre froide –, mais, pour les Russes, ce changement n'a pas toujours été une évidence, surtout après 2003, lorsque la Russie s'est heurtée aux États-Unis dans son ancien empire, l'*étranger proche*. L'élargissement de l'OTAN, les « révolutions de couleur » interprétées comme des « manipulations américaines » destinées à opposer à la démocratie en construction en Russie de « vraies » démocraties, la gestion du monde par les seuls États-Unis, c'est-à-dire un monde unipolaire, tout cela a contribué à persuader l'opinion russe que l'*esprit* de la guerre froide, sinon la guerre froide elle-même, était de retour.

Jusqu'en 2003-2004, Vladimir Poutine avait traité avec le monde extérieur, et d'abord avec les États-Unis, dans la perspective d'un monde idéologiquement unifié, transformé par la disparition du communisme, où dominaient des rapports normaux entre nations porteuses de leur intérêt national. La rupture de 2004 dans la politique étrangère de la Russie, qui entraînera un certain durcissement intérieur, trouve là son explication : c'est à partir de 2004 que les Russes vont considérer que l'environnement international est caractérisé par une guerre froide qui ne dit pas son nom. La Russie, qui revendique un statut de puissance au nom de ce qui lui paraît être la norme des relations entre nations de statut égal, se voit contester ce statut au nom de normes différentes, selon qu'on la juge « bonne démocratie » ou « démocratie imparfaite », et selon les intentions qu'on lui prête, la question implicite qui lui est posée étant celle de l'usage qu'elle fera de sa puissance.

Le contexte international évoque donc bien, pour les Russes, la perpétuation ou le retour de la guerre froide[1] : l'OTAN préservé est devenu, pour les « satellites », voire pour les anciens États membres de l'URSS, une alliance destinée à les protéger de la Russie, suspectée d'ambitions néo-impériales. Et, de fait, ils s'y sont précipités. Tout naturellement, Vladimir Poutine va opposer, à ce qu'il tient pour un équivalent de la guerre froide, une politique fondée sur des notions héritées de ce temps : CEI conçue comme une zone d'influence, Pacte de sécurité collective, mais aussi construction d'alliances alternatives – groupe de Shanghai – et surtout diversification de la politique étrangère russe. De 1992 à 2004, la Russie avait été tournée vers le monde occidental. Ses avancées dans d'autres directions – Chine notamment – n'étaient alors que des composantes accessoires de sa

1. Interview de Sergei Karaganov, *Politique internationale*, n° 122, pp. 258-259.

politique. Après 2004, elle élargit le champ de ses intérêts et, surtout, donne un sens nouveau à la dimension extra-occidentale de sa politique. C'est cette nouvelle dimension qui fonde sa prétention à être reconnue comme puissance ayant droit à participer sans restriction à toutes les décisions internationales. Elle n'acceptera plus jamais de décisions unilatérales, tels les bombardements de la Serbie en 1999. À son action multidimensionnelle au sens géographique du terme, Vladimir Poutine a ajouté une grande innovation : la diplomatie de l'énergie[1], qui modifie la nature de ses rapports avec l'Europe, tout en répétant que sa relation avec celle-ci reste essentielle pour la Russie.

La guerre d'août 2008 est à tous égards un choix de rupture. Elle signifie d'abord que la Russie refuse ce qu'elle tient pour une persistance ou un retour de la guerre froide. C'est aussi le refus d'une conception de la vie internationale définie de manière unilatérale, en dehors d'elle. En s'engageant dans cette guerre, la Russie pose clairement qu'elle n'est pas un État de démocratie douteuse dont la communauté internationale pourrait scruter et dénoncer les manquements aux règles en lui déniant le droit d'agir conformément à ses intérêts ; mais qu'elle est une démocratie de plein droit.

Par ce geste, c'est aussi son statut de puissance incontestable que la Russie tient à opposer aux États-Unis, et c'est le véritable monde d'après-guerre froide qu'elle entend ainsi voir se dessiner. C'est-à-dire la fin d'un monde où l'on pouvait la défier par des « révolutions de couleur », par l'implantation de l'OTAN à ses frontières, par des déploiements inconsidérés de

1. Conférence de presse de Vladimir Poutine, 31 janvier 2006.

bases antimissiles à ses abords. Et l'émergence d'un monde où la puissance des États leur assure l'égalité des droits et le respect de ces mêmes droits. Les deux hommes qui gouvernent la Russie à l'été 2008 ont montré qu'ils étaient en accord total sur cette définition du monde d'après-guerre froide.

Au chapitre des nouveautés de cette période, l'événement qui va conforter la rupture voulue par la Russie est l'élection de Barack Obama. Même si sa perception de la vie internationale n'est pas toujours affirmée, la tendance qui se dessine dans les rapports des États-Unis avec la Russie coïncide avec les vœux des responsables russes. Si, depuis 2003, Vladimir Poutine s'est obstiné à contester à l'OTAN le droit de s'installer à ses frontières, ce n'est pas seulement parce qu'il y a vu une menace ou une humiliation pour son pays, mais aussi parce que, dans sa conception d'une vie internationale dominée par les rapports entre puissances, l'OTAN venait fausser cette relation directe. Barack Obama, qui semble attacher un moindre prix à la progression de l'OTAN, et une plus grande importance à la relation directe avec une Russie dont il mesure la puissance, lui fait ainsi écho[1].

De surcroît, comment ne pas suivre ici Andrei Tsygankov et constater avec lui que la relation russo-américaine s'inscrit aujourd'hui dans un nouveau contexte international né à l'été 2008, celui d'un monde post-occidental que Barack Obama a su discerner d'emblée et où la Russie trouve toute sa place ? Le face-à-face russo-américain des deux côtés du Pacifique est bien symbolique du monde qui se dessine ; quant à

1. « Dimitri Medvedev predlojyl novye pravila igry », *Izvestia*, 25-27 septembre 2009.

la politique de rapprochement avec la Chine et de pénétration en Asie obstinément conduite depuis des années par Vladimir Poutine, elle donne, peut-on penser, toutes les chances à la Russie d'être une puissance reconnue dans ce nouvel équilibre du monde.

On pourrait en déduire que la reconstruction de la puissance russe est apparemment exempte de problèmes. En réalité, il en va tout autrement, et si l'opinion publique russe dans sa majorité se satisfait du rétablissement des positions de son pays, ses élites manifestent leur anxiété.

Premier motif de doute : quelle est cette Russie qui trouve avantage à être une puissance du monde post-occidental ? Cette question conduit les Russes à s'interroger une fois encore sur l'identité de leur pays. Pour la majorité des Russes comme pour ceux qui la gouvernent, la Russie n'est pas un pays asiatique, c'est une grande puissance européenne située géographiquement en Asie et ayant, grâce à cette situation exceptionnelle à cheval sur l'Europe et l'Asie, la possibilité de participer pleinement au monde post-occidental. Mais la conscience de l'identité européenne de la Russie n'a jamais été aussi forte qu'en ce XXIe siècle où ce problème est explicitement posé. Les deux hommes qui dirigent la Russie, Vladimir Poutine et Dimitri Medvedev, insistent d'ailleurs avec constance sur la place du christianisme, orthodoxe en l'occurrence, dans l'identité russe. Il est juste d'ajouter qu'ils insistent aussi bien sur l'importance de toutes les religions présentes sur le sol russe. Il suffit, pour s'en convaincre, de voir la place dévolue à l'Église orthodoxe et aux autres Églises dans la vie sociale, dans l'éducation, dans la définition des valeurs morales. Le patriarche Kirill est cité dans les sondages comme l'une des plus hautes personnalités de l'État[1]. Cette définition d'une Russie chrétienne, et par là européenne, s'oppose à l'idée, chère aux Eurasiens, que la Russie serait asiatique. Du coup, l'hypothèse d'un glissement russe vers l'Asie suscite l'inquiétude, confirmée par nombre d'articles consacrés au caractère précaire de l'orientation asiatique de la Russie, en raison du danger que présente à terme, pour elle, la puissance grandissante de la Chine[2].

À la question de l'identité de la Russie s'en ajoute une autre, non moins troublante pour les élites russes hantées par les leçons de l'Histoire. La puissance recouvrée n'est-elle pas, comme elle le fut maintes fois par le passé, édifiée sur le sable, donc condamnée à plus ou moins brève échéance ? Et quel en est le prix ? Le premier point se rapporte à la *puissance pauvre*. La Russie n'a cessé, au fil des siècles, de répéter, disent ceux que préoccupe le retour à ces errements, l'illusion nourrie par de nombreux souverains, de Pierre le Grand à Nicolas II, que la puissance internationale, celle des armes et des conquêtes, pourrait suppléer une modernisation inachevée. La Russie d'aujourd'hui, constatent les détracteurs de la politique de puissance, réédite cette erreur. Les indicateurs de sortie de crise confirment ce jugement, puisqu'ils montrent que si l'on compare les pays de la CEI, seules l'Arménie et l'Ukraine obtiennent des résultats plus faibles que ceux de la Russie. Sans doute, vue de l'extérieur, la Russie paraît-elle prospère. Mais Dimitri Medvedev ne s'est pas privé de dénoncer les aspects illusoires de cette prospérité, souli-

1. *Nezavisimaia Gazeta*, 30 septembre 2009, le fait passer de la sixième à la cinquième place.

2. V. Inozemtsev, « Vostotchnaia ugroza real'nost », *Izvestia*, 22 décembre 2009.

gnant « l'arriération séculaire de l'économie, l'habitude de vivre en exportant des matières premières et en important des produits manufacturés[1] ».

Plus encore que la pauvreté, c'est l'impasse politique ou encore l'échec de la modernisation politique que dénoncent certains experts, telle Lila Shevtsova. Entre la Russie et l'Occident, disent-ils[2], il existe aujourd'hui un fossé ; la Russie, selon eux, s'est enfermée dans une prétention erronée, celle d'offrir une civilisation alternative au monde occidental, alors qu'elle n'incarne en définitive aucune civilisation. À la différence des pays d'Asie qui ont conservé des liens avec leurs cultures traditionnelles, la Russie aurait détruit sa propre culture et se trouverait dans un « vide de civilisation », ou plutôt dans un état de civilisation indéterminé. Elle ne s'en sortira qu'en jetant bas tout ce qui a été fait depuis 1990, en se mettant à l'école des pays occidentaux et en oubliant toute prétention à la puissance[3].

Cette thèse, qui trouve des défenseurs parmi l'élite – notamment Igor Iourgens, ou du moins son Institut du développement contemporain, proche au demeurant du président russe –, ne peut évidemment être retenue sans nuance ni par Vladimir Poutine, qui a construit l'État ainsi contesté, ni par Dimitri Medvedev, qui croit en la nécessité de moderniser son pays, mais non dans une version nihiliste, ni enfin par une

---

1. D. Medvedev, « Rossia Vpered », *Izvestia*, 11 septembre 2009, pp. 1-4.

2. L. Shevtsova, *Odinokaia Derjava*, Moscou, 2010, p. 164.

3. « Modernizatsiia Tandema », *Nezavisimaia Gazeta*, 11 février 2010, p. 2 ; A. Denissov, « Insoru predlojyli perenastroitsia », *ibid.*, p. 3 ; A. Malachenko, *Nezavisimaia Gazeta*, 10 février 2010, p. 11.

société qui n'acceptera jamais un tel tête-à-queue. Le début des années 1990 a laissé à la société un souvenir trop amer : liberté à tout va, certes, mais qui a débouché sur un écroulement général de la Russie.

Ces propos, pour inacceptables qu'ils paraissent à la majorité du pays, ont cependant un grand mérite : ils témoignent d'une prise de conscience que la modernisation de la Russie est inachevée et qu'un long chemin reste à parcourir pour que ce pays se retrouve pleinement. La puissance recouvrée n'est qu'un aspect de sa renaissance. Medvedev le dit ouvertement[1] ; Poutine le sait ; la société ne l'ignore pas.

Cette exigence d'une puissance qui soit à la fois moderne et morale évoque irrésistiblement les débats russes du XIXe siècle. Ne nous suggère-t-elle pas que, au lieu de craindre la Russie, il serait temps d'essayer de la comprendre, de comprendre que, tiraillée entre deux mondes, c'est tout de même à l'Europe que ce grand pays s'identifie[2] et que c'est son destin qu'il entend continuer à partager ? À nous d'y contribuer.

---

1. Igor Iourgens, proche du président, a déclaré : « Le plus grand et le plus intéressant bloc est à mon avis constitué par les relations avec l'UE et l'OTAN. Nous n'avons aucune garantie, si nous ne nous intégrons pas à ces communautés, que nous ne ferons pas marche arrière », et, plus loin : « Si nous ne nous intégrons pas aux Européens, il nous reste la Chine. Un chemin beaucoup plus coûteux pour la population. Et il n'est pas prouvé que du point de vue de la civilisation nous soyons compatibles », *Nezavisimaia Gazeta*, 16 mars 2010.

2. Cf. l'insistance de Vladimir Poutine sur ce thème : *Ot pervogo litsa : razgovory s Vladimirom Poutinom*, Moscou, 2000, p. 156.

Bibliographie

Cette liste indicative ne reprend pas les titres cités en note.

O. Antonenko, K. Pinnick, *Russia and the European Union. Prospects for a New Relationship*, Londres, New York, 2005.

Iu. M Baturine *et al.*, *Epoha Eltsina. Otcherki polititcheskoi Istorii*, Moscou, 2001.

H. Blakkisrud, *Toward a Post-Putin Russia*, Oslo, 2006 (voir spécialement la contribution de Bobo Lo).

S. Blank, *Russo-Chinese Energy Relations Politics in Command*, Londres, 2006.

A. Brown, L. Shevtsova, *Gorbatchev, Yeltsin and Putin : Political Leadership in Russia's Transition*, Washington, 2001.

Y. Bréault, A. Jolicoeur, J. Lévesque, *La Russie et son ex-Empire*, Paris, 2003.

J. P. Cabestan, S. Colin, I. Facon, M. Meidan, *La Chine et la Russie entre convergences et méfiance*, Paris, 2008.

H. Carrère d'Encausse, *L'Empire d'Eurasie*, Paris, 2005.

V. Degoev, *Rossiia, Kavkav i post sovetskii mir : prochtchanie s iliouziami*, Moscou, 2006.

A. Deviatov, *Kitaiskii put'dlia Rossii*, Moscou, 2004.

A. Douguine, *Osnovy geopolitiki I geopoliticheskoe buduchtchie rossii*, Moscou, 1997.
A. Douguine, *Osnovy Evraziistva*, Moscou, 2002.
J. Dunlop, *The Rise of Russia and the Fall of the Soviet Empire*, Princeton N. J, 1993.
J. Dunlop, *Russia Confronts Chechnya. Roots of a Separatist Conflict*, Cambridge Univ. Press, 1998.
B. Eltsine, *Ispoved na zadanaiu temu*, Moscou, 1990.
E. Gaïdar, *Dni porojeniia i pobed*, Moscou, 1996.
T. Gomart, T. Kastueva-Jean, *Russie. NEI Visions 2008 Understanding Russia and the New Independent States*, Paris, 2008.
I. Ivanov, *The New Russian Diplomacy*, Washington, Brookings, 2002.
B. Kagarlitski, *Russia under Yeltsine and Putin*, Londres, 2002.
R. Kanet, *Russia : Re-Emerging Great Power*, Basingstoke, 2007.
S. Karaganov (S), *Mir vokrug Rossii : 2017 kontury nedalekogo buduchtchevo*, Moscou, 2007.
N. Kuhrt, *Russian Policy toward China and Japan : the Yeltsin and Putin Periods*, Londres, 2007.
M. Laruelle, S. Peyrouse (S), *Les Russes du Kazakhstan. Identités nationales et nouveaux États dans l'espace post-soviétique*, Paris, 2006.
M. Laruelle, S. Peyrouse, *Asie centrale. La dérive autoritaire. Cinq républiques entre héritage soviétique, dictature et islam*, Paris, 2006.
M. Laruelle, *L'idéologie eurasiste russe ou comment penser l'Empire*, Paris, 1999.
Iu. Levada, *Ichtchem Tcheloveka*, Moscou, 2006.
R. Levgold, *Russian Foreign Policy in the XXIst Century and the Shadow of the Past*, New York, 2007.
J. Littell, *Tchétchénie, An III*, Paris, 2009
B. Lo, *Russian Foreign Policy in the Post Soviet Era. Reality, Illusion and Myth Making*, New York, 2002.

B. Lo, *Vladimir Putin and the Evolution of Russian Foreign Policy*, Oxford, 2003.

M. McFaul, *Russia's Unfinished Revolution : Political Change from Gorbatchev to Putin*, Ithaca et Londres, 2001.

J. S. Mongrenier *et al.*, *La Russie, de Poutine à Medvedev*, Paris, 2008.

N. Narotchnitskaïa, *Que reste-t-il de notre victoire ? Russie-Occident : le malentendu*, Paris, 2008.

G. Nivat, *Russie-Europe, la fin du schisme*, Lausanne 1993.

A. Politkovskaia, *Putin's Russia. Life in a Failling Democracy*, Londres, 2007.

J. Radvanyi, *La Nouvelle Russie*, Paris, 2004.

J. R. Raviot, *Qui dirige la Russie ?*, Paris, 2007.

J. R. Raviot, T. Ter Minassian, *De l'URSS à la Russie. La civilisation soviétique, Genèse, histoire et métamorphoses de 1917 à nos jours*, Paris, 2006.

G. Rozman, T. Kazuhiko, P. Ferguson (P), *Russian Strategic Thought toward Asia*, Londres, 2006.

Iu. Rubinski, *Les éclats de l'Empire ou la communauté des États indépendants*, Cahiers de l'IFRI, Paris, 2001.

P. Scholl-Latour, *Russland im Zangengriff : Putins Imperium zwischen Nato China und Islam*, Munich, 2006.

R. Sakwa, *Putin : Russia's Choice*, Londres, 2004.

J. Sapir, L. Shevtsova, *Putin's Russia*, Moscou, 2005.

L. Shevtsova, *Russia. Lost in Transition. The Yeltsin and Putin Legacies*, Moscou, 2007.

G. Sokoloff, *La Démesure russe, Mille ans d'histoire russe*, Paris, 2009

M. Stuermer, *Putin and the Rise of Russia*, Londres, 2008.

A. Tchadaev, *Poutine. Ego ideologiia*, Moscou, 2006.

A. de Tinguy, *La Grande Migration. La Russie et les Russes depuis l'ouverture du rideau de fer*, Paris, 2004.

A. Torkunov, *Vnechniaia politika i bezopasnost'sovremennoi rossii*, Moscou, 2004, 4 vol.

D. Trenin (D), *Integratsiia i identitchnost' : Rossiia kak novyi zapad*, Moscou, 2006.

D. Trenin, Bobo Lo, *The Landscape of Russian Foreign Policy Decision Making*, Moscou, 2005.

A. Tsygankov, *Whose Worl Order ? Russia's Perception of American Ideas after the Cold Wa*r, Notre-Dame Univ. 2004.

G. Ziouganov, *Geografiia podeby : osnovy rossiiskoi geopolitiki*, Moscou, 1997.

Ouvrages généraux

T. de Montbrial, *Vingt ans qui bouleversèrent le monde : de Berlin à Pékin*, Paris, 2008.

H. Védrine, *Face à l'hyperpuissance*, Paris, 2003.

H. Védrine, *Continuer l'histoire*, Paris, 2007.

Index des noms

Table des matières

TABLE DES CARTES

Photocomposition Nord Compo
Villeneuve-d'Ascq

Pour l'éditeur, le principe est d'utiliser des papiers composés de fibres naturelles, renouvelables, recyclables et fabriquées à partir de bois issus de forêts qui adoptent un système d'aménagement durable.
En outre, l'éditeur attend de ses fournisseurs de papier qu'ils s'inscrivent dans une démarche de certification environnementale reconnue.

CET OUVRAGE
A ÉTÉ ACHEVÉ D'IMPRIMER
SUR ROTO-PAGE
PAR L'IMPRIMERIE FLOCH
À MAYENNE EN AVRIL 2010

Imprimé en France
Dépôt légal : mai 2010.
N° d'imprimeur : 76588
36-57-0304-0/01